湖北省社会科学基金项目（项目编号：2015013）成果

权利与德性的统一

——洛克政治哲学再认识

赵志坚　著

武汉大学出版社

图书在版编目(CIP)数据

权利与德性的统一:洛克政治哲学再认识/赵志坚著.—武汉:武汉
大学出版社,2019.10
ISBN 978-7-307-20262-7

Ⅰ.权⋯　Ⅱ.赵⋯　Ⅲ.洛克(Locke,John 1632-1704)—政治哲
学—研究　Ⅳ.B561.24

中国版本图书馆 CIP 数据核字(2018)第 119053 号

责任编辑:李　琼　　责任校对:李孟潇　　版式设计:汪冰滢

出版发行:**武汉大学出版社**　(430072　武昌　珞珈山)
　　　　(电子邮箱:cbs22@whu.edu.cn　网址:www.wdp.whu.edu.cn)
印刷:武汉鑫佳捷印务有限公司
开本:720×1000　1/16　印张:16.5　字数:237 千字　插页:1
版次:2019 年 10 月第 1 版　　2019 年 10 月第 1 次印刷
ISBN 978-7-307-20262-7　　定价:48.00 元

前　　言

　　权利与德性的关系问题不仅是当代政治哲学争论的核心问题之一，而且也是洛克政治哲学研究中的焦点之一。以往的研究者们在这一问题上常常片面强调洛克的自然权利思想，有意或无意地忽视了其德性思想。而在本书看来，洛克不仅认为权利与德性能够且应当统一起来，而且他还为统一二者提供了具体的方案。基于这种认识，本书从权利与德性之统一的必要性、可能性、理论路径与现实路径等方面对洛克的政治哲学进行了一些新的解读，以期为解决权利与德性的当代冲突提供一种参考。

　　本书第一章主要考察了当前学者们在洛克权利与德性关系问题上的诸多争论。这些争论具体体现为洛克自然权利与自然法的关系之争。按照洛克的自然权利理论与自然法理论自身内部及彼此之间是否具有融贯性，这种融贯性是一元的"原初—派生"关系还是二元的平行关系等，我们可以将在这些争论中所出现的解读方式分为非融贯论、自然权利或自然法的一元融贯论及二元融贯论四种类型。本章将依次考察这四种解读方式的代表流派与人物、核心主张、论证理由等，并对各自的优势和不足作出简要的评价。

　　第二章主要考察了洛克关于权利与德性之统一的必要性的相关论述。从这些论述中我们可以发现，权利与德性之统一的必要性是相对于人的幸福之实现这一目的而言的。对于洛克来说，幸福乃是人类一切行为的最终的，也是正当的目的。而就其实质而言，权利与德性乃是针对个人追求幸福之行为所提出的某种规范性主张。不同类型的幸福本身就是相互依赖、互为前提的。既然如此，那么为了人的幸福的实现，权利与德性二者就有必要统一起来。

　　第三章和第四章主要考察了权利与德性的洛克式统一的可能性

根据。洛克实际上分别从神学（上帝）与人学（个人）的角度对这种可能性根据作出了说明，因此我们也需要分别从这两个角度来考察这种根据。就前者来说，我们需要对洛克的神学观、他在理性与信仰之关系等问题上的立场进行分析，只有在此基础上，我们才有可能对这种统一的神学根据作进一步的考察。而就后者来说，洛克始终是在其行为理论的框架内来讨论这种统一的人学根据的，这就要求我们对洛克的行为理论，尤其是他有关行为主体、行为动机、行为能力等方面的相关论述进行考察，从中找到这种统一的人学根据。

第五章到第七章主要从个人所有权理论这一理论框架出发考察了权利与德性的洛克式统一的规范性理由与理论路径。洛克对权利与德性及其关系的讨论，始终是在个人所有权理论这一框架中展开的，第五章首先对这一理论本身及其在实现权利与德性的洛克式统一中所起到的作用进行了分析，并指出实现这种统一的关键就在于解决个人所有权结构公式中的权利主体问题或"归属难题"。第六章则对这一结构公式中的权利性质、辩护基础与权利客体等要素进行了分析，并根据这种分析指出解决"归属难题"的关键在于解决"谁制作了什么"这一问题。第七章从中立性辩护与完备性辩护两种辩护模式的区分出发，指出洛克为其个人所有权归属主张所作的辩护乃是一种基于虚拟完备性辩护的真实中立性辩护，并在中立性辩护的基础上指出洛克实际上主张一种政治领域的完全自我所有权与非政治领域的不完全自我所有权，正是在这种自我所有权的理论框架内，洛克才实现了权利与德性的理论层面上的统一。

第八章主要考察了权利与德性的洛克式统一的现实路径。按照这一路径，洛克式政府的首要目的是保护个人权利不受侵犯。但是与此同时，政府也有权强迫个人去履行自身的完全的政治德性义务，因为这种义务乃是政治社会存在的必要条件。而对于个人的不完全的道德德性义务，政府虽然无权采取强制措施，但是有权通过为个人行为提供动机的方式，来激励个人自觉地履行这些义务。

从这些分析中我们可以发现，无论是从必要性、可能性还是从理论路径与现实路径来看，在洛克那里权利与德性都是可以而且应当统一在一起的。只有从这种统一性出发，我们才有可能对洛克的政治哲学做出更加全面的认识。此外我们知道，权利与德性的现实与理论冲突在今天非但没有减缓，反而更加剧烈了。在这种情况下，洛克所提出的统一权利与德性的理论根据与现实路径，对于解决我们当前所面临的困境也具有很强的借鉴意义。

以上是本书的主要思路。需要说明的是，为了避免注释上的过多重复，本书在引用洛克《政府论》、《人类理解论》和《自然法论文集》时借鉴了国外比较流行的做法，具体如下：

（1）在引用《政府论》时，直接在引文后面依次注出引文所在的篇和小节。例如引文后的"（1.88）"，其中的"1"指该引文出自《政府论》上篇，"88"指该引文出自《政府论》上篇第88小节；再如"（2.4）"即指该引文出自《政府论》下篇第4小节；其余依此类推。本书引用的《政府论》中译文主要出自商务印书馆译本，并根据彼得·拉斯莱特（Peter Lastlett）编辑的《政府论》英文版作了改动或重译。具体版本为：［英］洛克：《政府论》（上篇），瞿菊农、叶启芳译，北京：商务印书馆1982年版；［英］洛克：《政府论》（下篇），叶启芳、瞿菊农译，北京：商务印书馆1964年版；John Locke. *Two Treatises of Government.* ed. Peter Laslett. Cambridge：Cambridge University Press，1960 等。

（2）在引用《人类理解论》时，直接在引文后面依次注出引文所在的卷、章和小节。例如引文后的"（1.3.4）"，其中的"1"指该引文出自《人类理解论》第一卷，"3"指该引文出自《人类理解论》第一卷第三章，"4"指该引文出自《人类理解论》第一卷第三章第4小节；再如"（2.21.27）"即指该引文出自《人类理解论》第二卷第二十一章第27小节；其余依此类推。本书引用的《人类理解论》中译文主要出自商务印书馆译本，并根据彼得·尼迪奇（Peter Nidditch）编辑的《人类理解论》英文版做了改动或重译。具体版本为：［英］洛克：《人类理解论》，关文运译，北京：商务印书馆2012年版；John Locke. *An Essay Concerning Human Understanding.* ed. Peter Nidditch. Oxford：Clarendon Press，1971 等。

（3）在引用《自然法论文集》时，直接在引文后面注出其手稿页码（手稿页码见莱登英译本）。例如引文后的"（fol. 13）"指该引文出自其手稿页码第 13 页，其余以此类推。本书引用的《自然法论文集》中译文主要出自华东师范大学出版社译本和上海三联书店译本，并根据 W. 范·莱登（W. von leyden）的英译本做了改动或重译。参考 ［英］洛克：《论自然法则》，载 ［英］洛克等：《论自然法则》，苏光恩、杨顺等译，上海：华东师范大学出版社 2014 年版；［英］洛克：《自然法论文集》，刘时工译，上海：上海三联书店 2012 年版；John Locke. *Essays on the Law of Nature.* ed. W. von Leyden. Oxford：Clarendon Press，1954 等。

目　　录

第一章　权利 vs. 德性：统一的洛克何以可能 ⋯⋯⋯⋯⋯⋯⋯ 1

　第一节　自然权利与自然法：洛克论权利与德性的
　　　　　话语体系 ⋯⋯⋯⋯⋯⋯⋯⋯⋯⋯⋯⋯⋯⋯⋯⋯ 2

　第二节　非融贯论及其偏颇 ⋯⋯⋯⋯⋯⋯⋯⋯⋯⋯⋯⋯⋯ 5

　第三节　自然权利版本的"一元融贯论"及其得失 ⋯⋯⋯ 9

　第四节　自然法版本的"一元融贯论"及其得失 ⋯⋯⋯⋯ 15

　第五节　"二元融贯论"及其启示 ⋯⋯⋯⋯⋯⋯⋯⋯⋯⋯ 24

第二章　幸福的实现：权利与德性之统一的必要性 ⋯⋯⋯⋯⋯ 30

　第一节　幸福：人类一切行为的正当目的 ⋯⋯⋯⋯⋯⋯ 30

　第二节　权利与德性的实质 ⋯⋯⋯⋯⋯⋯⋯⋯⋯⋯⋯⋯ 45

　第三节　权利与德性之统一的必要性 ⋯⋯⋯⋯⋯⋯⋯⋯ 52

第三章　上帝的意志：权利与德性之统一的神学根据 ⋯⋯⋯⋯ 58

　第一节　理性 vs. 信仰：上帝在洛克政治哲学中的位置 ⋯ 58

　第二节　自然权利与自然法的神学来源 ⋯⋯⋯⋯⋯⋯⋯ 70

　第三节　权利与德性之统一的神学根据 ⋯⋯⋯⋯⋯⋯⋯ 78

第四章　个人的自由：权利与德性之统一的人学根据 ⋯⋯⋯⋯ 82

　第一节　有人格的个人：行为主体层面的统一根据 ⋯⋯⋯ 82

　第二节　欲望与理性的统一：行为动机层面的统一根据 ⋯ 91

　第三节　自由：权利与德性之统一的最终源泉 ⋯⋯⋯⋯ 101

第五章　个人所有权理论：统一的理论基础 ················ 106

　　第一节　洛克的个人所有权理论 ···················· 107

　　第二节　个人所有权理论作为统一的理论基础 ·········· 114

　　第三节　上帝所有权 vs. 自我所有权：个人所有权的
　　　　　　归属难题 ······························ 119

　　第四节　一元论 vs. 二元论：统一的不同理论路径 ······ 124

第六章　制作者权利学说：个人所有权的辩护基础 ·········· 130

　　第一节　排他性与自然性：所有权的性质 ············· 131

　　第二节　"制作蕴含所有权"：个人所有权的
　　　　　　规范性来源 ···························· 139

　　第三节　实体—人 vs. 人格—自我：权利客体的
　　　　　　层次之分 ···························· 164

第七章　基于中立性辩护的自我所有权：统一的理论路径 ····· 177

　　第一节　"谁制作了什么"：归属难题的解决之道 ········ 177

　　第二节　基于虚拟完备性辩护的真实中立性辩护 ········· 187

　　第三节　基于自我所有权的理论统一路径 ·············· 212

第八章　权利与德性之统一的现实路径 ················ 220

　　第一节　保障个人权利：政府的首要目的 ············· 221

　　第二节　强制与激励：政府在人的德性追求
　　　　　　方面的作用 ···························· 225

　　第三节　权利与德性之统一的现实路径 ·············· 235

结语　洛克权利与德性统一思想的当代意义 ·············· 238

参考文献 ···································· 243

后记 ······································ 254

第一章　权利 vs. 德性：
统一的洛克何以可能

　　如何处理权利与德性的关系是当代政治理论与实践关注的焦点问题之一。它涉及我们如何理解政治社会的来源与目的、如何理解个人在政治社会中的地位、如何安排政治社会的秩序等一系列根本性的政治哲学问题，因此受到了许多政治哲学家的重视，并引发了大量的争论。值得注意的是，当研究者们从历史上考察权利与德性之关系的演变过程时，洛克的相关思想往往成为研究者们最为关注的焦点之一。这一点并不意外。因为关于权利与德性之关系的当代争论在很大程度上是围绕着对自由主义的批评与辩护而展开的，而传统上人们常常将洛克视作自由主义的最重要的奠基者或先驱之一。因此为了更好地理解权利与德性之关系在历史上的演变过程，人们势必要对洛克在这一问题上的立场作深入的探讨。

　　事实上，洛克不仅常常被视为早期自由主义者，而且常常被视为自由至上主义者。在这种解读的支持者们看来，洛克在权利与德性之关系这一问题上所持有的乃是权利优先于德性的立场。他主张个人在不侵犯他人权利的范围内有自行其是的自由，政府的唯一目的就是确保个人的合法权利不受他人的侵犯；而德性对于洛克来说至多只是一个私人领域的问题，远非他的政治哲学关注的重点。这种解读确实有助于解释洛克文本中的许多问题，因此得到了广泛的支持。但是它却不能很好地解释洛克文本中对于德性问题的反复强调，因此也遭到了越来越多的批评。为了纠正这种解读的偏颇，一些研究者指出，洛克其实是一个追随托马斯·阿奎那等人步伐的古典自然法学家，其政治哲学的出发点并非个人权利而是德性，个人权利是从其所负有的德性义务中派生出来的，而政治社会只是实现

1

个人德性的必要手段。换句话说，洛克在权利与德性之关系的问题上所持有的乃是一种德性优先于权利的立场。

在我们看来，这两种解读都无法完整地解释洛克的政治哲学。实际上洛克不仅意识到了权利与德性之统一的必要性，而且他还在努力探寻二者之统一的可能性及其现实路径。因此我们有必要对既往的研究进路进行反思、扬弃与综合，只有这样才有可能更加全面地理解洛克的政治哲学。

第一节　自然权利与自然法： 洛克论权利与德性的话语体系

洛克很少直接论述权利与德性的关系问题，这也使得某些研究者得出了区分权利与德性"在他的政治理论中并不是一个直接的任务"的结论①。但是这一结论显然是偏颇的，实际上，在洛克的著作中从来都不缺少对这一问题的讨论，只不过他并没有像当代政治哲学家们那样直接采用权利与德性，而是采用自然权利与自然法的概念术语来讨论这一问题而已。而洛克之所以采用自然法与自然权利的概念术语，则与他所处时代的知识背景及话语体系有关。

我们知道，关于权利与德性的关系之争，涉及"人是什么"、"人应该过一种怎样的生活"等根本性哲学问题。在这一争论上的不同立场，也涉及对这些根本性哲学问题的不同回答，因此任何一种成熟、完善的政治理论都很难彻底回避这一主题。对于这一问题的争论实际上可以追溯到古希腊时期，在柏拉图、亚里士多德、斯多亚派等古希腊哲学家的政治理论中就有关于这一争论的相关论述。自此之后，这一问题就一直成为哲学家们孜孜以求的问题，而他们也大多使用了自然法、自然权利之类的概念术语来讨论这一问题。列奥·施特劳斯在其经典著作《自然权利与历史》一书中曾

---

① Robert Lamb. Locke on Ownership, Imperfect Duties and 'the Art of Governing'. *The British Journal of Politics & International Relations*, 2010, 12 (1): 127.

以"natural right"这一概念为切入点，对西方政治哲学史上的各种相关理论进行过梳理，他的思路很值得我们借鉴。①

在施特劳斯看来，对"natural right"的理解有两种：一是将其理解为"自然正当"（或"自然正义"），二是将其理解为"自然权利"。施特劳斯将前一种理解称为古典自然正当论，将后一种理解称为现代自然权利论。施特劳斯指出，古典自然正当论始于苏格拉底、柏拉图、亚里士多德等人，并为斯多亚派和基督教思想家们所继承和发展。在古典自然正当论看来，存在着一种自然的、非习俗的正义。到了基督教思想家那里，这种"自然正义"被进一步视作上帝之理性或意志的体现，并且因此被进一步赋予了神圣性。这种自然正义要求人们过一种善的生活，而且这种善的生活不是一种享乐主义的生活，而是一种合乎德性之要求的、完善人类自身的生活。而要实现人类自身的完善，一个前提条件就是人必须在社会（或公民社会）中生活，这就要求人们必须赋予共同体的善以相对优先的地位，从而也决定了古典自然正当论必然将个人相对于共同体的义务而不是权利视作"基本的、绝对的道德事实"，且将其置于优先的地位。从这里也可以看出，在权利与德性的关系问题上，古典自然正当论实际上主张德性优先于权利。在这一点上，它极大地影响了当代社群主义的观点。以麦金太尔为代表的不少当代社群主义者在论证自身观点时，都会多少求助于亚里士多德、阿奎那等人的理论。值得我们注意的是，古典自然正当论后来经由斯多亚派发展为自然法理论，并在阿奎那那里发展至巅峰。这一点并不奇怪，因为正如施特劳斯所指出的，古典自然正当论所主张的"善的生活……是与自然相一致的生活。故而，人们可以将制约着善的生活的一般特征的准则叫做'自然法'"②。

古典自然正当论在17世纪时发生了一次断裂，它的基础被

---

① ［美］列奥·施特劳斯：《自然权利与历史》，彭刚译，北京：生活·读书·新知三联书店2003年版。

② ［美］列奥·施特劳斯：《自然权利与历史》，彭刚译，北京：生活·读书·新知三联书店2003年，第147~148、128页。

"现代自然科学、非目的论的自然科学"摧毁了，取而代之的是现代自然权利论。这一变化肇始于霍布斯，并在卢梭等人那里得到了发展。在现代自然权利论的先驱霍布斯那里，传统的目的论宇宙观被否定了。如果说对人而言还存在着某种目的，那么这种目的也不是古典自然正当论所说的人性的完善或德性的实现，而是人的自然欲望或趋乐避苦之本性的满足，其中最重要的就是自我保存的欲望。因此对于霍布斯来说，不是人的德性而是个人的自然欲望或本性成为最高的原则。既然如此，那么基本的、绝对的道德事实也就不再是个人所负有的义务，而变成了个人所享有的权利。政治社会的"职能和界限就一定得以人的自然权利而不是其自然义务来界定。国家的职能并非创造或促进一种有德性的生活，而是要保护每个人的自然权利"。在施特劳斯看来，霍布斯也由此"成为政治享乐主义的创始人"①。从这里也可以看出，按照施特劳斯的分析，在权利与德性的关系问题上，以霍布斯为代表的现代自然权利论认为权利优先于德性，正是这一点导致了它与古典自然正当论分道扬镳。

洛克生活于从传统向现代过渡的时代，自然法和自然权利在当时都是极具影响力的话语体系。一方面，自然法在经过理查德·胡克（Richard Hooker）、格劳秀斯、普芬道夫等人的修正与发挥之后，到 17 世纪时已经成为一种在道德与政治领域极具影响力的话语体系。另一方面，尽管霍布斯的自然权利论在当时遭到了许多人的批评与反对，但是由于它在方法论上的明晰性以及思想上的现代性等特点，它也赢得了广泛的关注。

这两种话语体系至少在概念术语方面对洛克产生了巨大的影响。无论是在早期的《自然法论文集》中，还是在其成熟期的《政府论》等著作中，洛克都广泛地采用了自然法和自然权利的概念术语与话语体系来表述其道德与政治观点，他对权利与德性之关系的讨论同样也是在这种话语体系的框架内展开的。更重要的是，

---

① ［美］列奥·施特劳斯：《自然权利与历史》，彭刚译，北京：生活·读书·新知三联书店 2003 年版，第 169、185、180 页。

这种影响还体现在基本观点与立场方面。一方面，正如进行思想史研究的剑桥学派所言，洛克的政治哲学明显受到了传统自然法的影响，这种影响在他早期的《自然法论文集》中有着最为鲜明的体现。洛克在那里似乎主张德性优先于权利。另一方面，正如施特劳斯学派所言，他也明显受到了现代自然权利论的先驱霍布斯的影响，这种影响在《政府论》以及《论宗教宽容》等著作中同样有着鲜明的体现。按照施特劳斯的分析，洛克在这些著作中所持有的乃是权利优先于德性的立场。凡此种种都表明，洛克并非不关注权利与德性之关系的问题，只不过他采用了自然权利与自然法的概念术语与话语体系来讨论这一问题而已。而自然权利与自然法在他的政治哲学中始终占据着核心的地位，这也向我们证明了，权利与德性之关系问题始终是洛克所关注的焦点问题之一。

第二节　非融贯论及其偏颇

为了揭示出洛克在自然权利与自然法之关系等问题上的立场，我们有必要先考察一下不同的研究者对这一问题的不同解读。为了更清晰地展示这些不同解读之间的差异，我们可以根据是否主张洛克的自然法与自然权利学说具备"融贯性"（coherence）而将这些不同的解读分为两大类，即非融贯论与融贯论。所谓融贯性，源于昆廷·斯金纳（Quentin Skinner）的"融贯性神话"概念，指的是"研究者在著作家的作品中寻求各文本间的连贯性，试图融贯地理解其整体，解释可能出现的不协调"①。所谓非融贯论，就是主张无论洛克的自然法还是自然权利学说都不具备理论上的严格的融贯性（一致性、连续性）。与之相反，融贯论则主张洛克的自然法及自然权利学说各自在理论上都是融贯的。同时我们也可以根据自然法与自然权利学说彼此之间是否融贯将融贯论分为"二元融贯论"与"一元融贯论"：所谓"二元融贯论"是指自然法与自然权利学

---

① 陆建松：《上帝、国家与财产权——"自然状态"视域下的洛克政治哲学研究》，复旦大学博士学位论文，2011年，第12页。

说虽然各自都是融贯的，但彼此之间从来源上来说却各自独立，不存在谁派生自谁的问题；而"一元融贯论"则主张自然法与自然权利学说不但各自是融贯的，而且它们彼此之间还存在着本源与派生的关系。更进一步来说，我们还可以根据自然法与自然权利究竟何者是本源而将"一元融贯论"分为两类，即自然法版本的"一元融贯论"和自然权利版本的"一元融贯论"。前者主张自然法是本源的，自然权利派生自自然法；后者则主张自然权利才是本源的，自然法派生自自然权利。

一、非融贯论解读

非融贯论解读的代表人物有彼得·拉斯莱特、约翰·邓恩（John Dunn）、理查德·阿什克罗夫特（Richard Ashcraft）等。[①]在他们看来，洛克的自然法或自然权利学说不具备严格的理论融贯性。之所以如此，是因为洛克本人并没有试图这样做，或者他根本没有能力做到这一点。

确实，洛克至少在表面上并没有为我们提供一种非常清晰而融贯的自然法或自然权利学说。拉斯莱特曾指出，洛克在《政府论》中虽然频频提到自然法或自然权利等概念，但是他不仅没有对这些概念作出明确清晰的界定，而且对这些概念的使用也不够严谨或存在前后不一致的情况。此外在洛克的同一个文本之中，以及在其不同的文本之间，也存在着诸多矛盾或不一致之处。[②]对于融贯论者来说，这些模糊和矛盾大多只是表面的，就其实质而言，洛克政治哲学还是前后一致的。与之相反，非融贯论者则认为它们乃是本质

---

① ［美］迈克尔·扎克特：《洛克政治哲学研究》，石碧球等译，北京：人民出版社 2013 年版，第 30、50～61 页；John Yolton, ed. *John Locke*: *Problems and Perspectives*: *A Collection of New Essays*. Cambridge：Cambridge University Press, 1969 等。Michael Zuckert，现一般译为迈克尔·扎科特，本书遵循此惯例。石碧球等在翻译《洛克政治哲学研究》时译为迈克尔·扎克特，译法不同，但实为同一人。

② ［英］彼得·拉斯莱特：《洛克〈政府论〉导论》，冯克利译，北京：生活·读书·新知三联书店 2007 年版，第 106～113 页。

性的，并且试图从洛克的写作意图或其学说本身的矛盾中来为其非融贯论主张寻找证据。

拉斯莱特是从洛克的写作意图出发为其非融贯论寻找证据的主要代表人物。在他看来，存在着两个洛克，即"作为认识论专家的洛克"与"作为医生的洛克"。① 前一个洛克是一个哲学家，其代表作是《人类理解论》，他写作该著作的意图是要为认识论奠定一种严格的哲学基础。与之相反，后一个洛克则只是一个普通的，甚至是一个"雇佣知识分子"，其代表作则是《政府论》，而他写作该著作的意图并非是要为其政治理论奠定哲学基础，也不是要把他在《人类理解论》中已经论证过的普遍性的哲学主张应用到政治领域中去，而只是要捍卫和宣传自身或其"雇主"的某些政治主张。② 为了达到这一目的，洛克使用了一些容易为当时的人们所接受的概念术语或话语体系来阐述和论证自身的观点，而没有试图从哲学上为其奠定一个清晰而融贯的基础，因此"把它（即《政府论》——引者注）称为'政治哲学'，认为他（即洛克——引者注）是个'政治哲学家'，是不恰当的"③。

坚持非融贯论的更重要理由，则源于洛克的著作内部或各著作之间（亦即他的思想本身）的矛盾。一方面，众所周知，洛克在《人类理解论》中所提出的形而上学和认识论主张，有着极其鲜明的经验主义特色，但是在不少非融贯论者看来，自然法和自然权利本身则是先验的或超验的。这样一来，洛克的经验主义本身就从根本上破坏了自然法与自然权利的基础，因此在《人类理解论》与《政府论》等著作之间根本就不存在调和的可能性，④ 进而也就不

① ［英］彼得·拉斯莱特：《洛克〈政府论〉导论》，冯克利译，北京：生活·读书·新知三联书店 2007 年版，第 110 页。

② ［美］迈克尔·扎克特：《洛克政治哲学研究》，石碧球等译，北京：人民出版社 2013 年版，第 54 页。

③ ［英］彼得·拉斯莱特：《洛克〈政府论〉导论》，冯克利译，北京：生活·读书·新知三联书店 2007 年版，第 110~111 页。

④ 参考 ［美］迈克尔·扎克特：《洛克政治哲学研究》，石碧球等译，北京：人民出版社 2013 年版，第 56 页等。

可能建立起一种融贯性的自然法和自然权利学说。另一方面，非融贯论者认为，洛克在《政府论》和早期的《自然法论文集》等著作中所提出的自然法与自然权利学说本身就是自相矛盾的。例如在《政府论》下篇中，洛克一开始主张自然状态受到自然法的约束，因而应当是和平的，但他很快就像霍布斯一样主张，自然状态乃是"战争状态"，因而推翻了自己前面的主张；他既主张基本的道德事实是人的自我保存的自然权利，但同时又主张基本的道德事实乃是保存社会的自然法义务。按照非融贯论者的观点，这些矛盾并非是偶然的，它们从根本上表明了洛克其实并没有能力建立起一种融贯性的自然法或自然权利学说。

二、非融贯论的偏颇

尽管融贯论者在洛克的自然法与自然权利究竟具备怎样的融贯性这一点上有着不同的见解，但是在反对非融贯论这一点上，他们则是一致的。首先，针对拉斯莱特所说的《政府论》只是一部应景之作的观点，一些融贯论者反驳道，"一部讨论政治的书可以既是哲学的，又是一部应景之作。在出于政治要求的压力而写一部书和作为一个政治哲学家回应这些要求的挑战这两者之间，根本就不是必然会发生冲突的"①。在我们看来也是如此。因为作者的写作意图与文本的性质之间的关系并不是必然的。历史上有不少产生了重要影响的政治哲学著作，其最初的写作意图未必不是"应景"的，但是这并不表明它们因此就缺少了严格的融贯的哲学基础。迈克尔·扎科特就曾指出，如果洛克的《政府论》只是一种纯粹的应景之作或政治宣传品，那么"洛克似乎不太可能是一位原创的和产生过深刻影响的政治思想家"②。这样的话，《政府论》也很有可能像它同时期的许多宣传政治主张的小册子一样早就消失在历

---

① 转引自［美］迈克尔·扎克特：《洛克政治哲学研究》，石碧球等译，北京：人民出版社2013年版，第54页。

② ［美］迈克尔·扎克特：《洛克政治哲学研究》，石碧球等译，北京：人民出版社2013年版，第51页。

史之中，哪怕它的作者是写出了《人类理解论》这部有着重要影响的哲学著作的洛克。

其次，就洛克思想本身所存在的困难或矛盾而言，正如雷蒙德·波林（Raymond Polin）指出的，"极度困扰洛克的解释者们的许多不连贯之处，不能归到洛克头上，而是因为解释者企图用一些太过简单化的、现成制作好了的范畴来压榨洛克的思想"①。如果因为这些简单化的、现成的范畴无法为我们提供一种清晰而融贯的洛克图景就得出非融贯论的结论，那无疑过于仓促，至少也缺乏对于一位有着重要影响的思想家的"同情的理解"。我们应当抛弃这些过于简单化的范畴，从洛克的文本中寻找其融贯的可能性及其依据，而这正是融贯论者，同时也是本书的目标所在。

第三节　自然权利版本的"一元融贯论"及其得失

一、自然权利版本的"一元融贯论"解读

自然权利版本的"一元融贯论"解读以施特劳斯学派为主，其主要代表人物除了施特劳斯之外，还包括托马斯·潘格尔（Thomas Pangle）、迈克尔·扎科特等②。在这些学者们看来，洛克乃是"一位现代的自然权利理论家，以一种重要的方式延续着

---

① Raymond Polin. *La Politique morale de John Locke*. Paris：Presses universitaries de France，1960：48. 转引自［美］迈克尔·扎克特：《洛克政治哲学研究》，石碧球等译，北京：人民出版社 2013 年版，第 30 页。

② 参考［美］迈克尔·扎克特：《洛克政治哲学研究》，石碧球等译，北京：人民出版社 2013 年版，第 37~49 页；霍伟岸：《洛克权利理论研究》，北京：法律出版社 2011 年版，第 19~35 页；［美］列奥·施特劳斯：《自然权利与历史》，彭刚译，北京：生活·读书·新知三联书店 2003 年版，第 168~256 页；John Yolton, ed. *John Locke：Problems and Perspectives：A Collection of New Essays*. Cambridge：Cambridge University Press，1969；S. Adam Seagrave. Self-Ownership vs. Divine Ownership：A Lockean Solution to a Liberal Democratic Dilemma. *American Journal of Political Science*，2011，55（3）：710-723 等。

霍布斯对于中世纪传统的'偏离'"，他将自然权利"置于他的政治理论的中心和基础"①，而自然法则是从自然权利派生出来的。因此只有从自然权利入手才有可能建立起一个具有融贯性的解释框架来对洛克的政治哲学做出前后一致的解读。

如前所述，在洛克面前有两条道路：一是以阿奎那为代表的主张德性优先于权利的传统自然法道路，二是以霍布斯为代表的主张权利优先于德性的现代自然权利道路。施特劳斯承认，"洛克在让我们辨识他有多么现代或者他从自然正当论传统偏离了多少时，感觉格外困难"。因为洛克在论述其政治哲学时，频频征引古典自然正当论哲学家（如亚里士多德、托马斯·阿奎那、理查德·胡克等）的学说，并且经常将其作为立论的依据。在施特劳斯看来，洛克之所以这样做乃是出于"他那超迈常人的谨慎"，因为通过征引传统作家、通过用一些传统术语来包装自己的全新理论，洛克就既可以避免迫害，同时也可以使"许多人聆听他的声音"，从而对"从事实际事务的人和人们的众多见解产生了巨大的影响"。②

但是施特劳斯随后就指出，尽管有着这种谨慎甚至是"伪装"，不过我们依然可以运用他的"隐微主义"阅读法，从洛克的字里行间读出他的"微言大义"。通过运用这种方法，施特劳斯发现洛克与霍布斯一样，也认为人的趋乐避苦的本性而非德性才是一切政治理论的出发点。而"植入到人类之中并镂刻在人类本性原则之上的最初和最强烈的欲望，就是自我保存的欲望"（1.88），因此个人的善（实际上就是快乐）优先于共同体的善，处于洛克道德和政治哲学之中心的，也就不再是共同体而是个人或自我了。此外洛克还曾指出，"一种对幸福的欲望和一种对苦难的厌恶……事实上是天赋的实践原则"（1.3.3），而施特劳斯则据此得出结

---

① S. Adam Seagrave. Self-Ownership vs. Divine Ownership: A Lockean Solution to a Liberal Democratic Dilemma. *American Journal of Political Science*, 2011, 55 (3): 712.

② [美] 列奥·施特劳斯：《自然权利与历史》，彭刚译，北京：生活·读书·新知三联书店 2003 年版，第 168 页。

论："对幸福的渴望和追求具有一种绝对的权利、一种自然权利的性质。这样，存在着的就是一种生而有之的自然权利，而不是什么生而有之的自然义务。……自然权利不同于自然义务，具有普遍有效性，它在自然状态下也是有效的：人们在自然状态下乃是'他自己的人身和财产的绝对主人'。"①

施特劳斯的这种"隐微主义"方法论和其基本观点也为他的许多学生和支持者们所继承，并由此形成了声势浩大的施特劳斯学派。但是需要注意的是，并非所有的施特劳斯学派成员全盘接受他对洛克的自然权利的解读。迈克尔·扎科特就曾指出②，他对于施特劳斯"根本上将洛克看作霍布斯追随者则不敢苟同……他未能指明洛克与霍布斯分道扬镳的最为重要的方式，那就是他所作的对自然权利学说的修正"③。扎科特指出，霍布斯的自然权利乃是一种纯粹的自由，因为在霍布斯看来，"每一个人对每一种事物都具有权利，甚至对彼此的身体也是这样"④。这样一来，个人对于自身、对于自己的身体和生命的自然权利就不是一种排他性的（exclusive）权利，也"不能对他人施加任何义务"⑤，因此按照霍布斯的自然权利理论，个人实际上就拥有侵犯其他人的身体和生命的自由。就这一点来说，洛克显然不同于霍布斯，因为在洛克那里，"尽管大地以及一切低等造物为一切人所共有，但是每个人对

---

① ［美］列奥·施特劳斯：《自然权利与历史》，彭刚译，北京：生活·读书·新知三联书店 2003 年版，第 232 页。

② ［美］迈克尔·扎克特：《洛克政治哲学研究》，石碧球等译，北京：人民出版社 2013 年版，第 3~14 页；［美］迈克尔·扎科特：《自然权利与新共和主义》，王崇兴译，长春：吉林出版集团有限责任公司 2008 年版，第 365~380 页；霍伟岸：《洛克权利理论研究》，北京：法律出版社 2011 年版，第 32~33 页。

③ ［美］迈克尔·扎克特：《洛克政治哲学研究》，石碧球等译，北京：人民出版社 2013 年版，第 4 页。

④ ［英］霍布斯：《利维坦》，黎思复、黎廷弼译，北京：商务印书馆 2012 年版，第 98 页。

⑤ ［美］迈克尔·扎科特：《自然权利与新共和主义》，王崇兴译，长春：吉林出版集团有限责任公司 2008 年版，第 366 页。

于他自己的人格拥有一种所有权。对此除他自己以外任何人都没有任何权利"（2.27）。换句话说，对于洛克来说，个人对于自己的人格所享有的所有权乃是一种排他性的权利。而在扎科特看来，这就表明了洛克的自然权利概念与霍布斯的自然权利理论之间存在着巨大的差异，因为个人对其人格的排他性所有权不是霍布斯所说的那种"纯粹的自由"，而是"一种道德存在，它意味着施加在所有人身上的限制或义务。对洛克来说，一个人所拥有的权利的另一面就是在另一个人那里的义务。但对霍布斯来说，根本就不存在另一面，所有人都有对任何事物的相同权利，包括对其他人人格的相同权利"。在扎科特看来，"正是对霍布斯的这一超越又使得洛克接下来肇始了自由主义"。①

就自然法与自然权利的关系而言，施特劳斯认为，"既然自然权利是生而有之的，而自然法却不是，那么自然权利就比之自然法更为根本，而且是自然法的基础"②。扎科特也认为，"理性法，即（非超验的）自然法，远非首要的权利和诸项权利的源泉，而是次要的和来源于权利"③。当然，基于二者对自然权利的不同理解，他们对自然法的理解自然也存在着不同。就施特劳斯而言，既然他将洛克的自然权利理解为霍布斯式的纯粹自由，那么由这种自然权利所派生出的自然法就"不过是有利于人们针对他人而保全和维护自身的结论或原理"④，因而纯粹是工具理性的产物。就扎科特而言，既然他认为自然权利本身就是一种道德存在，因而对他人施加了义务或限制，那么，由这种自然权利所派生出的自然法实际上就不仅是工具理性的产物，而且是一种规范性的道德原则。

---

① ［美］迈克尔·扎科特：《洛克政治哲学研究》，石碧球等译，北京：人民出版社 2013 年版，第 4~5、3 页。

② ［美］列奥·施特劳斯：《自然权利与历史》，彭刚译，北京：生活·读书·新知三联书店 2003 年版，第 232 页。

③ ［美］迈克尔·扎科特：《自然权利与新共和主义》，王崇兴译，长春：吉林出版集团有限责任公司 2008 年版，第 364 页。

④ ［美］列奥·施特劳斯：《自然权利与历史》，彭刚译，北京：生活·读书·新知三联书店 2003 年版，第 234 页。

当然，尽管存在着这种种差别，但是从根本上来说，不论洛克"是被描绘成一个更加谨慎的霍布斯主义者（施特劳斯的立场——引者注）……还是一种新的、有说服力的自由主义学说的开创性的奠基者（扎科特的立场——引者注），这个洛克的历史重要性都不在于将对自然法的中世纪理解重新确立为政治哲学的基础，而在于'开启'一种奠基于自然权利……的现代政治哲学"①。

二、自然权利版本的"一元融贯论"的得失

从上述分析中我们可以看出，对于以施特劳斯学派为代表的自然权利版本的"一元融贯论"的支持者们来说，洛克在权利与德性之关系的问题上所持有的显然是一种权利优先于德性的立场。在他们看来，洛克不仅主张权利相对于德性的优先性，而且个人所负有的德性义务或者是直接从自然权利中推导出来的，或者只是一种用来保护个人权利的功利主义准则。而且我们知道，尽管施特劳斯学派的观点因其"隐微主义"方法论等等而遭到了不少学者的批评，但是在洛克的权利与德性之关系这一问题上，他们的观点却得到了许多学者的支持。而且在这一点上，国内不少学者也持有与施特劳斯学派相似的立场。

在我们看来，对洛克的自然权利版本的"一元融贯论"解读是有其合理之处的。其中最重要的一点就在于，它突出了个人权利在洛克政治哲学中的重要性。洛克在《政府论》上篇一开篇就强调，人类享有"天赋自由权"（1.3）、"天赋自由和平等"（1.4）；在《政府论》下篇一开篇也强调，最初的自然状态是一种完全的自由和平等状态（2.4）。而且他也反复指出，政治社会本身就是基于个人对其自然权利的让渡而建立起来的，其首要目的也是为了保障个人权利。洛克对于个人权利的强调，不仅有着

---

① S. Adam Seagrave. Self-Ownership vs. Divine Ownership: A Lockean Solution to a Liberal Democratic Dilemma. *American Journal of Political Science*, 2011, 55（3）: 712.

其深刻的理论与现实动机（这一点后文还会论及），而且它在历史上也的确产生了极其重要的影响。他的自然权利（"天赋人权"）学说以及建立在自然权利学说基础之上的有限政府学说，对于其后的启蒙思想家们以及法国革命和美国革命乃至整个人类历史进程都产生了极其深远的影响。从这个角度来看，扎科特所谓的洛克才是真正意义上的现代自由主义"肇始者"的观点，无疑是有其合理性的。

但是这种解读的偏颇也是显而易见的。其根本问题就在于，它忽视或者贬低了德性问题在洛克思想中的重要性。诚然，洛克确实反复强调个人权利的重要性，也强调政府的首要目的乃是保障个人权利，但是这并不意味着德性问题在他的政治哲学中就处于次要、边缘或派生的地位，也不意味着洛克像某些当代自由主义者那样，将德性问题完全划归到私人领域中去了。相反我们看到，无论是在早期的《自然法论文集》等著作中，还是在成熟期的《政府论》、《论宗教宽容》等著作中，乃至在主要讨论认识论问题的《人类理解论》中，洛克都一而再、再而三地强调德性和自然法的重要性，强调个人权利的行使必须受作为"道德法"的自然法的限制与约束（2.4）。此外他还反复强调，自然法本身并非源于自然权利，而是有着独立于自然权利的源泉。从根本上来说，自然法乃是上帝意志的体现（1.3.6）。这也就是说，对于洛克而言，个人的德性义务既不是（至少不完全是）派生自自然权利，它的重要性也不次于（至少不完全次于）个人所享有的自然权利。如果否认德性在洛克政治哲学中的重要性，不仅将歪曲洛克的思想，而且也无法解释其文本中大量有关自然法的论述，这也是施特劳斯学派的洛克研究遭到大量诟病的主要原因之一。

更重要的是，对于德性问题在洛克思想中的重要性的贬低、忽视甚至否认，很容易导致人们得出洛克乃是一个"唯权利论者"的结论。而经过了几个世纪的历史发展与验证之后，人们对于唯权利论本身的各种弊端已经有了越来越清醒的认识。这样一来，人们很容易就将这种弊端本身归咎于洛克，似乎正是洛克这个所谓的唯权利论者的政治哲学导致了这些弊端。但是正如霍伟岸先生指出的,"洛克自身的思想之中就包含了对现代性弊端的牵制因素"①。而在我们看来,洛克对德性之重要性的强调,以及他在统一权利与德性方面所作出的努力,本身就源于他对唯权利论之弊端的认识,而且确实有利于"牵制"唯权利论的弊端。

第四节 自然法版本的"一元融贯论"及其得失

一、自然法版本的"一元融贯论"解读

自然法版本的"一元融贯论"解读以思想史研究的剑桥学派为主,此外还包括一些虽然不属于该学派,但在方法论或立场上接近该学派的一些学者。其代表人物有詹姆斯·塔利(James Tully)、汉斯·阿斯利夫(Hans Aarsleff)、马丁·塞利格(Martin Seliger)等。② 与施特劳斯学派将洛克视作一个"绝然现代的权利论者"相反,在这些学者们看来,洛克乃是"一个充满中世纪晚期传统色彩的思想家,倡导自然法的优先性"③,是"一位大体上追随阿奎那和胡克的脚步的自然法理论家"④,而且他的"自然法概念……足够充当他的政治理论的道德基础"⑤。而洛克所说的自然

---

① 霍伟岸:《洛克权利理论研究》,北京:法律出版社2011年版,第50页。

② [美]迈克尔·扎克特:《洛克政治哲学研究》,石碧球等译,北京:人民出版社2013年版,第27~37页;霍伟岸:《洛克权利理论研究》,北京:法律出版社2011年版,第52~63页;John Yolton, ed. *John Locke: Problems and Perspectives: A Collection of New Essays*. Cambridge: Cambridge University Press, 1969; S. Adam Seagrave. Self-Ownership vs. Divine Ownership: A Lockean Solution to a Liberal Democratic Dilemma. *American Journal of Political Science*, 2011, 55 (3): 710-723 等。

③ 霍伟岸:《洛克权利理论研究》,北京:法律出版社2011年版,第55页。

④ S. Adam Seagrave. Self-Ownership vs. Divine Ownership: A Lockean Solution to a Liberal Democratic Dilemma. *American Journal of Political Science*, 2011, 55 (3): 712.

⑤ Martin Seliger. *The Liberal Politics of John Locke*. New York: Frederick A. Praeger, 1968: 49. 转引自 [美]迈克尔·扎克特:《洛克政治哲学研究》,石碧球等译,北京:人民出版社2013年版,第30页。

权利则是从自然法派生出来的，只是"一种表示自然法的允许的简要表达"，"是作为自然法的先在义务和许可的结果而出现的"。① 因此只有从自然法入手才有可能建立起一个融贯性的解释框架来对洛克的政治哲学做出前后一致的解读，他的最重要的政治哲学著作《政府论》下篇的主要目标就是要完成这一任务，就是要"将自然法重新确立为他的权利理论的基础"②。

洛克指出，构成"法"的必要要素包括三个方面，即立法者、义务和约束力（fol. 13），而"法的所有必要条件都可以在自然法中找到"（fol. 13），因此自然法也是严格意义上的法。关于自然法的立法者和约束力的问题我们在后文中还要谈到，这里主要考察自然法所规定的义务。与霍布斯一样，洛克也认为，法"命令或禁止做某件事"（fol. 12），它"规定了要做什么和不要做什么，这是法的恰当功能"（fol. 13）。如果自然法的恰当功能就是规定人们的义务，而洛克也确实是一位传统自然法理论家，同时自然权利确实派生自自然法，那么"基本的、绝对的道德事实"就将是"一桩义务"，而不是"一项权利"③，而这一点正是自然法版本的"一元融贯论"者们所坚持的。

根据詹姆斯·塔利等人的分析，洛克所说的自然法至少包括三条："第一条且最根本的自然法是，人类必须被保存"。"第二条自然法是：每个人'出于某种自然倾向而渴望能进入社会，而且天赋的言辞能力以及语言性的交往使得他们足以去维持社会的续存'"。"第三条自然法表明了人们'赞美、敬重和光耀'上帝的

---

① S. Adam Seagrave. Self-Ownership vs. Divine Ownership：A Lockean Solution to a Liberal Democratic Dilemma. *American Journal of Political Science*, 2011, 55（3）：712.

② ［英］詹姆斯·塔利：《论财产权：约翰·洛克和他的对手》，王涛译，北京：商务印书馆 2014 年版，第 78 页。

③ ［美］列奥·施特劳斯：《自然权利与历史》，彭刚译，北京：生活·读书·新知三联书店 2003 年版，第 185 页。

义务"。① 我们暂且不论第三条自然法，仅从前两条来看，个体的首要且最根本的义务，乃是保存人类整体或人类这一族群而非个体自身。詹姆斯·塔利的这种分析在洛克的文本中有充分的依据，因为洛克曾明确说过，"公共善是一切立法的规则和尺度"②，自然法当然也不例外，而且"最初的和基本的自然法，其目的就是为了保护社会以及（在与公众福利相符的限度内）其中的每一成员"（2.134）。当然，自然法并没有否定人类个体也应该被保存，但是这种保存必须被限制"在与公众福利相符的限度内"，或者说，"公共善使得个体善只能作为它的结果来实现。……人类种族的善必须先于作为这一种族之个体成员的你的特殊善来考虑"③。

但是我们知道，自然法（the law of nature）也可以译作"本性法"，事实上洛克也声称，自然法所规定的义务乃是"一种适合于他（即人类——引者注）的本性的行为方式"（fol. 19）；而在《政府论》等著作中，洛克也反复声称，保存自己的生命和存在的欲望乃是"镂刻在人的本性原则上的"（1.88）"行为原则"和"本性倾向"（1.86）；据此似乎可以推断，自然法所规定的基本义务乃是保存人类个体自身的生命和存在，而且这是符合人的本性的行为原则。问题在于，自然法的这一"本性"原则似乎与其所规定的首要的基本义务相冲突：本性原则要求我们首先保存个人自身，而自然法的基本义务则要求我们首先保存人类整体。

解决这一矛盾的关键在于对人的本性（人性）与德性做出区分。正如施特劳斯所说："人性是一回事，德性或人性的完善又是

---

① ［英］詹姆斯·塔利：《论财产权：约翰·洛克和他的对手》，王涛译，北京：商务印书馆2014年版，第66、69、71页。

② John Locke. *A Letter Concerning Toleration*. Indianapolis：Hackett Publishing, 1983：39.

③ Janet Coleman. Pre-Modern Property and Self-Ownership Before and After Locke：Or, When did Common Decency Become a Private Rather than a Public Virtue? *European Journal of Political Theory*, 2005, 4（2）：129-130.

另外一回事。德性，尤其是正义的确切性质无法从人性中推演出来。……德性在绝大多数情形下（如果不是在所有情形下的话）乃是一个激励人们的目标，而非已完成之物。"① 换句话说，当洛克说人的本性原则是保存自己时，他所说的"本性"是人的实然性的趋乐避苦的本性，而当他说自然法是一种本性法、是一种适合于人的本性的行为方式时，他所说的"本性"其实是一种应然性的本性之完善或人的"理性本性"　（拉：*naturae rationali*；英：rational nature）（fol. 99）。与其将后者称为本性，不如将其称为一种潜在的追求德性之可能性，正是它决定了个人有可能去自觉地追求德性。也正是由于此，就其约束力而言，人类所"应当"遵循的"自然法"与自然界的万物所"实际"遵循的"自然规律"不同：人类虽然不应当，但事实上却有可能违背自然法，而自然界的万物则在事实上永远受到自然规律的约束。

于是我们看到，根据这种解读，洛克的自然法所指向的实际上并不是人的趋乐避苦的实然性本性的满足，而是人的本性的完善或德性的实现这一应然性目标，因而自然法本身实际上就是一种道德法，它为人们所规定的义务实际上也就是一种道德义务。这种解读并不缺乏文本上的依据，因为洛克在《自然法论文集》、《政府论》等著作中都曾反复指出，自然法本身就可以"等同于道德的善或德性"，"等同于唯一的善"（fol. 11），它规定了"善恶的原则"、"德性和恶行的观念"（fol. 13）。同时自然法也可以被称作正当理性，而"这里的理性……是指某些明确的行为原则，从中产生了所有的德性和恰当的道德塑造所必需的一切"（fol. 12），"行为者所做的一切都要根据所谓的'正当理性'来评价。这种理性不是用来为我们各自所参与的行为辩护的彼此的理性，而是一种普遍的、规范性的'法'（lex），它约束着每一个被视作人类，因此也

① ［美］列奥·施特劳斯：《自然权利与历史》，彭刚译，北京：生活·读书·新知三联书店 2003 年版，第 147~148 页。

就是人类共同体之一部分的个人去正当地行动"①。因此自然法应当"成为我们道德生活的准则"（fol. 89）。虽然就其趋乐避苦的本性而言，人类有可能违背自然法，但自然法所要求于人类个体的德性还是应当成为人类努力追求的目标。既然自然法所指向的不是人的趋乐避苦之本性的满足，而是人性的完善或德性的实现，而德性本身就"通过不可分离的联系"被与"公共幸福"联结在一起，"德性的实践对于社会的保存必不可少"（1.3.6），那么很自然地，基本的自然法就必然将人类整体而非个人的保存置于优先地位了。而"从政治哲学的角度来说，这种理论则必然将义务置于优先的地位，在价值取向和现实的实践上必然以义务而不是以权利为核心和归宿"②。

值得注意的是，这种解读其实并没有否认自然权利在洛克政治哲学中的地位。塔利就曾从他所总结出的两条基本的自然法中引申出三种基本的自然权利，分别是"保存人类的自然权利，保存每个个体存在的自然权利，以及利用自然的共有之物来实现他们的生存和舒适的自然权利"③。从这个角度来看，无论是人类整体还是个体实际上都具备保存甚至是"舒适地"保存自身的自然权利。事实上，自然法本身非但不排斥自然权利，而且从中还可以派生出某些自然权利。因为我们知道，既然基本的自然法义务是保存人类整体，而人类整体正是由不同的人类个体所组成的，每个人类个体都是人类整体的成员，那么从中就可以引申出，在不违背保存人类整体这一自然法义务的前提下，每个人类个体都拥有被保存的权利。

但是这种自然权利并不是"基本的道德事实"，相反，它本身

---

①　Janet Coleman. Pre-Modern Property and Self-Ownership Before and After Locke：Or，When did Common Decency Become a Private Rather than a Public Virtue? *European Journal of Political Theory*，2005，4（2）：129.

②　储昭华：《明分之道——从荀子看儒家文化与民主政道融通的可能性》，北京：商务印书馆 2007 年版，第 251 页。

③　霍伟岸：《洛克权利理论研究》，北京：法律出版社 2011 年版，第 57 页。

就是从自然法中派生出来的，而且这种从自然法中所派生出的自然权利与我们通常所理解的权利有着很大区别。因为自然法作为道德法，它要求将"责任心，而非自我主张"作为"恰当的道德态度"，因此"自然法所产生的自由权并不是使每个行为者能决定做什么或不做什么的权利，相反，这仅仅是遵循自然法运用真正的人的方式，也就是说，运用行为者的理性和意志所颁布的权利"；与这样一种"权利"相反，我们通常所说的权利的重点恰恰在于"行为者的自我主张"，在于"一个个人能完全自主或自由选择的领域"①。此外，既然这种自然权利是从自然法派生出来的，那么它就必然要受以保存社会或人类整体为目的的自然法的支配，必然被限制"在与公众福利相符的限度内"（2.134）。

二、自然法版本的"一元融贯论"的得失

从上述的分析中我们可以看出，与自然权利版本的"一元融贯论"不同，在自然法版本的"一元融贯论"的支持者们看来，在洛克那里，不仅自然法优先于自然权利，而且后者本身就是从前者中派生出来的。而在权利与德性的关系问题上，他们则认为洛克主张德性优先于权利。也正是由于此，在这种解读的代表人物之一詹姆斯·塔利的笔下，洛克才既不是一个自由主义者或自由至上主义者，也不是一个宪政主义者，而更像是一个"极端的社会和政治平等理论家"②。正如迈克尔·扎科特和约翰·塔特（John Tate）等人指出的，在剑桥学派的努力和影响下，这样一种解读在洛克研究界正在成为一种"近期共识"（recent consensus）③，并得到越来

---

① ［美］迈克尔·扎克特：《洛克政治哲学研究》，石碧球等译，北京：人民出版社 2013 年版，第 200 页。

② 霍伟岸：《洛克权利理论研究》，北京：法律出版社 2011 年版，第 63 页。

③ John Tate. Dividing Locke from God: The Limits of Theology in Locke's Political Philosophy. *Philosophy and Social Criticism*, 2013, 39（2）: 133. 另参考 Michael Zuckert. Locke-Religion-Equality. *The Review of Politics*, 2005, 67（3）: 422.

越多的学者的支持。国内也有不少研究者已经开始注意到并且自觉地翻译、消化和吸收这些研究成果。①

我们知道，对洛克的自然法版本的"一元融贯论"解读在很大程度上是以对既往洛克研究中片面强调自然权利、忽视自然法的重要性这一倾向的批评为出发点的。其中的剑桥学派就试图将洛克还原到 17 世纪的语境中去，并力图揭示他的自然法和财产权思想与古典自然法传统之间的延续性。这种努力对于我们更加全面地理解洛克乃至近现代政治理论和实践的发展有着重要的意义。首先，如前所述，对洛克的自然权利版本的"一元融贯论"解读很容易走入唯权利论的误区，从而忽视洛克对自然法和德性问题的强调。而以剑桥学派为代表的自然法版本的"一元融贯论者们"通过大量细致深入的文本、语境和历史研究，为我们揭示了自然法和德性问题在洛克政治哲学中的重要性，也为我们展示了一个更加丰富、全面的洛克形象。更重要的是，这些研究也向我们表明，洛克对于所谓的"现代性"的弊端其实有着非常清醒、深刻而自觉的超前认识，他也确实想要努力对这些弊端加以"牵制"和克服。

其次，这种解读力图将洛克还原到 17 世纪的语境中去，力图揭示洛克政治哲学与前人和时人（如阿奎那、胡克、格劳秀斯、普芬道夫、平等派等）的内在关联。这些研究表明，洛克的那些影响深远的政府理论、财产权理论等，实际上是从西方传统思想的土壤中有机地生长起来的，洛克的许多看似"现代"的思想其实与传统有着千丝万缕的内在联系。诚然，洛克对传统自然法思想作了重要的改造，但是这并不代表二者之间就没有延续性。像施特劳

---

① 霍伟岸：《洛克权利理论研究》，北京：法律出版社 2011 年版；陆建松：《上帝、国家与财产权——"自然状态"视域下的洛克政治哲学研究》，复旦大学博士学位论文，2011 年等。另外国内近年内也翻译了不少剑桥学派的洛克研究著作。比较有代表性的有［英］詹姆斯·塔利：《语境中的洛克》，梅雪芹、石楠、张炜等译，上海：华东师范大学出版社 2005 年版；［英］詹姆斯·塔利：《论财产权：约翰·洛克和他的对手》，王涛译，北京：商务印书馆 2014 年版等。

斯学派那种将洛克视作一个"绝然现代"的权利论者、认为在洛克与传统之间存在着巨大的甚至根本性的"断裂"的观点，无疑是过于极端了。

再次，以剑桥学派为代表的一些学者试图根据对洛克思想的这种解读来重新认识洛克思想的"影响史"，甚至是颠覆与重构西方政治思想发展史，以克服以往研究中所存在的片面性。诚然，这种努力还不能说取得了完全的成功，而且他们的这种颠覆与重构也往往存在着矫枉过正的问题，但是不得不承认的是，他们的研究对于我们重新认识洛克政治哲学的历史地位，以及近现代西方政治理论与实践的发展史都有着重要的借鉴意义。

但是我们在承认这种解读所取得的成就的同时，也不能不看到，它在纠正既往的洛克研究中所存在的种种片面性与极端性的同时，却又将洛克研究引向了另一个极端。首先，在我们看来，洛克作为一个虔诚的基督徒，确实"在更加广泛的意义上将整个世界，甚至是政治世界都视作上帝之造物的一部分"。他也始终将自然法与基督教神学联系在一起，认为自然法乃是上帝意志的体现。像施特劳斯那样否认洛克的信仰的真诚性、认为他是一个地道的无神论者的做法，很难在洛克的文本中找到切实的证据。但是问题在于，以剑桥学派为代表的一些研究者们据此而"将神学置于洛克政治哲学的中心，坚持洛克的政治结论的有效性和说服力不能独立于那种存在于其基础之中的神学而获得证实"，并力图将洛克政治哲学的"意义和正当性还原到"其神学来源上去，① 这就又走向了另一个极端。这种做法显然是为了突出洛克思想与传统的延续性，但是为了达到这一目的，却有意或无意地忽视了洛克作为一个启蒙思想家对于理性的重视与强调，忽视了洛克实际上试图用理性对信仰作出一种合理性的解释。此外，这种做法还忽视了一个重要的事实，即信仰的多元化在洛克身处的时代就已经是政治哲学家们所不得不面对的现实了。诚然，洛克始终在借助信仰来强化

---

① John Tate. Dividing Locke from God: The Limits of Theology in Locke's Political Philosophy. *Philosophy and Social Criticism*, 2013, 39 (2): 133-134.

他的政治主张的合理性，但是为了使其主张能够为更多的持有不同信仰的读者所接受，洛克实际上一直在有意淡化他的理论中的基督教信仰的特殊性。凡此种种都表明，在洛克与传统自然法和基督教信仰之间，诚然存在着一种延续性，但也确实存在着一种断裂。像施特劳斯学派那样过分强调其断裂性，固然是走向了极端，但是像剑桥学派那样过分强调其延续性，显然也同样无益于全面地理解洛克。

其次，对洛克的自然法版本的"一元融贯论"解读在突出德性问题在洛克政治哲学中的重要性的同时，也很容易走向"唯德性论"的极端。例如在这种解读的代表人物之一詹姆斯·塔利那里，洛克的自然权利很大程度上被说成是来源于自然法，因而只是"一种表示自然法的允许的简要表达"①。而且他还基于前述的"近期共识"而将洛克的"财产权和政治社会"视作"是实践人类另一组道德义务——那些高于让自己和他人得以生存并获得舒适生活的宗教义务——的必要手段"②。这种解读既忽视了洛克对自然权利源于上帝赋予人的保存自身的本性这一点的强调，也忽视了洛克对政治社会的首要目的乃是保障个人权利这一点的强调，因此实际上是在反对唯权利论的极端时又走向了唯德性论的极端。

再次，如前所述，剑桥学派试图根据他们对洛克的重新解读来重构洛克思想的影响史，乃至整个近现代西方政治理论与实践的发展史。其中的一些学者从洛克与传统的延续性出发，试图尽量淡化甚至否认洛克政治哲学的新颖性及其在后来的政治理论和实践中的影响，甚至将这种影响视作一种虚构出来的"神话"。这种观点非但与我们对洛克的传统理解不符，而且它也很难找到实际证据的支

---

① S. Adam Seagrave. Self-Ownership vs. Divine Ownership：A Lockean Solution to a Liberal Democratic Dilemma. *American Journal of Political Science*，2011，55（3）：712.

② ［英］詹姆斯·塔利：《论财产权：约翰·洛克和他的对手》，王涛译，北京：商务印书馆 2014 年版，第 233 页。

持。正是由于这个原因，这种重构与颠覆也遭到了许多学者的批判。①

从这里我们也可以看出，无论是片面强调权利在洛克政治哲学中的重要性的自然权利版本的"一元融贯论"，还是片面强调德性在其中的重要性的自然法版本的"一元融贯论"，它们在揭示洛克政治哲学的某一"面相"的同时，都忽视乃至"遮蔽"了洛克政治哲学的另一面相。更重要的是，为了证明自身解读的合理性，这些研究者们往往有意无意地忽视，甚至是刻意地歪曲洛克文本中不利于自身观点的论述，因而都无法全面地解释洛克思想的整体。

第五节　"二元融贯论"及其启示

一、"二元融贯论"解读

"二元融贯论"解读的代表人物主要有 S. 亚当·西格雷夫（S. Adam Seagrave）、罗伯特·拉姆（Robert Lamb）等。② 正如西格雷夫指出的，上述自然权利版本与自然法版本的"一元融贯论"解读的"基础性差异乃是它们共享的一个假设的后果，即一个融贯性的洛克无法在一条单行道上朝两个方向行驶，他必定要么从自然法中派生出自然权利，要么从自然权利中派生出自然法。……一个'自然法—自然权利洛克'是一个不一致的或不融贯的洛克"。相反，尽管"二元融贯论"与"一元融贯论"一样主张洛克思想

---

① 例如迈克尔·扎科特就曾通过细致的文本与历史考察，对于剑桥学派的这种颠覆与重构的偏颇之处进行了有力的批判。可参考 ［美］迈克尔·扎科特：《自然权利与新共和主义》，王崇兴译，长春：吉林出版集团有限责任公司 2008 年版等。

② S. Adam Seagrave. Self-Ownership vs. Divine Ownership: A Lockean Solution to a Liberal Democratic Dilemma. *American Journal of Political Science*, 2011, 55 (3): 710-723; Robert Lamb. Locke on Ownership, Imperfect Duties and 'the Art of Governing'. *The British Journal of Politics & International Relations*, 2010, 12 (1): 12-141 等。

中的自然法与自然权利学说就各自本身而言都是融贯的，但是与后者不同，在"二元融贯论"的支持者们看来，洛克的自然权利与自然法彼此之间并不存在何者本源、何者派生的问题。相反，它们彼此之间虽然可以兼容甚至"处于一种深刻的和谐之中"①，但从来源上来看，二者却是彼此独立的。

在西格雷夫看来，"一个特殊的人类能够被理解区分成两个"，即（1）作为"实体—人"的个人。这样的个人乃是由身体和灵魂共同组成的动物，他们全都是人类这一种族或"自然共同体"的成员。这个层面的个人将人与非人的动物及其他存在者区别开来，但是却无法将不同的人类个体区别开来。（2）作为"人格—自我"的个人。这样的个人是有着自我意识、能够"认它自己为它自己"（2.27.9），并且将"我"与"你"区别开来的特殊个体。而自然法与自然权利则分别对应着同一个特殊人类个体的不同身份：就个体乃是人类这一种族的成员而言，"他为一种道德规则或'自然法'所制约，合乎他的自然力量或能力的既定的等级安排而行动，亦即，合乎'理性'的优越性而行动"②，这种自然法的目的就是要保存人类整体，它为这一种族的每个成员规定了保存人类整体的自然义务；就个体乃是特殊的个体而言，"人是他自己的主人，是他自己的人格及其行为或劳动的所有者"（2.44），这就为个人的"自我所有权"（self-ownership），进而为个人的自然权利奠定了基础。

就自然法与自然权利的关系而言，西格雷夫指出，"自然法代表了一个比自然权利更高级、更高贵的道德之来源，并高居基于权利的道德之上"，因为特殊的人类个体首先是人类这一种族的成员，其次才是独特的个体。但是西格雷夫紧接着就指出，"洛克

---

① S. Adam Seagrave. Self-Ownership vs. Divine Ownership：A Lockean Solution to a Liberal Democratic Dilemma. *American Journal of Political Science*，2011，55（3）：713，722.

② S. Adam Seagrave. Self-Ownership vs. Divine Ownership：A Lockean Solution to a Liberal Democratic Dilemma. *American Journal of Political Science*，2011，55（3）：717-721.

《政府论》下篇中的政治哲学，似乎始于自然权利而非自然法"。
在他看来之所以如此是因为，首先，《政府论》下篇的主要目的是
探讨"关于政府的产生、关于政治权力的起源和关于用来安排和
明确谁享有这种权力的方法"（2.1）。而按照洛克的理解，"政治
社会和人类政府被建立起来是为了规范个体彼此之间的关系并且有
效地、和谐地将个体统一起来组建成一个共同体"，因此它首先关
心的是特殊的人类个体，而非作为整体的人类。其次，"对于政治
社会来说，保护自然权利是一个比强制执行自然法更加急迫的任
务"①。

但是需要注意的是，特殊人类的两种身份的区别只存在于理解
之中，在现实中它们同时"嵌套"（nesting）在同一个特殊人类个
体之中，而其所分别对应的自然法与自然权利因此也是嵌套式地同
时存在的。在西格雷夫看来，这样理解的自然法与自然权利"是
兼容的，甚至彼此处于一种深刻的和谐之中"，而洛克也由此"可
以被视为由现代自然权利派往自然法传统的使者"。既然自然法与
自然权利处于"深刻的和谐"之中，那么我们就可以借此来减缓
"宗教信仰与自由民主政治承诺"、"私人领域与公共领域"之间的
"潜在冲突和张力"。② 换句话说，在西格雷夫看来，他的"二元
融贯论"可以很好地调和权利与德性之间的张力。

西格雷夫的思路很有启发性，但是在自然法与自然权利究竟如
何"嵌套式"地共存，以及在当二者发生冲突时我们究竟应该服
从何种原则的问题上，他并没有做太深入的展开。"二元融贯论"
的另一位代表人物罗伯特·拉姆则对该问题做了进一步的讨论。在
拉姆看来，当代自由主义传统"倾向于合并政治领域与道德领
域"，并且在对政治社会的安排中抛弃传统的目的论。但是对于洛

---

① S. Adam Seagrave. Self-Ownership vs. Divine Ownership: A Lockean
Solution to a Liberal Democratic Dilemma. *American Journal of Political Science*,
2011, 55（3）: 721-722.

② S. Adam Seagrave. Self-Ownership vs. Divine Ownership: A Lockean
Solution to a Liberal Democratic Dilemma. *American Journal of Political Science*,
2011, 55（3）: 722.

克来说，区分二者则非常重要，"因为他的思想包括了对政治领域的准自由主义解释之证明，但同时也包括了对于一种对道德的深刻的神学与目的论理解的安置"，"他努力想要调和对政治自由和平等的基本价值的认可与对道德目的论的认可"。洛克思想中的自然权利与自然法则分别归于不同的领域：自然权利服务于政治领域，而自然法则服务于道德领域。通过这种区分，拉姆想要表明洛克既不是"一个早期自由主义的支持者"或诺齐克式的自由至上主义者，也不是一个集体主义者或社群主义者，在他看来，洛克的思想更接近于"自由至上主义的家长式制度，在这种制度中，公民们被授予了大幅度地选择他们生活的自由，而政府则为影响这些选择提供诱因"。换句话说，拉姆笔下的洛克一方面并没有"将引导人们的所有德性作为政府的一个目标"，而是为个体的自由和权利留下了广阔的空间；另一方面又认为政府"可以使用法律手段去鼓励个体承担"他们的道德义务或完善他们的德性。[1]

二、"二元融贯论"的启示

从上述分析中我们可以看出，"二元融贯论"的支持者们实际上已经非常清醒地认识到了自然权利版本和自然法版本的"一元融贯论"解读的偏颇之处，并且非常自觉地想要克服二者的弊端。可喜的是，国内不少研究者也开始注意到了"一元融贯论"解读所存在的弊端，并且也开始自觉地克服这些弊端，并力图对洛克的政治哲学作出一种更加完全的解释。[2]

这种解读对于我们更加全面地理解洛克的政治哲学无疑有着极大的启发作用。在我们看来，正如西格雷夫指出的，洛克实际上既

---

[1] Robert Lamb. Locke on Ownership, Imperfect Duties and 'the Art of Governing'. *The British Journal of Politics & International Relations*, 2010, 12 (1)：129-138.

[2] 可参考霍伟岸：《洛克权利理论研究》，北京：法律出版社2011年版等。霍伟岸先生在该著作中对施特劳斯学派和剑桥学派的洛克研究进行了比较全面的梳理，对于二者的优劣也进行了比较全面的总结，并试图在此基础上对洛克的权利理论做出一种更加全面的研究。

不是一个唯权利论者，也不是一个唯德性论者。换句话说，洛克既认识到了建立在传统自然法理论基础之上的"理想政体"实际上无法适应时代的需要，也认识到了建立在"绝然现代"的自然权利理论基础之上的政府同样存在着种种"现代性"的弊端。因此洛克实际上力图将权利与德性二者统一起来，以提出一种更加完整的政治哲学来满足时代的需要。

当然，令人遗憾的是，前述西格雷夫、拉姆等人对洛克所作的"二元融贯论"解读虽然提出了不少有说服力的观点，但是他们并未对这种解读本身作出比较全面系统的展开，对其中所存在的一些问题也未作更深入的考察。举例来说，西格雷夫的解读是建立在对洛克的"个人所有权"（the ownership of the individuals）理论的分析的基础之上的。在他看来，洛克的自然权利源于对个体的自我所有权，而自然法则源于对个体的"上帝所有权"　（divine ownership）。但是问题在于，对于个人所有权本身的来源与正当性问题，西格雷夫并没有进行深入的考察。从其文本中来看，他实际上认为个人所有权源于戈帕尔·史瑞尼瓦森（Gopal Sreenivasan）所谓的洛克的"制作者权利学说（the doctrine of maker's right）"[1]。但是后者本身就是一个非常复杂的问题，需要进行仔细的考察。

此外我们知道，无论是施特劳斯学派的洛克解读还是剑桥学派的洛克解读都拥有大量的支持者，并且出现了一系列颇有分量与影响的研究著作。但是令人遗憾的是，迄今为止，对洛克的"二元融贯论"解读在洛克研究界似乎还未曾引起广泛的重视，所取得的研究成果也远不及前两者。这一现状为我们揭示出了洛克在自然权利与自然法，进而是权利与德性之关系问题上的立场之复杂性，同时也启示我们，要想纠正既往研究中的偏颇，还需要一个漫长的过程。而对学者们已经取得的那些成果，我们也需要更加深入地吸收和借鉴，只有这样才有可能更加全面深入地理解洛克的思想。

---

[1]　Gopal Sreenivasan. *The Limits of Lockean Rights in Property*. Oxford：Oxford University Press，1995：62.

上述不同的解读为我们揭示了洛克政治哲学的当代相关性。而在我们看来，洛克为统一权利与德性而做出的努力及其所提出的解决方案有着很重要的研究价值与研究意义。首先，尽管施特劳斯学派和剑桥学派坚持认为洛克在权利与德性的关系问题上的立场是"一元融贯论"的，即要么主张权利优先于德性，要么主张德性优先于权利，但是在我们看来，洛克作为一名伟大的思想家，实际上非常努力地将这两种立场整合在一起，从而使其思想具有了巨大的包容性，正是由于这种包容性才使得种种不同的解读成为可能。同时他为整合这些不同的立场提供了一种既具包容性又具统一性的理论框架，这个框架使我们有可能获得一个可供持不同立场的各方对话的平台，从而避免在权利与德性之关系这一当代政治哲学的重要问题上陷入自说自话的困境。此外，洛克的论证方式也可以为我们理解这一问题提供一种不同于当代政治哲学家们经常采用的新思路，他所提出的解决方案对于破解我们当前所面临的许多难题也不乏启示与借鉴意义。

其次，无论洛克究竟是一位自由主义者，还是一位古典自然法理论家，不可否认的是，他的思想对于其后的政治理论和实践都产生了极其深远的影响。同时作为从前现代向现代过渡时期的人物，洛克的政治哲学也确实既是对传统的弘扬光大，同时也包含了许多现代因素。因此对他在权利与德性之关系问题上的观点的分析，不仅有助于我们更全面地理解他的思想本身，而且有助于我们更深入地理解近现代政治理论与实践的发展和演变的历史。

第二章 幸福的实现：权利与德性之统一的必要性

本书的任务是要证明在洛克的思想中权利与德性不仅可以统一起来，而且他还提出了将二者统一起来的现实路径或具体方式。但是在证明这一点之前，我们必须先说明一个前提性的问题，即为什么洛克坚持要将权利与德性统一起来，或者说这种统一的必要性体现在哪里。

我们知道，必要性总是相对于某个特定的目的而言的。而在洛克这里，权利与德性之统一的必要性正是相对于人的幸福之实现这一目的而言的。正是由于幸福的实现在事实上是人的一切行为的最终目的，在价值上它也具有正当性，而且这一正当目的的实现既离不开权利，也离不开德性，更离不开二者的统一，或者说，权利与德性及其统一乃是实现人的幸福的必要条件，因此它才有其必要性。

这样一来，我们的首要任务就包含了三个方面：一是阐明对于洛克来说，幸福的实现是人类一切行为的正当目的；二是阐明洛克所说的权利与德性概念及其实质；三是阐明为什么洛克将权利与德性的统一视作人的幸福之实现的必要条件。

第一节 幸福：人类一切行为的正当目的

一、幸福：人类一切行为的目的

在讨论道德与政治问题时，洛克非常看重行为及行为理论的重要性。在他看来，"行为（action）是人类的伟大事业，并且是一切

30

法律所关涉的全部事务"（2.22.10）。包括伦理学（当然也包括政治哲学）在内的"实践之学"（practica）与"物理学"（physica）的根本区别就在于，后者的对象是"就其本身而言可以认识的事物"（4.21.5），其目的是"纯粹的思辨和真理的知识"；而前者的对象则是"那些依赖于我们而存在的、追求幸福的行为"（4.21.5），其目的则关乎"正当以及合乎正当的行为（conduct）"（4.21.3）。因此他在《人类理解论》等著作中对于人的行为进行了深入的讨论，而且他的"实践之学"本身就是在其行为理论的框架中展开的。

在洛克看来，人类的行为不同于动物的一个重要之处就在于，人类的行为是有目的的。而且在人类的一切行为中，都存在着一个共同的、最终的目的，这个目的就是"幸福"（happiness），"我们在我们的一切行为中都指向幸福"（2.21.36）这一目的。洛克所说的幸福是根据快乐来得到界定的，所谓快乐"乃是由一些对象的活动在我们身心上所生的"（2.21.42）感觉，这些对象既包括外部对象，也包括我们自己的身体和心灵。而幸福则是一个"极端的名称"（2.21.40），"极度的幸福就是我们所能享受的最大的快乐"（2.21.42）。

在洛克看来，人类的一切行为之所以都以幸福为目的，乃是出于人类的本性。我们知道，洛克坚决反对天赋观念论，他认为人心就像一张"白纸"（拉：*tabula rasa*；英：white paper）（1.3.22）一样，上面既没有天赋的思辨原则，也没有天赋的实践原则。但是他又指出，"自然（nature）在人之中置入了一种对幸福的欲望和一种对苦难的厌恶：它们事实上是天赋的实践原则，它们确实恒常地持续发挥作用并且毫无停顿地影响着我们的一切行为：我们在一切人类和一切时代中都可以观察到这些稳定的、普遍的原则……我不否认在人的心灵中印有自然倾向（natural tendencies）……这些原则从不停顿地成为我们一切行为的恒常的源泉和动机"（1.3.3）。这似乎与其否定天赋实践原则的立场相冲突，但事实并非如此。因为当洛克否定天赋实践原则时，他所说的是那种现成的、有着具体内容的天赋"标记"（1.3.3）。而当他肯定存在着天赋实践原则时，他所说的则是一种作为"偏好""倾向"而存在的原则，它们仅仅是一种行为的倾向性，而不包含任何具体的内容。洛克反复强调这种对幸福的欲望和对苦难的厌恶乃是人的天赋的倾向或本性，它不仅是人类一切行为的最终动机，而且是人类一切行为的根本目的所在。

二、追求幸福的正当性

洛克不仅认为人类的一切行为事实上都以幸福为目的，而且他还从价值上肯定了人类追求幸福这一目的的正当性。正如后文将要指出的，对追求幸福的正当性的肯定，从根本上来说乃是洛克所选择的一种价值立场。但是这种立场要想获得他人的认同，还需一种价值论上的证明。对于洛克而言，这种证明是借助上帝的权威来完成的。

为了借助上帝的权威来证明追求幸福的正当性，洛克首先对基督教的传统教义"原罪说"进行了批判和重释。我们知道，原罪说乃是传统基督教神学的一个重要组成部分。根据这种学说，由于人类先祖亚当和夏娃的堕落，人类生来在本性上就是有罪的，而死亡则是对这种原罪的惩罚。但是洛克指出，不仅《新约》中从来没有说过"亚当所领受的死亡威胁意味着他的子孙的人性败坏"，而且"若是亚当的子孙因为他的罪而受苦，这岂不是让无辜之人因为有罪之人而受到惩罚吗?"① 也就是说，人的本性在道德上是无辜的，并没有犯任何罪。而人类之所以有死，也不是因为犯罪，而仅仅是因为"他们出生于不死的乐园之外，这种有死的状态只不过是人类的一种自然状态而已，与他们的道德本性无关"②。

我们知道，原罪说的一个重要影响就在于它贬低了人的趋乐避苦的本性的正当性。而洛克批判和重释原罪说的意义也正在于，它

---

① ［英］洛克：《基督教的合理性》，见［英］洛克：《洛克宗教著作选集》，王爱菊、周玄毅译，香港：道风书社 2008 年版，第 7 页。
② 赵林：《洛克宗教思想综述》，见［英］洛克：《洛克宗教著作选集》，王爱菊、周玄毅译，香港：道风书社 2008 年版，第 xxxvi~xxxvii 页。

为人的这种本性本身的正当性乃至神圣性准备了前提条件。在否定原罪说的前提下，洛克进一步指出，人的这种追求幸福的本性非但不是罪，而且它本身就是由上帝以其智慧和善所赋予人类的。在洛克看来，上帝之所以要赋予人类以趋乐避苦的本性，有三个方面的原因。首先，为了给人类的行为提供动机。正如后文将会指出的，在洛克看来，人的身体和心灵需要一种力量或动力（motive）的推动才会产生出行为，否则就将静止不动。这种动力从根本上来说就是快乐或幸福。只有借助于上帝赋予给人的这种趋乐避苦的本性，上帝"赋给我们的那些官能，才不至于完全无用、散漫无归"（2.7.3）。其次，上帝之所以要借助这种本性来使我们行为，是因为他要"保存我们的存在"和"各部分各器官的完整"（2.7.4）。只有在我们的各种行为和感觉上附加快乐和痛苦，我们才会自觉地趋向那些有利于我们的保存的东西、远离那些不利于我们的保存的东西。再次，洛克还指出，快乐还有另外一种作用，即它可以将我们引向上帝。因为尘世的幸福总是不完满的，而人们又在本性的驱动下不断地渴望幸福，这样一来，人们就有可能"在慕悦上帝方面来寻找幸福"（2.7.5）。因为按照基督教的教义，人们只能在上帝那里找到真正完满、永恒、完全的幸福。

由此可见，人类追求幸福的本性最终来源在于上帝，在于上帝的安排。而且洛克指出，从这一安排中我们不仅可以看到上帝的智慧和全能，而且可以感受到上帝的至善及其对于人类的善意。上帝在创造人类的过程中，不仅希望人类能够获得尘世幸福，而且也希望人类能够获得永恒幸福，而且他为人类所安排的本性和各种能力也有助于人类获得幸福。因此达林·麦马翁（Darrin McMahon）指出，"在洛克所说的由上帝精心安排的宇宙中，快乐是合乎神意的……快乐竟然是一种神性的动力"①。而在洛克当时所处的基督教语境中，上帝的合乎神意的安排本身就意味着它是正当的，甚至是神圣的。这样一来，洛克就通过将人渴望幸福的本性归结为上帝

① ［美］达林·麦马翁：《幸福的历史》，施忠连、徐志跃译，上海：上海三联书店2011年版，第169页。

的创造和安排，归结为上帝的智慧和善意的体现，通过将快乐归结为一种"合乎神意的"、"神性的动力"，而为人类对于幸福的追求确立起了正当性乃至神圣性。

三、享乐本性 vs. 理性本性：幸福的人性基础

幸福始终与人性联系在一起，甚至可以说，有什么样的人性论，就有什么样的幸福观。无论是在早期的《自然法论文集》中，还是在成熟期的《人类理解论》、《政府论》等著作中，洛克都对人性进行了讨论，并且非常明确而自觉地将其实践哲学与其人性论联系在一起。因此为了更深入地理解洛克幸福概念的内涵及其类型，我们有必要首先对其人性论进行一番简要的考察。

由于人性论对于实践哲学有着突出的重要性，因此西方哲学史上的不少哲学家都对人性进行了深入的探讨，并且由此形成了众多不同的倾向与流派。洛克对他之前的许多哲学家的人性论都有着比较深入的了解，并受到了前人的较大影响，而且他力图将这些不同倾向和流派的人性论调和起来，这就使得他的人性概念本身就呈现出不同的层次，需要我们加以细致的区别。

1. 享乐本性及本性规律

洛克是用"nature"来指称人性的。我们知道，"nature"这一概念无论是在西方哲学史中还是在洛克那里，都有着众多不同层次的内涵。它既可以指外在于人的自然界，也可以指与人为性相对的非人为性，在很多时候它还可以与"上帝"相等同。而用于人性时，它既可以指人的实然性本性如趋乐避苦的倾向，也可以指人的应然性本性如人的潜在德性。① 在洛克这里，当他用"nature"来指称人性时，他同样也是在不同的层次上使用这一概念的，这就需要我们加以细致的分辨。

――――――――――

① 储昭华：《明分之道——从荀子看儒家文化与民主政道融通的可能性》，北京：商务印书馆 2007 年版，第 216~260 页；［美］列奥·施特劳斯：《自然权利与历史》，彭刚译，北京：生活·读书·新知三联书店 2003 年版。

洛克的"本性"概念的第一个层次指的是人的实然性本性，即趋乐避苦的自然倾向。对于本性的这种理解在西方哲学史上并不鲜见。尤其是在洛克生活的时代，随着近代自然科学的发展，随着人们将自然科学的一些基本观念与方法运用于对人的理解与研究，对本性的这种实然性理解就更为普遍了。

我们知道，现代自然科学兴起的一个重要前提就是对于"自然"的发现。自然不再像中世纪那样被视作"漆黑一团"、毫无规律，或者即使有规律也不能为人所认识的存在。相反，对于现代自然科学来说，自然本身是有规律的，而且自然本身就像一本"打开的大书"，其规律是人类可以凭借自身的"自然之光"（1.3.13）即感觉和理性加以认识的。基于对自然的规律性与可知性的理解，近代的自然科学家们一直努力地想要认识自然及其规律。在洛克的学生时代，经过哥白尼、伽利略、笛卡儿等人的努力，人们在认识自然方面已经积累了大量的知识。而在洛克思想逐渐成熟的过程中，波义耳、胡克等洛克所熟识的科学家们更是在各种不同的领域对自然规律作出了新的发现。其中影响最大的就是牛顿，牛顿于1687年发表的《自然哲学的数学原理》一书，运用极为简洁的数学公式揭示了自然界所遵循的运动规律。其理论不仅具备数学上的简洁性，并且具有极为全面的解释力，为人们揭开了自然的神秘面纱。①

既然"自然"本身是有规律的，而且这种规律是能够被人认识的，那么人的自然或本性是否同样也有规律、这种规律是否同样也能被人所认识呢？稍早于洛克的霍布斯认为这个问题的答案是肯定的。他不仅认为人的本性也像自然界一样有规律，而且认为我们可以像认识自然界一样，运用数学方式对之加以认识。在其巨著《利维坦》中，霍布斯为了揭示人的本性规律而作出了巨大的努力，并以其方法上的清晰性与穿透力对当时的人们产生了深刻的影

---

① ［英］阿龙：《约翰·洛克》，陈恢钦译，沈阳：辽宁教育出版社2003年版；［英］彼得·拉斯莱特：《洛克〈政府论〉导论》，冯克利译，北京：生活·读书·新知三联书店2007年版等。

响，即使是几百年后的罗尔斯对此依然赞叹不已①。

　　洛克在很多方面都不同意霍布斯的观点，但是在认为人的本性也有规律，而且这种规律可以为人所认识这一点上，他却与霍布斯并无二致。而在这方面，对洛克影响最大的就是牛顿。洛克（1632—1704 年）与牛顿（1643—1727 年）生活在同一个时代，彼此非常熟悉，而且他对牛顿推崇备至，在《人类理解论》中，洛克尊称牛顿为"大师"（master）、"无与伦比的牛顿先生"（incomparable Mr. Newton）。在他看来，牛顿极大地丰富了人类对自然规律的认识、拓展了人类知识的范围，他"促进科学……很可以留作永久的纪念碑，以为万古所钦仰"。而他自己则只是"一个小工，来扫除地基，来清理知识之路上所堆的垃圾"②，其"目的……在探讨人类知识的起源、确度和范围"（1.1.2），也就是为牛顿的工作即知识的扩展奠定认识论基础。

　　但实际上洛克的雄心远不止于此。洛克曾经写过《自然哲学要素》一文，该文仅从书名上就可以看到牛顿《自然哲学的数学原理》一书对其的深刻影响。该文的前几章如"关于物质和运动"、"关于宇宙"等其实就是牛顿自然哲学的一个通俗化概要，而该书的最后一章"关于人的理解力"则是洛克自己的《人类理解论》的一个概要③。从章节的这种布局上我们也可以看出，洛克实际上是"把人类作为自然的一个部分加以理解"④，并将关于人类的研究视作自然哲学的一个部分。既然如此，那么人的"自然"或本性当然也像自然本身一样遵循着适合其本性的规律，他的

　　①　[美] 约翰·罗尔斯：《政治哲学史讲义》，杨通进等译，北京：中国社会科学出版社 2011 年版，第 23~24 页。

　　②　[英] 洛克：《人类理解论》，关文运译，北京：商务印书馆 2012 年版，第 15 页。

　　③　[英] 约翰·洛克：《理解能力指导散论》，吴棠译，北京：人民教育出版社 2007 年版，第 131 页。

　　④　吴棠：《约翰·洛克与〈理解能力指导散论〉》，见 [英] 约翰·洛克：《理解能力指导散论》，吴棠译，北京：人民教育出版社 2007 年版，前言第 10 页。

《人类理解论》一书其实就是要揭示这一规律。因此达林·麦马翁说，"牛顿的目的在于阐明支配太阳系运行的普遍规律，而洛克的目的则是揭示支配人类心灵活动的一般法则"①。换句话说，牛顿想要揭示的是外在于人的自然的运行规律，而洛克则是要揭示人本身的自然的运行规律。也正是由于这个原因，洛克才由于该著而赢得了"心智的牛顿"这一称号。②

我们知道，近代自然科学所要揭示的自然规律乃是自然界在事实上所遵循的一种实然性规律。从逻辑上来看，当我们把人视为这个自然的部分，并且试图用这种自然规律来类比人的"自然"或本性所遵守的规律时，这种本性规律也必定是一种实然性的规律。霍布斯的人性论就是如此。正如施特劳斯所指出的，霍布斯抛弃了古典自然正当论对人的应然性的、理想主义的规定，转而从实然性的、现实主义的角度来理解人的本性，来探讨人所遵循的本性规律。③

在洛克的人性论中，我们同样也可以发现这样一种倾向。他所说的人性首先就是一种实然性的、人人生而有之的本性，也就是前文所说的"天赋的实践原则"。正如洛克反复指出的，这样一种天赋的实践原则其实就是"一种对幸福的欲望和一种对苦难的厌恶"（1.3.3）。它是由"自然"赋予我们的，换句话说，它是每个人生而有之的、"天赋的"本性。同时它也是一种实然性的本性，无论我们是否愿意，它们都"从不停顿地成为我们一切行为的恒常的源泉和动力"。换句话说，这种实然性本性本身就是一种"原则"，它像自然规律一样"稳定的"、"普遍的"、"恒常的"、"恒久地"约束着、推动着我们的行为。之所以会如此，是因为洛克在这个意义上讨论人、人的本性时，他本来就是将人当作自然界的一部分来

①　［美］达林·麦马翁：《幸福的历史》，施忠连、徐志跃译，上海：上海三联书店2011年版，第167页。

②　［美］达林·麦马翁：《幸福的历史》，施忠连、徐志跃译，上海：上海三联书店2011年版，第166页。

③　［美］列奥·施特劳斯：《自然权利与历史》，彭刚译，北京：生活·读书·新知三联书店2003年版。

处理的。作为自然界的一部分，无论是人的认识还是人的实践实际上都遵循着一定的实然性规律，《人类理解论》的主要目的首先就是揭示人的认识规律，其次也不可避免地涉及人在实践时所遵循的实然性规律。

2. 理性本性及自然法

洛克的"nature"除了指人的趋乐避苦的自然倾向之外，还有第二个层面的含义，即人的"理智本性"（intellectual nature）（1.30）或"理性本性"（rational nature）（fol. 99）。在洛克看来，人的实然性本性与人的理性本性是不可能彼此孤立起来的，因为人本来就是一个有着内在张力的统一体。但是更重要的是，正是人的理性本性为人的德性追求提供了条件和可能性。对于人的本性的这样一种理解其实早在洛克之前就存在了，它至少可以追溯到苏格拉底、柏拉图、亚里士多德那里去，而且在阿奎那那里达到了巅峰。洛克对本性的这种理解显然也受到了亚里士多德、阿奎那等人的深刻影响，这从他在《自然法论文集》等著作中频繁引证亚里士多德、阿奎那等人的思想就可以看出来。

对于人性的这种理解与目的论的自然观和德性论传统有着深刻的联系。在亚里士多德看来，使一物形成的原因有四种，即质料因、形式因、动力因和目的因，其中最重要的就是目的因。亚里士多德对目的因的解释是，"自然就是目的或'为了什么'。若有某一事物发生连续运动，并且有一个终结的话，这么这个终结就是目的……须知并不是所有的终结都是目的，只有最善的终结才是目的"①。也就是说，自然本身就是有目的的，这种目的就是善。

从对自然的目的论理解出发，亚里士多德认为人类的行为也是有目的的。"人的每种实践与选择，都以某种善为目的"②，"人的

---

① ［古希腊］亚里士多德：《物理学》，张竹明译，北京：商务印书馆1982年版，第48~65页。

② ［古希腊］亚里士多德：《尼各马可伦理学》，廖申白译注，北京：商务印书馆2009年版，第3页。

善就是灵魂的合德性的实现活动"①。也就是说，人的善不是人的实然性本性即趋乐避苦的自然欲望的满足，不是获取"与欲望的满足联系在一起的""使人快乐的事物"的享乐主义生活，而是"人性的完美化……是人类的优异性或美德的生活"。②

在德性与本性的关系上，亚里士多德指出，"德性在我们身上的养成既不是出于自然，也不是反乎自然的。首先，自然赋予我们接受德性的能力，而这种能力通过习惯而完善。其次，自然馈赠我们的所有能力都是先以潜能形式为我们所获得，然后才表现在我们的活动中"③。也就是说，本性为德性提供了条件或基础，而德性则优化了人的本性。之所以说本性为德性提供了条件或基础，是因为人的灵魂中关乎德性的那些部分，就其本性而言或者"在严格意义上具有逻各斯"，或者"在像听从父亲那样听从逻各斯的意义上分有逻各斯"④。前者为人的理智德性提供了可能，后者为人的道德德性提供了可能。也就是说，人在本性上就"具有"或"分有"逻各斯即理性，正是因为人的本性具有或分有逻各斯，人才有可能合乎德性地生活，才能够实现自身的追求善的目的。

亚里士多德等人的这种思想被施特劳斯称作"古典自然正当论"⑤。这种古典自然正当论在后来经由斯多亚派发展为自然法理论，并在阿奎那那里发展至巅峰。这一点并不是偶然的，因为正如施特劳斯所指出的，古典自然正当论所主张的"善的生活……是与自然相一致的生活。故而，人们可以将制约着善的生活的一般特

---

① ［古希腊］亚里士多德：《尼各马可伦理学》，廖申白译注，北京：商务印书馆2009年版，第20页。

② ［美］列奥·施特劳斯：《自然权利与历史》，彭刚译，北京：生活·读书·新知三联书店2003年版，第127～128页。

③ ［古希腊］亚里士多德：《尼各马可伦理学》，廖申白译注，北京：商务印书馆2009年版，第36页。

④ ［古希腊］亚里士多德：《尼各马可伦理学》，廖申白译注，北京：商务印书馆2009年版，第34页。

⑤ ［美］列奥·施特劳斯：《自然权利与历史》，彭刚译，北京：生活·读书·新知三联书店2003年版，第127～128页。

征的准则叫做'自然法'"①。自然法意义上的"nature"显然不能等同于人的趋乐避苦的实然性本性，而是一种理性本性。这个意义上的"the law of nature"也不是一种实然性的本性规律，而是一种"制约着善的生活"的应然性的"法"。而自然法在经过理查德·胡克、格劳秀斯、普芬道夫等人的修正与发挥之后，到17世纪时已经成为一种在道德与政治领域极具影响力的话语体系。当时的许多思想家在论述政治与道德问题时，都喜欢借用这一话语体系来论述自己的思想。

洛克也同样受到了古典自然正当论与自然法传统的深刻影响，他对"nature"及"the law of nature"的第二个层面的理解本身就是借助传统自然法的话语体系来表述的。在探讨"nature"的这个层次的含义之前，我们不妨先来看看洛克的"the law of nature"除了"本性规律"之外的另一个层面的含义。在《自然法论文集》中，洛克开篇就指出，"在所有事物的组成中，没有什么事物是如此的不稳固和不确定，以至于不承认符合其本性的有效且确定的运行规律——似乎正因如此，我们就要究问，是否唯有人来此世上却完全不受任何适用于他本人的法则的约束，没有计划、准则或任何生活模式?"(fol. 10) 洛克的回答是，对于人类而言，当然也存在着一种适合于其"nature"的"the law of nature"。

在这里，前一个意义上的"the law of nature"其实就是前文所说自然界的实然性的自然规律。从逻辑上来说，既然洛克用前者来类比后者，那么他说的人的"nature"也应当是人的实然性本性，而约束着人的"the law of nature"也应该是一种类似于自然规律的实然性的本性规律，人在事实上受其约束。但事实并非如此。相反，从该著的后文中我们可以看到，约束着人类的"the law of nature"乃是一种应然性的"道德规则"(fol. 8)、"道德的善或德性"(fol. 10)，人不是事实上而是应当受其约束。因此这个意义上的"the law of nature"乃是一种应然性的"自然法"。

---

① [美] 列奥·施特劳斯：《自然权利与历史》，彭刚译，北京：生活·读书·新知三联书店2003年版，第128页。

洛克指出，"the law of nature" 乃是一种适合人的 "nature" 的行为方式，"它的持存在于它牢固地扎根于人性（human nature）的土壤这一事实。因而，在这一法则能被修改或废止之前，人的本性必须先被改变"（fol. 99），而且在自然法与人性"两者之间存在着一种和谐"（fol. 99）。从逻辑上来看，这里的 "nature" 显然不可能是人的实然性本性或人的趋乐避苦的自然倾向，因为否则的话，这种扎根于 "nature" 的 "the law of nature" 就不可能是一种应然性的自然法，而变成一种实然性的本性规律了。

事实也正是如此。洛克明确地宣称，自然法乃是"理性自身宣示的一项牢固、永久的道德准则"，而这里的 "nature" 其实是一种"理性本性"（fol. 99）。说自然法扎根于"人性的土壤"、符合人的本性、与人的本性之间"存在着一种和谐"，乃是指其"合乎人的理性本性"（fol. 99）。同样地，说自然法约束着人类，也是指"所有被赋予理性者，即世上所有人，均道德上受该法则约束"（fol. 99）。

因此，洛克所说的人的 "nature" 的第二个层面的含义是指人的理性本性。它是由上帝赋予人的，"上帝'摹拟他自己的肖像和外貌'制作了他（即人类——引者注），将他制作为一个理智的造物……无论'上帝的肖像'是由什么东西构成的，理智本性当然都是它的一部分"（1.30）。而且正是由于人被赋予了理性本性，人才是一种"极尽完美和充满活力的动物"，才"远超其他动物"（fol. 18），才"有能力享有对低级动物的支配权"（1.30）。

上帝赋予人这种理性本性是有其目的的。因为如果人被赋予了理性本性，"却不为它指定任何工作，又或唯独使人能准确地领会法则却是为了他可以不服从任何法则，这似乎与造物主的智慧不相配"（fol. 18）。人的理性本性可以有多种作用，但是洛克在这里强调的是，从根本上来说，上帝为人的理性本性指定的工作或目的其实就是完善自身，而完善自身也就意味着认识自然法并且服从自然法。而自然法本身就是道德法，因此可以说，人类的理性本性的根本目的就在于实践道德法。换句话说，人的理性本性的根本目的其实就是人的德性的实现。而且洛克既认为人因其理性本性而

"极尽完美"，又认为德性"是我们天性中最完美和最卓越的地方"①，这也从一个侧面向我们证明了，理性本性的目的其实就是指向自身的完善，就是遵守自然法，就是实现德性，等等，这些概念在洛克那里其实都是一回事。

由此可见，所谓的理性本性其实包括两个方面。一是指人的理性的认识能力或理论理性，正是由于它的存在，人才有可能认识自然法。洛克也多次指出，理性本身就是自然法的"解释者"（fol. 12），人能够凭借理性来认识自然法。二是指人的理性的实践能力或实践理性，正是由于它的存在，人才有可能自觉地遵守自然法、履行自然法为人类所规定的各种义务。因此洛克指出，"心灵的完全中立状态，即不被它关于善恶的最终判断所决定……这非但不是任何理智本性的长处和优越性，反而是一种极大的不完善"（2.27.49）。

从这个意义上来看，与人的实然性本性所指向的乃是人的自然欲望的满足不同，理性本性所指向的乃是人的应然性的德性之实现。同样的，与作为本性规律的"the law of nature"乃是人的实然性本性事实上遵循的实然性规律不同，作为自然法的"the law of nature"乃是人的理性本性应当遵循的应然性的道德法则。由此我们也就可以理解，当洛克说作为道德法的自然法扎根于人的本性时，他所说的并不是人的实然性本性或自然欲望，而是人的理性本性。而当他说德性的实现需要"改变此世万物的本性……战胜了一切或引诱他们阻碍他们的势力"② 时，他所说的"本性"则是指人的实然性本性或自然欲望。

四、幸福的类型

虽然幸福乃是人类一切行为的最终目的，但是具体来说，幸福

---

① ［英］洛克：《洛克宗教著作选集》，王爱菊、周玄毅译，香港：道风书社2008年版，第161页。

② ［英］洛克：《洛克宗教著作选集》，王爱菊、周玄毅译，香港：道风书社2008年版，第160页。

则有着不同的类型，人类在其具体行为中所追求的幸福也是各不相同的。正如后文将要指出的，划分幸福的类型对于洛克的权利与德性学说有着非常重要的意义。在划分标准上，洛克根据幸福主体的不同而将幸福划分为个人幸福与他人幸福或公共幸福。而在个人幸福中，他又根据今生与来世、世俗与神圣的标准，将之划分为尘世幸福与永恒幸福两种类型。

1. 个人的尘世幸福与永恒幸福

在洛克看来，人是由身体和灵魂共同组成的动物（1.27.8）。同时他又根据基督教的传统学说指出，人的灵魂是不朽的，因此人在死亡之后还有来生或永恒的生命，而由身体和灵魂共同组成的"今生的尘世生命"则是"脆弱的、短暂的"①。这两种"生命"所能享受的幸福是不同的。

尘世生命所能够享受的幸福也就是所谓的尘世幸福。我们知道，洛克根据快乐和痛苦对善恶进行了界定。在他看来，所谓的善恶无非就是能够给人带来快乐和痛苦的对象。凡是能够给人带来快乐的对象就是善的，反之则是恶的。（2.21.42）而善恶也分为两类，即自然的善恶和道德上的善恶。所谓自然的善恶也就是能够通过自然的途径给人带来快乐和痛苦的对象。② 从这个意义上来看，人们的尘世幸福的对象其实也就是自然的善。

洛克指出，就个人的尘世幸福来说，尽管所有的人在根据其本性而追求快乐或幸福，但是由于同一个对象通过自然的途径给不同的个人所带来的快乐和痛苦是不同的，因此对于不同的个人来说，自然的善恶是不同的，他们据此所作出的选择也往往是不同甚至是相反的。正如珍妮特·科尔曼（Janet Coleman）指出的，不同的个人所追求的具体对象、目的或善的这种巨大差异有其认识论上的根

---

① ［英］洛克：《论宗教宽容》，吴云贵译，北京：商务印书馆1996年版，第36页。

② ［英］洛克：《伦理学通论》，见［英］洛克：《洛克宗教著作选集》，王爱菊、周玄毅译，香港：道风书社2008年版，第454页。

源。因为根据洛克的经验主义认识论，"经验将世界如其所是地传递给每一个主观意识，而意识是私人的，因此正如每个个人在经历自己的人生时通过他自己的经验构建起他的完全属己的自我（very own self），每个个人对他自己的经验拥有特许的进入权"①。这样一种认识论必然导致每个个人虽然都在追求幸福，但其具体目的却有着巨大的差别。而且洛克进一步根据其认识论原则指出，如果每个人只有尘世的生命，那么这些不同的选择本身并没有什么善恶可言，因为善恶本身就是根据每个人的快乐和痛苦而得到界定的（1.21.55）。从这个角度我们也可以看出，洛克所说的个人的尘世幸福，指的其实就是每个人的私人利益。

当然，尽管每个人所追求的尘世幸福的对象都是不同的，但是洛克也指出，由于身体乃是尘世生命的必要组成部分，而我们的身体是脆弱的并且有着种种需要，因此所有个人都需要一些共同的东西来保障自己的尘世幸福。这种东西也就是洛克所说的广义的"财产"（property），它包括个人的生命、健康、行动自由、外在的财富等。正是由于这种广义的财产乃是个人的尘世幸福的最基本的和必要的条件，因此洛克才将财产权视为最重要的自然权利。

如前所述，在洛克看来，人的灵魂乃是不朽的，因此人除了在此生能够经历尘世的幸福或苦难之外，其灵魂还会在来生根据上帝的审判而承受永恒的幸福或苦难。这种永恒的幸福其实也就是基督教所说的天堂中的幸福或至福（bliss）。在洛克看来，虽然同一个尘世对象对不同的人来说往往能够带来不同的快乐和痛苦，因此并不存在某种共同的自然的善恶，但是永恒幸福对于每个人来说都是一样的，因为全能的上帝能够使永恒幸福"适合于人人的心愿和欲望……天堂的吗哪（《圣经》中上帝所降的食物——引者注）一定适合各人的脾胃"（2.21.65）。

---

① Janet Coleman. Pre-Modern Property and Self-Ownership Before and After Locke：Or, When did Common Decency Become a Private Rather than a Public Virtue? *European Journal of Political Theory*, 2005, 4（2）：128.

2. 他人幸福与公共幸福

在洛克看来，除了个人幸福之外，他人的幸福也可以并且应该成为个人追求的目的。正如后文将会指出的，促进他人幸福正是德性的要求所在。此外，洛克认为还存在着一种"公共幸福"（public happiness）或"社会幸福"（social happiness），也就是共同体的幸福。当然，作为唯名论者，洛克坚持认为"一般和普遍只是理解力的产物，而不属于事物的实在存在"（3.3.11），因此在他看来，所谓的社会无非就是若干个人的联合体。在这些个人之外，根本就不存在某种抽象的、独立的社会实体。而且从"社会"（society）这一概念的含义来讲，它本来就有着"个人的联合体"之义。正是由于这个原因，洛克才将"夫妻"、"父母和子女"、"主人和仆人"所组成的联合体也称作社会（2.77）。既然社会是若干个人的联合体，那么所谓的社会幸福或社会的共同利益，从根本上来讲，也无非就是若干个人的利益的相加，或者是若干个人的利益中"重叠"的那一部分。除此之外，并不存在某种抽象的社会共同利益。需要注意的是，在洛克看来，社会的和平、安全、稳定、公平等对于一个社会中的每一个人的幸福来说都是必不可少的，它也正是组成社会的若干个人的利益中"重叠"的部分，因此在各种社会幸福中，洛克最看重的也首先是这一类的幸福。

第二节　权利与德性的实质

对于洛克来说，幸福不仅是人类一切行为的最终目的，而且从根本上来说，权利与德性也是围绕着幸福来得到界定的。就其实质而言，权利与德性无非是针对人类追求幸福之行为的一些规范性主张。因此我们在考察二者之统一的必要性之前，还需要进一步考察权利和德性各自与人类追求幸福之行为的关系及其实质。

一、权利的实质：允许追求一切类型的幸福

如前所述，洛克主要是在自然权利的框架内来讨论权利问题

的。而我们这里所要讨论的也主要是洛克所说的自然权利，也就是
人人生而有之的那些权利，如生命权、自由权等，而非个人根据实
在法而拥有的权利①。关于洛克的权利概念及其实质的问题，国内
外学者已经进行了大量的讨论。正如学者们反复指出的，洛克所说
的权利就其实质而言，乃是对于人类追求幸福、逃避痛苦的本性这
一事实所作的价值上的肯定。从行为理论的角度来看，权利可以视
作针对人类追求幸福之行为的一种规范性主张，即个人应当被允许
去满足自身趋乐避苦的本性，应当被允许去实施追求幸福的行
为。② 这一点已基本为学界所公认，这里我们不作过多的展开，而
仅仅就其中两个比较关键的问题作一番简要的讨论。

第一个需要注意的问题是，在洛克看来，权利所肯定的是个人
有追求一切种类的幸福，而不仅仅是个人的尘世幸福或私人利益的
自由。我们知道，洛克学说中的个人有着明显的自利倾向，个人所
首先关心的乃是自身的幸福。而且虽然每个人都拥有上帝所赋予的
"理智本性"（1.30）或潜在的理性能力，因此有能力对个人幸福
与公共幸福、个人的尘世幸福与永恒幸福之价值进行理性的比较与
选择，但是大多数人的理性能力都是不足的，他们所首先关心的往
往只是自身的而非他人或社会的幸福，而且只是自身的尘世幸福甚
至是当下欲望的满足。因此当洛克肯定个人有追求幸福的权利时，
人们往往认为他所说的只是个人有追求尘世幸福、满足当下欲望的
权利。诚然，在大多数情况下，个人所追求的确实是这样一种权
利，但是实际上洛克所说的权利乃是个人有追求包括永恒幸福和公

---

① 关于洛克的"权利"概念的各种含义及彼此之间的关系，可以参考
A. John Simmons. *The Lockean Theory of Rights*. Princeton：Princeton University
Press, 1992. 此外国内学者霍伟岸对于这一问题也作出了非常细致的分析，可以
参考霍伟岸：《洛克权利理论研究》，北京：法律出版社 2011 年版，第 82~90 页。

② 关于洛克的自然权利的实质问题，可以参考 ［美］列奥·施特劳斯：
《自然权利与历史》，彭刚译，北京：生活·读书·新知三联书店 2003 年版，
第 206~256 页；［美］迈克尔·扎克特：《洛克政治哲学研究》，石碧球等译，
北京：人民出版社 2013 年版，第 3~14 页等。此外，关于我们一般所说的权
利的实质问题，还可以参考 ［美］罗纳德·德沃金：《认真对待权利》，信春
鹰、吴玉章译，北京：中国大百科全书出版社 1998 年版等。

共幸福在内的一切类型的幸福的权利。

就永恒幸福来说，洛克之所以反复强调个人的信仰自由权，就是因为在洛克看来，信仰本身就是个人获得永恒幸福的必要条件。承认个人的信仰自由权也就意味着承认个人有追求永恒幸福的权利。而就公共幸福来说，洛克也明确指出，保存他人（例如自己的孩子）和社会不仅是个人的义务，同时也是个人的权利。承认这种权利也就意味着个人有追求他人幸福和社会幸福的权利。只不过在大多数情况下，由于个人的自利倾向和理性能力的不足，个人往往不会行使这种追求永恒幸福和公共幸福的权利而已。由此可见，从权利乃是针对个人追求幸福之行为的规范性主张的角度来说，它所主张的乃是个人有满足自身追求幸福的本性、追求一切类型的幸福的自由。之所以强调这一点，是因为正如后文将会指出的，正是由于洛克所说的权利并不局限于那种狭隘的满足当下欲望的权利，才决定了权利与德性本身就已经具备了一种统一的可能性。

需要注意的第二个问题是，洛克所说的自然权利与霍布斯的自然权利有着明显的差异。这个问题之所以重要，是因为以施特劳斯为代表的一些学者往往忽视甚至否认二者之间的差异，并且因此得出了洛克乃是一个"隐蔽的霍布斯主义者"的结论。① 我们知道，霍布斯所谓的自然权利就是一种保全自己生命的自由，为了保全自己的生命，人们有采取任何手段，甚至利用和剥夺他人生命的权利。② 在这种自然权利中，并不包含任何正义的成分。因为在霍布斯看来，根本就不存在所谓的自然正义，只有在建立了社会权力、可以强迫人们遵守信约的地方，才会有正义存在。③ 而在写作于1677年至1678年间的一个有关"道德"（morality）的片断中，洛克也曾提出一种与霍布斯相类似的自然权利观。在他看来，在最初的自然状态中，一切人对于一切事物都有着同等的权利。但是理性

---

① 霍伟岸：《洛克权利理论研究》，北京：法律出版社2011年版，第25页。

② ［英］霍布斯：《利维坦》，黎思复、黎廷弼译，北京：商务印书馆2012年版，第97~98页。

③ ［英］霍布斯：《利维坦》，黎思复、黎廷弼译，北京：商务印书馆2012年版，第110页。

发现对一切事物的共有权利将不利于每个人的利益，因此就通过协议将共有之物划拨给私人所有，从而确立起排他性的所有权，而正义也由此被建立起来。也就是说，正义乃是由人们通过人为的协议建立起来的。① 既然如此，那么在正义被人为地建立起来之前，个人所拥有的自然权利显然很难说是一种排他性的、包含着自然正义的权利。这种观点显然与霍布斯对自然权利和正义的解释如出一辙，甚至具体的论证思路都有着极为明显的霍布斯的风格。

如果洛克坚持这种观点的话，那么他想要统一权利与德性就将变得极为困难甚至不可能。但是在《政府论》中，洛克抛弃了这种观点。在他看来，在最初的自然状态中，虽然所有个人对于大地和一切低等造物都享有共有权利，但是这种共有权利并不包括对于他人的人格、生命、劳动等广义"财产"的权利（2.27）。而在个人通过劳动将共有之物划拨私有之后，狭义的财产权也由此确立起来。无论是个人的广义财产权还是狭义财产权，都是一种明确的排他性的自然权利，它与霍布斯的一切人对一切事物都享有的自然权利显然是不同的。洛克的自然财产权作为一种排他性权利，已经为其他人的权利施加了一种限制，个人权利的行使必须以不侵犯他人权利为前提。② 尽管自然状态中的人们很快就因为权利的冲突而从和平状态走向战争状态，但是这只能表明个人仅靠自身不足以维护自己的自然权利，或者说，权利在价值论上的正当性不能代替现实的保障权利的手段。但是我们却不能由此得出洛克的自然权利与霍布斯如出一辙的结论。

---

① John Locke. *Political Essays*. Cambridge：Cambridge University Press，1997：268-269.

② 关于洛克的自然权利与霍布斯的自然权利之间的关系的问题，施特劳斯的学生迈克尔·扎科特提出了与之不同甚至相反的见解。在他看来，霍布斯的自然权利就是一种纯粹的自由，而洛克的自然权利则意味着施加在其他人身上的限制或义务，因此洛克的自然权利本身就是一种道德存在。关于这个问题的进一步讨论，可以参考［美］迈克尔·扎科特：《洛克政治哲学研究》，石碧球等译，北京：人民出版社 2013 年版，第 3~14 页。

从上述分析中我们可以看出，洛克所说的（自然）权利从实质上来讲，也就是一种关于个人行为的规范性主张，它规定了个人应当被允许去追求包括尘世幸福、永恒幸福和公共幸福在内的一切种类的幸福；同时这种权利本身也存在着一种界限，即个人追求幸福的行为（在最低限度上）必须以不侵犯他人权利为界限。

二、德性的实质：要求追求特定类型的幸福

正如前文已经指出的，无论洛克的德性观的实质与古典自然正当论或自然法传统有着多么巨大的差异，但是他关于德性问题的讨论始终是在自然法的话语体系和理论框架之内展开的，而且他的德性观对传统的自然法也作了不少借鉴和吸收。因此我们在考察洛克的德性观时，有必要先简要考察一下他的自然法理论。

与古典自然正当论一样，洛克同样认为存在着一种自然的正义，而且这种自然正义是由自然法所规定的。正如后文将要指出的，在洛克看来，自然法乃是由上帝所立之法，它是上帝意志的体现。上帝拥有区分善恶的能力，[1] 他所立的自然法乃是一种"道德准则"（fol. 9）或"道德法"，它作为一种"明确的行动原则，从中产生了所有德性和适宜的道德塑造所需的一切"（fol. 11）。也就是说，自然法义务所要求于个人的乃是去从事德性的行为。由于这种作为道德法的自然法乃是上帝之意志的体现，因此洛克明确指出，"道德的真正根据自然只能在于上帝的意志同法律"（1.3.6）。而在洛克看来，自然法本身就是扎根于人的"理性本性"（fol. 99）的，而且它是由人的理性发现的。此外洛克还指出，自然法的约束力以及个人对于其德性义务的遵从与实践，首先是由良知和理性来加以保证的。我们首先不是出于对惩罚的恐惧，而是在良知的约束下，出于对何为正当的理解而自觉地承担与履行自身的德性

---

[1]　[英] 洛克：《伦理学通论》，见 [英] 洛克：《洛克宗教著作选集》，王爱菊、周玄毅译，香港：道风书社 2008 年版，第 454 页。

义务（fol. 86）。从这个意义上来看，洛克确实像阿龙（Richard Aaron）所说的那样，"依然摆弄着纯粹理性主义伦理学体系的观念"①。而且他对自然法与自然正义的理解，确实在一定程度上追随着亚里士多德、托马斯·阿奎那等人的步伐。

　　但是我们很快就会发现，洛克的德性观实际上与古典自然正当论和传统自然法理论有着很大的差别。之所以这样说，是因为在洛克看来，既然幸福乃是人类一切行为的最终动机和目的，那么一种脱离了幸福的"纯粹理性主义伦理学体系"必将失去一种牢固的、"实在"的基础，而沦为一种空洞的说教。正如后文将会指出的，为了克服这种弊端，洛克努力将理性主义与享乐主义，将自然法与人的追求幸福的本性结合起来②，而这一点则是借助于上帝来完成的。因为上帝"拥有依据善恶之分带来快乐与痛苦的能力"，上帝可以"不依从任何自然规律，而是依靠其自身力量的干预"③ 给人带来快乐和痛苦。换句话说，上帝通过自己的能力将其眼中的道德上的善与来生的天堂中的幸福联系在一起，而将其眼中的道德上的恶与来生的地狱中的痛苦联结在一起。这样一来，德性对于本性上就在追求幸福的个人来说就有了吸引力。而人们无论是基于理性的判断还是基于对自身幸福的考虑，都有可能去选择和追求德性。"在这个基础上，并且只需要以此为基础，道德就能牢牢地树立起来"④。这样一来，洛克就借助上帝的力量或意志，而将个人的德性与其永恒幸福联系在了一起。从德性的内容来看，它所要求于人们的是行善，而从其约束力和动机的角度来讲，它所要求于人们的

————————

　　① ［英］阿龙：《约翰·洛克》，陈恢钦译，沈阳：辽宁教育出版社2003年版，第286页。

　　② 关于洛克试图在其伦理学中调和理性主义和享乐主义的问题，可以参考［英］阿龙：《约翰·洛克》，陈恢钦译，沈阳：辽宁教育出版社2003年版，第285~300页。

　　③ ［英］洛克：《伦理学通论》，见［英］洛克：《洛克宗教著作选集》，王爱菊、周玄毅译，香港：道风书社2008年版，第454页。

　　④ ［英］洛克：《基督教的合理性》，见［英］洛克：《洛克宗教著作选集》，王爱菊、周玄毅译，香港：道风书社2008年版，第161页。

则是去追求永恒幸福。因此洛克指出，"德性和宗教"是个人"幸福的必需条件"（2.21.60），这里的幸福指的也就是个人的永恒幸福。

更进一步来看，德性不仅与个人的永恒幸福联系在一起，而且与他人幸福和公共幸福联系在一起。因为正是上帝"通过不可分离的联系，把德性和公共幸福联结在一起"（1.3.6），"德性只是最有益于社会的善的那些行为的名称"①。对于洛克来说，个人所负有的自然法义务除了指向对自身和上帝所负的义务之外，其实更多地还是指向对于他人和社会所负的义务，这种义务其实也就是促进他人和社会的幸福或善。具体来说，它体现为"爱我们的邻人如己"、"仁爱和慈善"②，以及"保存社会"等。

总的来说，洛克所说的德性作为一种针对个人行为的规范性主张，从根本上来说它所主张的乃是人们应当被要求去追求社会幸福，而个人自身的永恒幸福则是作为这种追求的动机和结果而出现的。个人要想获得永恒幸福，就必须去履行自身的德性义务，也就是促进社会幸福；同时，个人只要促进了社会幸福，履行了自身的德性义务，就有机会获得永恒幸福。正是由于这个原因，洛克才说，"德性的实践对于社会的保存必不可少"（1.3.6）。

从这里我们也可以看出，尽管洛克对德性的讨论和界定始终是在传统自然法的话语体系和理论框架内展开的，尽管他也像传统自然法学家那样将德性追溯到自然正义或上帝意志那里去，但是从其精神实质上来看，他对德性的界定则有着相当鲜明的功利主义色彩。从其内容上来看，洛克所说的德性主要是由社会的善或公共幸福来规定的。只有能够促进社会的善或公共幸福的行为，才能视作一种有德性的行为。也是由于这个原因，有些研究者将洛克视作近代功利主义的奠基人之一。

---

① John Locke. *Political Essays*. Cambridge：Cambridge University Press，1997：271.

② ［英］洛克：《伦理》，见［英］洛克：《洛克宗教著作选集》，王爱菊、周玄毅译，香港：道风书社 2008 年版，第 460 页。

当然，洛克从来没有、实际上也不可能像后来的边沁、约翰·密尔等人那样明确地提出一种功利主义的德性观，直接用"功利"来界定德性。之所以如此，一方面是因为在洛克看来，只有上帝的意志才能为作为一种规范或"法"的德性提供正当性乃至神圣性的保证。如果缺少了上帝的意志或自然的正义，仅仅凭借"功利"或社会幸福本身，是确立不起来德性的正当性的。另一方面则是因为，对于洛克来说，只有借助于上帝的意志及其奖惩，才能为人们追求德性的行为提供动机。换句话说，在洛克看来，只有将人类对于幸福的追求和上帝的意志二者联系在一起，德性才能树立在一个牢固的基础之上，才能成为一种真正正当的、"实在的善"①。

第三节　权利与德性之统一的必要性

一、权利与德性的内在张力

从上述的分析中我们可以看出，在洛克看来，权利与德性二者之间其实本来就存在着统一的可能性。因为既然二者都是针对个人行为的规范性主张，既然德性所主张的是个人应该被要求去追求特定类型的幸福（亦即公共幸福和永恒幸福），而权利所主张的是个人应该被允许自由地追求一切类型的幸福（公共幸福和永恒幸福当然也包括在内），那么当一个人自觉地去追求公共幸福和自身的永恒幸福时，他其实既是在追求德性的实现，也是在行使自身的权利。在这种情况下，二者本身就是统一的。

但问题在于，权利与德性的这个意义上的统一只是特定情况下（亦即在个人自觉地追求永恒幸福与公共幸福的情况下）的统一。而在更多的情况下，二者非但不是统一的，而且往往是背道而驰的。因为尽管二者都是针对个人行为的规范性主张，但是权利所主张的是个人应该被允许自由地追求幸福，而并没有对个人应当追求

---

① ［英］洛克：《基督教的合理性》，见［英］洛克：《洛克宗教著作选集》，王爱菊、周玄毅译，香港：道风书社 2008 年版，第 161 页。

何种幸福加以限定。而正如前文所述，由于个人的自利倾向和理性的不足，在大多数情况下，个人所追求的首先甚至仅仅是自身的尘世幸福或私人利益，甚至只是自身当下欲望的满足，而不是永恒幸福和公共幸福。相反，德性恰恰要求人们去追求某些特定种类的幸福，这种幸福不是个人的尘世幸福，而是其永恒幸福，进而是公共幸福。根据德性的要求，个人不是应当被允许去追求所有类型的幸福，而是应当被要求去追求特定类型的幸福。

由于个人本来就拥有在不侵犯他人权利的前提下追求一切类型的幸福的权利（后文将会表明，洛克实际上对个人的权利施加了更多的限制），那么即使个人无视自身的永恒幸福和公共幸福，无视德性的要求，而仅仅追求自身的私人利益，我们似乎也只能说其行为在道德上有可能是不正当的，却不能因此否定其行为在权利上的正当性。我们诚然可以从道德上对这种"自私"的行为加以指责，但是如果他人或政府采用强制措施来强迫个人去履行某些特定的德性义务、去追求个人自身的永恒幸福和公共幸福，那么这种行为就构成了对个人权利的侵犯。例如在慈善救济这类行为上，当一个拥有足够财产的人拒绝向一个需要救济的人提供自身的财产时，从德性上来说，他的这种行为违背了他所负有的仁爱与慈善的自然法义务。但是从权利上来说，他却只是在行使他所拥有的、自由地处置自身财产的权利，而且没有侵犯他人的权利，因而是一种在权利上正当的行为。如果他人或政府强迫他去救济他人，反而构成了对他的财产权和自由权的侵犯。正是在这类行为上，权利与德性二者之间存在着明显的冲突或张力。

二、不同类型幸福的相互依赖性

从幸福的角度来看，既然权利所主张的乃是个人应当被允许去追求一切类型的幸福，而在事实上大多数人所首先追求的乃是自身的尘世幸福，而德性所主张的乃是个人应当被要求去追求自身的永恒幸福进而是公共幸福，那么权利与德性之统一的必要性，首先也必然体现为不同类型的幸福相对彼此的必要性。而在这个问题上，洛克始终坚持主张不同类型的幸福本身就有着相互依赖之处，不能完全分割开来。

从个人的尘世幸福与永恒幸福的关系来看，二者是不能完全分割开来的。一方面，洛克深受基督教传统的影响，反复指出个人的尘世幸福是一种不完满的幸福，个人在尘世中永远不可能享受到"真正的"、完全的幸福。更重要的是，在洛克看来，个人在追求尘世幸福的过程中，几乎总是会被当下的欲望驱使着，不死不休地追求当下欲望的满足，但是这样反而使个人很难获得片刻的宁静的快乐。这样一来，尘世之人很容易就变成了欲望的奴隶，而尘世幸福对于个人来说非但不是一种享受，反而往往变成了一种负担。个人要想摆脱欲望的束缚，唯一的办法就是"眼望天堂"，去追求真正的、完满的幸福，也就是永恒幸福。在洛克看来，只有通过这种方式，个人才有可能真正享受到尘世的幸福。从这个角度来看，洛克显然不是一个纵欲主义者，他并不主张彻底地释放人的欲望。

但是另一方面，洛克也从来都不是一个禁欲主义者，他也从来不主张应当用永恒幸福来否定个人的尘世幸福的正当性与重要性。相反，洛克坚持认为，尽管个人的尘世生命脆弱、短暂、易逝，尽管个人的尘世幸福总是不完满的，但是这种生命及幸福却是正当的。因为与灵魂一样，作为个人尘世生命之重要组成部分的身体，以及追求包括尘世幸福在内的各种幸福的本性都是由上帝所赋予的。仅此一点就足以确保尘世幸福的正当性。此外更重要的是，永恒幸福的追求本身就离不开一定程度上的尘世幸福的实现。这一点很好理解，如果一个人（例如奴隶）连最基本的个人生命（它既是尘世幸福的一部分，也是实现其他幸福的必要条件）都无法保存，都不能由自己作主，那么要他去追求永恒幸福，无疑就成了一种奢望。洛克之所以坚定地反对奴隶制，这也是其中的原因之一。

而从个人幸福与公共幸福的角度来看，洛克同样认为两者不可以割裂开来。一方面，个人幸福的实现从根本上来讲是离不开公共幸福的。之所以这样说，首先是因为洛克反复强调个人乃是不自足的，"上帝把人造成这样一种动物，根据上帝的判断他不宜于单独生活"（2.77）。个人之所以要联合成为社会，就是因为他的不自足，就是因为个人自身的幸福、他的"必要、方便和爱好"（2.77）都要求甚至强迫他必须要加入社会。而个人之所以要脱离自然状态建立起政治社会，同样是因为他在自然状态中无法有效地维护自身的权利，也无法使自己获得幸福。由此可见，社会以及政治社会的存在本身对于个人幸福的实现来说就是必不可少的。其次，公共幸福的实现对于个人幸福的实现来说也是必不可少的。在洛克看来，无论是社会的稳定、和平、安全，还是社会交往中的公平、正义等，都属于公共幸福的一部分。缺少了这些公共幸福，个人连最基本的生命财产安全都无法得到有效的保证，这样一来，无论是个人的尘世幸福还是永恒幸福就都无从谈起了。

另一方面，公共幸福的实现同样离不开个人幸福。尽管在早期的《自然法论文集》中，洛克更多地强调的是社会的公共幸福，但是在其成熟期的《政府论》下篇中，他所强调的重心则首先在于个人幸福。这一点其实很好理解。首先，如前所述，作为唯名论者，洛克根本就不认为在个人的联合体之外还存在着某种抽象的社会实体，因此公共幸福本来就是个人幸福的相加或重叠。从这个角度来看，如果组成社会的个人的幸福无法得到实现，那么公共幸福本身就根本不会存在。其次，在洛克看来，个人幸福的实现本身就有助于增加公共幸福的总量。这一点从洛克的狭义财产权理论上可以看得很清楚。我们知道，洛克极为看重私有财产，认为它是实现个人幸福的重要手段，甚至私有财产本身就是个人幸福的一个重要的组成部分。而且在他看来，在财产的产生过程中，个人劳动所起的作用要比自然或自然资源所起的作用大得多。因此他非常强调个人的勤劳的重要性，因为勤劳不仅可以增加个人自身的财产，从而有助于个人自身幸福的实现，而且还可以增加社会财富的总量，使整个社会更加繁荣。有些研究者认为洛克的这种思想是在为资本主义私有财产权作辩护，这种理解当然有其合理之处，但是如果我们从个人幸福与社会幸福的角度来看，这实际上只是一种非常简单朴素的常识。

由此可见，对于洛克而言，无论是个人幸福与公共幸福，还是个人的尘世幸福与永恒幸福，它们彼此之间都存在着相互依赖性。它们互为前提，任何一种幸福的实现都要以其他类型幸福的实现为前提。如果我们片面地、极端地将某种特定类型的幸福作为人类应当被允许或被要求去追求的唯一幸福，那么这种幸福最终必将自我消解。洛克其实已经非常清楚地看到了这一点。因此他既没有像施特劳斯所说的那样，主张释放个人的贪欲，主张个人可以肆无忌惮地追求自身的尘世幸福，而罔顾永恒幸福与公共幸福；① 他也没有像詹姆斯·塔利所说的那样，将永恒幸福凌驾于尘世幸福之上，将财产（尘世幸福的组成部分或必要条件）仅仅视作实践宗教义务、实现永恒幸福的必要手段。② 相反，他始终力图在二者之间保持一种平衡，这种努力本身就为他统一权利与德性提供了可能性。而且在我们看来，从根本上来说，正是由于洛克在理解幸福等一系列重要问题时的眼光的全面性，而不仅仅是由于他在表达思想时的谨慎性，才使他获得了"明智的洛克"这一称号。

　　既然权利与德性本身就是针对个人追求幸福之行为的规范性主张，而各种类型的幸福彼此之间乃是相互依赖的，那么这就已经决定了权利与德性二者不可偏废，而必须统一起来。因为如果我们单纯强调个人权利，尤其是个人追求私人利益的权利，而忽视了个人追求永恒幸福与公共幸福的德性义务的话，那么最终个人的私人利益或尘世幸福也将得不到保障；反之亦然。换句话说，无论是忽视个人权利的唯德性论，还是忽视个人德性义务的唯权利论，最终都非但无法使人获得完整的幸福，而且必将走向自我消解。

　　由此可见，在洛克看来，无论是个人幸福还是社会幸福、无论是个人的尘世幸福还是永恒幸福的实现，都既离不开个人权利的保障，也离不开德性义务的实践。无论是片面强调权利而忽视德性的

---

　　① 参考 ［美］列奥·施特劳斯：《自然权利与历史》，彭刚译，北京：生活·读书·新知三联书店 2003 年版，第 253 页。
　　② 参考 ［英］詹姆斯·塔利：《论财产权：约翰·洛克和他的对手》，王涛译，北京：商务印书馆 2014 年版，第 233 页。

唯权利论，还是片面强调德性而忽视权利的唯德性论，都不利于幸福这一人类一切行为的终极目的的实现，甚至还会导致权利或德性本身的消解。正是由于这个原因，无论是在个人的行为中，还是在政府的立法及实践中，都有必要将权利与德性二者结合或统一起来。

第三章　上帝的意志：权利与德性之统一的神学根据

对于洛克来说，为了人的幸福这一目的的实现，权利与德性有必要统一起来。不仅如此，洛克还进一步指出，权利与德性二者本来就存在着统一的可能性。既然权利与德性都是针对个人行为的规范性主张，那么从根本上来说，这种统一的可能性或根据还是必须要到个人及其行为中去寻找。而且正如第四章将要指出的，洛克也确实试图通过对个人及其行为动机、行为能力等的分析来寻找这种统一的根据。但值得注意的是，洛克在这样做之前，却首先从上帝的角度考察了权利与德性统一的可能性。换句话说，洛克首先将这种可能性追溯到了上帝那里。因此这里的任务就在于：第一，阐明洛克为什么要从上帝那里寻找这种统一的根据；第二，阐明洛克如何从上帝那里寻找权利与德性各自的根据；第三，阐明洛克如何从上帝那里寻找权利与德性之统一的根据。

第一节　理性 vs. 信仰：上帝在洛克政治哲学中的位置

关于上帝在洛克思想中的地位和作用的问题，是近年来洛克研究界争论的焦点之一。如前所述，以剑桥学派为代表的一些研究者认为，洛克"本质上是一位虔诚的加尔文主义神学家"[1]，他的"实践之学"、权利与德性思想都是建立在基督教神学的基础之上的，

---

[1]　霍伟岸：《洛克权利理论研究》，北京：法律出版社2011年版，第62页。

离开了这一神学基础，洛克的整个道德与政治哲学都将难以成立。
正如前文指出的，这种解读在近期西方的洛克研究界已经逐渐成为
一种"近期共识"，但是这种"近期共识"并不能获得所有研究者
的认可。首先，如前所述，在施特劳斯等研究者看来，洛克本人非
但不是一个虔诚的基督徒，反而是一个地道的无神论者，他的政治
哲学中所充斥的神学内容无非是一种为了避免迫害与便于宣传而采
取的谨慎策略而已。其次，即使我们承认施特劳斯的观点过于极
端，承认"作为一个真诚的基督徒，洛克在更加广泛的意义上将
整个世界，甚至是政治世界都视作上帝之造物的一部分"①，但在
一些学者看来，这也并不意味着他的"实践之学"、他的权利与
德性思想就必然建立在神学的基础之上。约翰·塔特就曾指出，
洛克所面对的是一些从根本上被不同的信仰分裂开来的读者，而
他如果想要向所有的读者证明他的道德与政治结论的正当性，他
就必须将这些结论从其神学基础中"悬置"起来。② 这些分歧表
明，上帝在洛克思想中的地位和作用并不是一目了然的。因此我
们如果想要更好地理解洛克思想中权利与德性之统一的神学根
据，首先就必须对上帝或基督教信仰的这种地位和作用加以考察
和分析。

一、自然权利与自然法的合理性

1. 理性与信仰的关系

要考察上帝或基督教信仰在洛克权利与德性思想中的地位和作
用，就不能不涉及他对理性与信仰之关系问题的考察。洛克在
《人类理解论》中曾经对这一问题作过比较详细的讨论。在他看
来，我们可以根据各种宗教命题与理性的关系，将它们划分为三种

---

① John Tate. Dividing Locke from God：The Limits of Theology in Locke's
Political Philosophy. *Philosophy and Social Criticism*, 2013, 39（2）: 133-164.

② John Tate. Dividing Locke from God：The Limits of Theology in Locke's
Political Philosophy. *Philosophy and Social Criticism*, 2013, 39（2）: 133-164.

类型，即"合乎理性"、"超乎理性"与"反乎理性"的命题
（4.17.23）。洛克指出，凡是反乎理性的宗教命题都是不能成立
的，凡是合乎理性的宗教命题都是真的。从这个角度来看，理性乃
是判断或衡量信仰是否为真的根本标准。但是问题在于，还存在着
某些"超乎理性的命题"（4.17.23），也就是那些既不违背理性，
但也不能为理性所认识的宗教命题或启示。对于这些"神圣的启
示"，洛克认为我们虽然不能通过理性加以认识，但是却应当对之
加以接受和服从，并以之来规范我们的意见和行为（4.18.10）。
同时他又明确指出，尽管信仰可以超乎理性，但它绝对不能反乎理
性，它的范围以不违反理性为限。而且在他看来，对于超乎理性的
宗教命题的承认并没有"动摇理性的基础"（4.18.10），理性依然
有着可供自身支配的领域。

从这里我们可以看出，洛克的立场其实是要在信仰和理性之
间"划一条界限"（4.18.11），既排除二者的互相侵犯，也为信
仰和理性各自留下地盘。但是在事实上，洛克其实更加看重理性
的作用，并且试图用理性本身对传统的基督教信仰作出一种合乎
理性的解读。这一点单从《基督教的合理性》、《为〈基督教的
合理性〉辩护》等著作的书名中就可以看出来。在这些著作中洛
克"将理性高置于信仰或信念之上……依据理性的原则对《圣
经》进行了重新解读，从而表明了理性比《圣经》更加根本的
立场"①。

这种立场首先体现在洛克对上帝之理性的强调中。洛克虽然认
为上帝的意志可以凌驾于其理性之上，认为上帝有能力凭借其意志
"实现一切，甚至可以令万物违背本性，以服从他的目的"，但是
他紧接着就指出，上帝其实并不会随意地改变万物的本性，也不会
随意地改变合乎理性的自然进程。相反，上帝"倒是经常依照万
物的本性以实现自己的目的"，因为否则的话"事物的过程和证据
就会被打乱，而神迹会失去自己的名和力量，并导致自然和超自然

---

① 赵林：《洛克宗教思想综述》，见［英］洛克：《洛克宗教著作选
集》，王爱菊、周玄毅译，香港：道风书社 2008 年版，第 xxxiii~xxxiv 页。

没有区别"①。换句话说，上帝的意志即使能够凌驾于其理性之上，但这种凌驾也决不是随意的，因为即使是上帝也不愿随意地破坏自然本身的合理性。

其次，人类对于上帝的信仰也不能违背人的理性的认识。洛克明确地指出，即使是上帝的启示也不能逃避人类理性的审判，一种信仰是否为真也必须由理性来加以判断（4.18.10）。无论在什么时候，一旦信仰违背了理性的原则，那么这种信仰就不能为人们所接受和相信，这种时候人们必须听从自己的理性（4.18.6；4.10.8）。从这里我们也可以看出，洛克在根本上还是更加看重理性的作用。

2. 自然权利与自然法的合理性

接下来的问题在于，权利与德性二者究竟是由理性还是由信仰而来。我们在前文已经指出，这里所要考察的权利主要是指洛克所说的个人的"自然权利"，而非由实在法而来的权利，而且洛克的德性问题也始终是在自然法的理论框架与话语体系内展开的。因此这里的问题就在于，自然权利与自然法二者究竟是由理性还是由信仰而来的。

如前所述，洛克所说的"自然"有着多个层面的含义。首先，自然意味着人的本性。从这个意义上来看，自然权利与自然法之为"自然"权利与"自然"法，就在于它们本身就扎根于人的本性。洛克自己就曾明确指出，"镂刻在人类本性原则之上的最初和最强烈的欲望，就是自我保存的欲望"，而且这种源于本性的欲望本身就是人类支配和使用万物以维持自身生存的自然权利的"基础"所在（1.88），而且自然法同样"牢固地扎根于人性的土壤"（fol. 99）。其次，洛克的"自然"概念除了这层含义之外，还有另外一层重要的含义，即"理性"。也就是说，无论是自然权利还是自然法，其实都是奠基在理性的基础之上的，都是合乎理性的，因此我

① ［英］洛克：《基督教的合理性》，见［英］洛克：《洛克宗教著作选集》，王爱菊、周玄毅译，香港：道风书社 2008 年版，第 89 页。

们在理性之中就可以找到自然权利与自然法的正当性根源。

需要注意的是，与"自然"一样，洛克所说的"理性"其实也有着多重含义。它既指自然本身的客观的合理性，也指人类的主观的理性能力。就前者而言，洛克在《自然法论文集》中明确指出，自然法本身就可以称为"正当理性"（right reason），而且这里的理性指的不是"形成思路和演绎证据的理智官能，而是某些明确的行动原则，从中产生了所有德性和适宜的道德塑造所需的一切。因为，正确地源于这些原则的东西被恰当地看成是合乎理性的"（fol. 10~11）。也就是说，这里的理性其实是自然本身所具备的一种不以人的意志为转移的、客观的合理性。自然本身的这种客观合理性其实就已经为自然权利和自然法奠定了客观合理性的基础。

除了客观的合理性之外，洛克的理性还有另外一重含义，即人的主观的理性能力。它其实也包含两个层面的意义：一是指作为认识能力的理性，也就是通常所说的理论理性；二是指作为实践能力的理性，也就是通常所说的实践理性。洛克认为前者与感觉一样，乃是"自然之光"（1.3.13；fol. 11）的组成部分，也就是说，人的这种理性认识能力乃是由自然所赋予的。这个意义上的理性"是我们心灵上的一种官能和我们的组成部分"（fol. 12），它既能够认识自然权利，也能够认识自然法。就自然权利而言，洛克在《政府论》上篇中指出，"保存自己生命和存在的欲望……扎根于人的身上，'作为人类心中的上帝之声的理性'就不能不教导他并且使他相信……对于那些通过他的感觉或理性发现出来足以养生的东西，他就有权利使用"（1.86）。就自然法而言，洛克在《自然法论文集》中指出，作为自然之光的理性是自然法的"解释者"，"每个人仅用自然植入我们心中的光亮就能察觉到"自然法（fol. 11），而在《政府论》下篇中他更是明确地指出，"理性，也就是自然法，教导着有意遵从理性的全人类"（2.6）。由此可见，对于洛克来说，无论自然权利还是自然法，它们实际上都是由人的理性加以发现和认识的。

人类不仅具备"自然之光"或理论理性，从而能够认识具备客观合理性的自然权利以及自然法，而且更重要的是，人类还具备实践理性。所谓实践理性，也就是人类能够在不同的目的之间进行判断，并且根据这种判断来调整自身行为的能力。正如后文将要指出的，实践理性使得人类有可能自觉地行使其自然权利并履行其自然法义务。

而人之所以能够凭借理论理性认识自然，并且凭借实践理性来行使自然权利、履行自然法义务，从根本上来说还是由于自然本身就具备客观的合理性，而且人的理性能力本身就是由自然所赋予的。自然赋予人的"自然之光"本身就使得人类足以凭借它来照亮、认识自然。同样的，自然赋予人的实践理性能力使得人类足以凭借它来行使源于自然的权利、履行源于自然的义务。

也正是由于这个原因，洛克才明确地将"立功之法"置于"信主之法"之上。洛克指出，上帝所设立的自然法"正是理性的法则，或者是自然的法则。所以如果理性的受造物不能按照自身的理性法则来生活，谁能饶恕他们？"① 既然自然法本身就是合乎理性的，而且人类也拥有足够的理性能力去认识和实践自然法，那么"一个完全遵行律法的人，根本无需任何恩典也照样可以在上帝面前称义，他只是得到了他应该得到的东西罢了"②。也就是说，人类仅仅凭借其理性能力的认识和实践就足以遵行自然法，就足以"称义"，就足以获得拯救，而不需要理性之外的恩典。这一点就自然权利来说也同样如此，既然"作为人类心中的上帝之声的理性"就足以使人认识到其自然权利，并且行使其自然权利来保存自己，那么人类也无需再借助理性之外的信仰与启示了。

二、信仰对理性的补充作用

1. 人类理性的不足

洛克对于"自然"的理性理解，似乎从根本上取消了上帝的

---

① ［英］洛克：《基督教的合理性》，见［英］洛克：《洛克宗教著作选集》，王爱菊、周玄毅译，香港：道风书社 2008 年版，第 15、11 页。

② 赵林：《洛克宗教思想综述》，见［英］洛克：《洛克宗教著作选集》，王爱菊、周玄毅译，香港：道风书社 2008 年版，第 xxxii 页。

启示的必要性。因为既然自然本身，进而是自然权利和自然法都具备客观的合理性，既然它们都能够为人类的理论理性所认识，而且人类还可以通过实践理性来自觉地行使自身的自然权利并履行自身的自然法义务，那么如果在理性之外再加上上帝的启示，似乎就是画蛇添足了。而且由于洛克不仅仅将理性视为人的主观理性，而且还视为自然本身所具备的客观合理性，这就已经为人类的认识和实践、为自然权利和自然法奠定了一个超越的基础，而不至于滑入单纯主体主义的陷阱中去。① 对于这样一种理性主义的自然观而言，不仅上帝的启示，甚至对上帝的信仰与上帝本身都变得可有可无了。如果我们要保留一个上帝，那么也只需要在理性神学或自然神论的框架之中来为之留下一个地盘，而不需要一个唯意志论的上帝。也正是由于这个原因，施特劳斯学派认为洛克并不是一个真正虔诚的基督徒，而是一个地道的无神论者。

但是这样一来，我们又该如何理解洛克文本中近乎弥漫性地充斥着的大量有关上帝的论述呢？在我们看来，洛克之所以反复强调自然权利与自然法的神学来源，根本的原因在于，尽管自然本身具备客观合理性，尽管每个人都具备认识和实践自然权利与自然法的潜在的理性能力，但是对于洛克来说，并非每个人在现实中都能够具备完全的理性能力。相反，大多数人的理性能力都是不完全的或不足的。

首先，大多数人的理论理性能力是不完全的。尽管洛克主张天赋能力论，认为每个人生来就拥有同等的理性能力，但这种理性能力只是潜在的。要想像洛克那样凭借其"自然之光"来认识自然，认识自然权利与自然法，就需要大量的思考与对理性能力的锻炼，而这既不是每个人都自愿去做的，也不是每个人都有"闲暇"去做的。在洛克看来，大多数人只是人云亦云，他们恰恰是把自己通过传统、习俗、传闻等得来的一些观念、意见甚至是迷信等当作"天赋观念"，而这正是洛克在《人类理解论》中所要极力破解的

---

① 参考储昭华：《大地的涌现：关于自由与自然之间关系的思考》，北京：中国社会科学出版社 2003 年版。

误区。同样的，洛克在《政府论》上篇中之所以不遗余力地批判罗伯特·菲尔麦，也是因为许多人都像菲尔麦一样，无法凭借自身的理性能力去认识自然权利，因而主张君主专制。此外，洛克之所以在《自然法论文集》中极力批判将自然法奠定在"每个人的自身利益"（fol. 107）的基础之上的做法，也是因为大多数人都无法凭借自身的理性能力去认识自然法的真正基础所在。另外，尽管洛克在《基督教的合理性》一书中对基督教作了合理性的解释，并指出自然法"正是理性的法则，或者是自然的法则。所以如果理性的受造物不能按照自身的理性法则来生活，谁能饶恕他们"[1]，但是他在《论宗教宽容》中又明确指出，通往天堂的道路只有一条，而这条路大多数人是无法凭借其理性能力加以认识的。而大多数人的理性能力本身的不足，也正是洛克坚定地主张宗教宽容的原因之一。

其次，大多数人的实践理性能力也是不完全的。尽管人类具有理论理性，能够认识到不同的目的、不同的幸福，而且人类也具备实践理性，能够在这些目的与幸福之间做出选择，但是洛克指出，大多数人的眼光只停留在今生，而看不到来世的更大幸福，甚至很多人连何为今生的更大幸福都无法认识。而即使是认识到了更大的幸福，大多数人也不会根据实践理性的审慎来选择更大的幸福，而只能为当下的不安所驱使，选择眼前的暂时的快乐。更进一步说，即使人类审慎地选择了更大的幸福作为自身追求的目的，他也未必能够选择一条正确的道路去追求这种幸福。此外洛克还指出，自然状态中也存在着自然权利和自然法，而且自然状态中的人也同样具备理性能力，这就决定了自然状态中的个人有可能自觉地在自然法的限度内去行使自身的自然权利。这样一来，自然状态就将是一种和平、安全的状态。但是洛克紧接着就指出，人类理性能力是不足的，因此自然状态中的人们既很难自觉地遵守自然法，而且他们在行使自身的自然权利时也很少会以不侵犯他人的自然权利为限度。

---

[1]　［英］洛克：《基督教的合理性》，见［英］洛克：《洛克宗教著作选集》，王爱菊、周玄毅译，香港：道风书社 2008 年版，第 11 页。

因此理性能力的不足很快就导致了人与人之间的竞争、冲突，并使得自然状态演变为一种战争状态。

正是由于大多数人的理性能力本身的不足，使得他们虽然在逻辑上有可能，但在事实上却很难认识到自然权利与自然法的客观合理性及其正当性，也无法自觉地去行使自身的自然权利、履行自身的自然法义务。但是正如前文指出的，自然权利与自然法对于人类来说极其重要，因为它们直接关涉人的幸福。如果人无法有效地认识和行使其自然权利，人的各种财产（生命、自由、狭义财产等）就无法得到保障，其尘世幸福就无法实现。如果人无法正确地认识和履行其自然法义务，其德性追求、永恒幸福同样也将无法实现。因此洛克必须找到一条弥补理性之不足的道路，这条道路就是信仰。

2. 信仰对理性的补充作用

为了避免人类在这么重要的问题上犯错，洛克诉之于对上帝的信仰。而信仰之所以能够避免人类犯下这种错误，则是因为它能够弥补人类理性的不足。

首先，信仰能够弥补人类理论理性能力的不足。这体现在两个方面。一方面，在洛克看来，上帝的启示能够使人类认识自然权利与自然法的存在及其内容。大多数人类虽然无法通过自身的理论理性能力来认识人的自然权利与自然法义务，但是洛克指出，这些内容已经以上帝启示的方式写在《圣经》之中了。因此人类可以通过《圣经》本身来认识自身的自然权利与自然法义务。当然，无论自然权利还是自然法，最终其实都是人类理性本身的发现甚至是"发明"，但是正如我们在《政府论》和《基督教的合理性》等著作中看到的，经过洛克对《圣经》的解释，那些仅凭自身的理性能力无法认识自然权利与自然法的人们，也可以在《圣经》之中找到其存在的证据与具体的内容。正是由于这个原因，洛克又在"立功之法"之外补充了"信主之法"，对于那些无法凭借其理性来认识自然法的人，他们还可以通过其信仰来"称义"，从而获得永恒的幸福。① 同样的，洛克在《政府论》上篇中的一个重要任务就是试图在《圣经》中找到自然权利存在的证据及其具体内容，从而使那些无法凭借其理性认识自然权利的人也可以凭借信仰与《圣经》来认识它，从而通过行使其自然权利来获得尘世幸福。另一方面，洛克诉之于上帝的神圣性来使人类认识到自然权利与自然法义务本身的正当性。正如前文指出的，无论是自然权利还是自然法，从根本上来讲其实都源于人自身，源于人对于幸福这一最终目的的追求，而且它们都是可以为人类的理论理性所认识的。但是由于与洛克同时代的大多数人还没有认识到这一点——更根本地说，由于大多数人的理论理性能力的不足，导致了他们无法认识这一点——因此洛克不得不求助于上帝来赋予人类对尘世幸福和永恒幸福的追求以正当性乃至神圣性，自然权利与自然法的正当性乃至神圣性也由此得以保证。

其次，更重要的是，信仰能够弥补人类实践理性能力的不足。如前所述，在洛克看来，即使人们认识到了自然权利与自然法的存在及其正当性，但是由于其实践理性能力的不足，大多数人也未必会自觉地履行其自然法义务，未必会自觉地尊重他人的自然权利，这就导致人们无论在今生还是在来世都难以获得幸福。为了弥补这一缺陷，洛克诉之于上帝的意志与奖惩。

这就涉及唯理智论与唯意志论的争论。我们知道，唯理智论与唯意志论是"近代早期两种主要的神学传统"。唯理智论的代表人物是阿奎那，其主要观点是强调上帝的全知性，认为上帝的理性高于其意志，上帝按照自身的理性创造了宇宙，"因此宇宙是由理性法则或永恒法所控制的一种理性的有目的的秩序"，而且即使是上帝也不能违背自身的理性。唯意志论的代表人物是邓斯·司各脱和奥卡姆的威廉，其主要观点是强调上帝的全能性，认为上帝的意志高于其理性，上帝按照自身的意志创造了宇宙，因此"宇宙是上

① [英] 洛克：《基督教的合理性》，见 [英] 洛克：《洛克宗教著作选集》，王爱菊、周玄毅译，香港：道风书社 2008 年版，第 13~18 页。

帝意志的偶然创造物"①，上帝在创造宇宙时或许也同样运用了自身的理性，为宇宙安排了一种理性的秩序，但是上帝本身却不受这种理性秩序的束缚。

如前所述，洛克并不否认上帝的理性，而且认为上帝不会轻易地改变自身理性的安排。但是"不会轻易地改变"不代表着不能改变。在洛克看来，只要上帝愿意，他随时可以凭借自身的意志改变既有的理性安排，"甚至可以令万物违背本性，以服从他的目的"②。换句话说，从根本上来看，洛克还是更加强调上帝的全能性与其自由意志，主张上帝的意志高于其理性。自然权利和自然法的合理性虽然源于上帝的理性，但这种理性却是在上帝的意志支配之下的，"对神圣法则的遵守是基于它是上帝的意志，而不是像阿奎那说的，是基于它是理性的"③。

正如詹姆斯·塔利指出的，更重要的是，洛克将唯意志论与享乐主义结合在了一起。如前所述，洛克认为快乐或幸福乃是人类一切行为的最终动机和目的，但是在这里，他又在这种快乐论的基础上"加上了三个基督教因素：天意的上帝、不朽的灵魂、赏善的天堂和惩恶的地狱"④。无论是自然权利还是自然法，都是上帝意志的体现，而且上面都附加了上帝的奖惩。对于那些不尊重他人自然权利的人以及那些不履行自身的自然法义务的人，上帝都将施以惩罚；反之则施以奖励。既然趋乐避苦乃是人的本性，那么出于对上帝之奖励的喜好和对上帝之惩罚的恐惧，人们也会自觉地尊重他人的自然权利并履行自身的自然法义务。

需要注意的是，正如在许多问题上都持有一种折中主义的立场

---

　　① ［英］詹姆斯·塔利：《语境中的洛克》，梅雪芹、石楠、张炜等译，上海：华东师范大学出版社 2005 年版，第 187、188 页。

　　② ［英］洛克：《基督教的合理性》，见［英］洛克：《洛克宗教著作选集》，王爱菊、周玄毅译，香港：道风书社 2008 年版，第 89 页。

　　③ ［英］詹姆斯·塔利：《语境中的洛克》，梅雪芹、石楠、张炜等译，上海：华东师范大学出版社 2005 年版，第 189 页。

　　④ ［英］詹姆斯·塔利：《语境中的洛克》，梅雪芹、石楠、张炜等译，上海：华东师范大学出版社 2005 年版，第 191 页。

一样，洛克在唯意志论与唯理智论的问题上，虽然从根本上主张唯意志论，但他还是希望能够将二者调和在一起。正如前文指出的，在洛克看来，尽管上帝的意志高于其理性，但是他不愿也不会随意地用其意志来改变合乎其理性的自然。也正是由于这个原因，自然权利和自然法才有可能具备客观的合理性。当然，更根本的原因还是在于，洛克事实上始终将人类的理性凌驾于信仰之上。洛克固然承认，信仰有时候可以超乎理性，这就为唯意志论的上帝留下了地盘，但是他坚决反对信仰可以违背理性，信仰最终还是要经过理性的"审判"才能确证其为信仰。换句话说，无论是上帝的理性、意志还是其启示，从根本上来说，都是人类理性的发现甚至是"发明"，都是经过人类理性判断和解释之后的上帝理性、意志和启示。因此可以说，信仰从根本上来讲只是对于存在着某些不足的人类理性的补充。也正是由于这个原因，我们才会看到在洛克那里，上帝赋予人类的自然权利和自然法与人类对尘世幸福和永恒幸福及社会幸福的追求有着惊人的一致性。这当然不是偶然的巧合，而是由于二者从根本上来说都是基于人类理性的，都是由人类理性发现甚至是"发明"出来的。

综上所述，上帝的启示可以弥补人类理论理性能力的不足，上帝的神圣性又可以确保自然权利与自然法本身的神圣性，更重要的是，上帝的意志及其奖惩可以弥补人类实践理性能力的不足。这样一来，对那些充分发挥了其理性能力的人（如洛克本人）来说，他们自然可以凭借其理性去自觉地认识并行使其自然权利、履行其自然法义务，从而获得尘世幸福和永恒幸福。即使对那些理性能力不足的人来说，他们也同样可以凭借对上帝的信仰来认识并行使其自然权利并履行其自然法义务，最终同样也可以获得尘世幸福和永恒幸福。

从这里我们也可以看出，洛克之所以在其诸多文本中不厌其烦地引证《圣经》与基督教信仰，从根本上来说，还是为了借助上帝来证明自身的观点，并借助上帝的权威来说服其他人接受这种观点。而上帝之所以有这样的作用，则是因为在西方文化传统中基督教信仰有着崇高的地位。在洛克所处的时代文化背景中，尽管经历了宗教改革和启蒙运动的洗礼，但是当时的人们对于上帝依然充满了敬畏。也正是由于这个原因，无论是菲尔麦还是洛克，他们在论证自己的政治观点时，都习惯于在《圣经》中寻找自己立论的根据。此外，正是由于洛克本来就是要借助信仰来补充理性的不足，因此他呈现给读者的"上帝"乃是一种符合其自身理论需要的上帝，这个上帝与基督教传统信仰中的上帝有着很大的差异。因此S. 亚当·西格雷夫指出，"洛克在考察自然法的核心要素时几乎完全避免提及……基督教的独特的上帝观"①。其实不仅是自然法，洛克在考察自然权利时所提及的上帝同样与传统信仰相去甚远。

第二节　自然权利与自然法的神学来源

既然基督教信仰对于洛克的权利与德性思想有着重要的补充作用，而且洛克在其文本中也曾经明确地指出，从信仰的角度来看，自然权利与自然法二者都源自上帝，而且它们统一的根据也同样在于上帝及其意志，那么接下来的问题就在于，洛克究竟是怎样阐明自然权利与自然法二者的神学来源的。

一、自然权利的神学来源

我们知道，洛克的自然权利理论包括了自然权利的主体、内容、限度、正当性及约束力等多个方面的要素。而从信仰的角度来看，无论哪一方面的要素，其实最终都来源于上帝。从自然权利的内容来看，它主要是对人类追求幸福之行为的肯定，而人类追求幸福的本性正是由上帝所赋予的，其正当性也正在于此；从其限度来看，它的最低限度是不得侵犯他人的自然权利，这也是上帝在赋予人以自然权利时明确限定了的。这些问题前文已经讨论过，而且它们也一直是洛克研究界关注的焦点之一，因此我们不再赘述。这里

---

① S. Adam Seagrave. Self-Ownership vs. Divine Ownership: A Lockean Solution to a Liberal Democratic Dilemma. *American Journal of Political Science*, 2011, 55 (3): 714.

我们重点关注的要点在于两个方面，即自然权利主体和约束力的神学来源。

正如后文将要指出的，在洛克看来，自然权利的主体乃是由身体与灵魂共同组成的个人。而在洛克看来，这样的个人乃是由上帝"摹拟他自己的肖像和外貌"（1.30）创造出来的，仅此一点就已经赋予了自然权利的主体以神圣性。为了证明这一点，洛克首先对人的来源问题上的"父母生殖说"进行了明确而坚定的批判。我们这里之所以要重点考察这一点，乃是因为"人是上帝的创造物"这一点不仅对于洛克的自然权利学说非常重要，而且对于其自然法学说同样极其重要。

就"父母生殖说"而言，其主要主张者是洛克的对手罗伯特·菲尔麦。我们知道，菲尔麦之所以主张人是由父母生殖出来的，是为了给他的君主专制主义奠基。在他看来，上帝首先创造了亚当，后来的人类都是由亚当或亚当的子孙生殖出来的。而亚当作为人类的父亲或先祖，由于其生殖行为而拥有了对于人类的父权。在菲尔麦看来，这种父权乃是一切专制王权的基础所在。洛克本人其实并不彻底反对"父母生殖说"，在《人类理解论》中讨论存在者的起源时他也指出，"人是被生殖出来的"（2.26.2）。但问题在于，洛克并不认为生殖是人类的生命和存在的真正原因或来源。在洛克看来，"一个实体如果是在自然（本性）的普通进程中由内在原则所产生出来的，但却是由某个外在的行为者或原因使其开始作用的，而且是以一种我们感知不到的不可感的方式来作用的，我们称之为生殖"（2.26.2）。从这里我们可以看出，对洛克来说，一切有生命之物产生的原因其实包含两个方面：一是自然或本性的内在原则，这样一种原则实际上是由上帝这一"生命的创造者和授与者"（1.52）创造或安排的；二是生殖者的外在生殖活动，这是一切生物都具备的能力，如植物的播种、动物的媾和等。就人类个体而言，虽然我们说"人是被生殖出来的"，但这并不是说人类个体存在的原因完全就在于父母的生殖。毋宁说，人类个体的生命的产生主要是上帝这一纯粹精神实体以其主动能力创造的结果，而父母的生殖活动只是一种外在的助力，只是人类这一兼具身体和灵魂的动物的被动能力的发挥。因此洛克指出，父母"连自己的生命是由什么构成的都不知道……怎样可以认为他给予别人以生命呢?"（1.52）

在批判"父母生殖说"的基础上，洛克指出，"上帝是'生命的创造者和授与者'；我们只有依靠上帝才能生活、行动和生存"（1.52），"人类都是一个全能的和无限智慧的创造者的创造物"（2.6）。也就是说，人类是由上帝创造出来的。更重要的是，上帝是"'摹拟他自己的肖像和外貌'制作了他（即人类——引者注），将他制作为一个理智的造物……无论'上帝的肖像'是由什么东西构成的，理智本性当然都是它的一部分……因而才使人类有能力享有对低级动物的支配权"（1.30）。也就是说，上帝不仅仅创造了人类的身体和灵魂，而且人的身体乃是摹拟上帝的形象创造出来的，这就赋予了人类的身体以神圣性；与此同时，人类的灵魂及其理智本性同样是摹拟上帝的形象创造出来的，这就赋予了人类的灵魂以神圣性。换句话说，无论是人的身体还是灵魂，都具备神圣性。正如后文将要指出的，在洛克这里，作为自然权利之主体的个人乃是一种由身体和灵魂共同组成的动物，二者不可偏废。这样一来，洛克在赋予身体与灵魂神圣性的同时，其实也就为作为自然权利之主体的完整的个人赋予了神圣性。

此外还需要注意的是，上帝所创造的人"正是那些形象如上帝的，上帝正要创造人的族类中的一切个人。……无论'上帝的肖像'是由什么东西构成的，理智本性当然都是它的一部分，并属于全人类所有"（1.30）。而且这样的个人作为"同一种族和等级的造物既然毫无差别地生来就享有自然的一切同样的有利条件，能够运用相同的能力，彼此之间就应该是平等的，不存在从属或臣服关系"（2.4）。也就是说，上帝不仅赋予了人类整体以神圣性，而且这种神圣性也为人类种族中的一切个人"毫无差别"地共有。这就为人类个体的无差别的、普遍平等的自然权利奠定了正当性的基础。

此外，洛克不仅认为上帝赋予了自然权利的主体、内容以神圣性，而且他还试图将自然权利的最终约束力也追溯到上帝那里去。

在《政府论》法译本的扉页上，洛克引用李维（Livy）的话写道，"如果在与强者打交道时，弱者没有被留下任何人权（human rights），那么我将向众神寻求保护，他们将对人类的骄傲施以惩罚。我将恳请他们将他们的怒火撒向那些不满足于他们自己的或别人的所有物的人"①。也就是说，在洛克看来，个人权利的实现需要一系列现实手段的保障，例如建立政府、惩罚罪犯等，但是当这一切手段都失去效果时，我们还可以向上帝寻求保护。换句话说，上帝的惩罚乃是自然权利的最终的也是最高的约束力。

二、自然法的神学来源

如前所述，洛克始终是在自然法的话语体系和理论框架之内来讨论德性问题的。作为针对个人行为的规范性主张，自然法为个人规定了各种德性义务。一种行为之所以是一种德性行为，就是因为它是一种合乎自然法的规定的行为。而在洛克看来，与自然权利一样，自然法同样源于上帝，个人所负有的各种德性义务也是由上帝所赋予的。而且我们知道，洛克曾经明确指出，一切法都包含着且只包含着三个必要的要素，即立法者、义务和约束力（fol. 12）。而自然法作为一种严格意义上的法，当然也包含了这三个要素。因此要想说明自然法与上帝的关系，我们必须分别说明自然法的这三个必要要素各自与上帝的关系。

1. 上帝是自然法的立法者

洛克首先指出，从立法者的角度来看，法是立法者这一"更高意志的命令，法的形式上的原因似乎就在于此"（fol. 13）。而立法者之所以能够正当地按照其意志进行立法，并且能够正当地用法所规定的义务来约束他人，则是因为立法者对于受该法约束的人有"权利（right）和权力（power）"（fol. 84）。当立法者通过法

---

① John Locke. *Two Treatises of Government*. Cambridge：Cambridge University Press, 1960：136. 国内比较通行的《政府论》商务印书馆译本没有收入和翻译这段话。

来命令他人做或者不做某事时，他就只是在运用他所拥有的这种权利和权力。正是由于这个原因，洛克才指出，义务本身"源自于任何上级对我们和我们的行动的支配权（lordship）和命令，就我们要服从另一个人而言，我们就在这种程度上背负了一种义务"（fol. 84~85）①。

就自然法而言，其立法者乃是上帝，自然法所规定的德性义务正是上帝之意志的体现。而上帝之所以能够正当地对人类进行立法，就是因为上帝对人类有"权利和权力"。就权利而言，上帝对于人类所享有的这种权利就是所有权。而上帝之所以对人类享有所有权，则是"因为人类都是一个全能的和无限智慧的创造者的创造物，都是一个至高无上的主人的仆人，按他的命令被送入这个世界并且从事他的事业"（2.6），而且"从他者（即上帝——引者注）那里获得其存在和开端的东西，也必定是从那个他者那里获得内在于和从属于其存在的一切东西的。它所拥有的一切能力，必定都源于那同一个根源，都是从那同一个根源获得的"（4.10.3）。也就是说，正是由于人类乃是由上帝创造的，而且人类所拥有的一切都是从上帝那里获得的，因此一切人类个体都是上帝的所有物，上帝对于一切人类个体都拥有所有权。从这里我们可以看出，洛克实际上是从"上帝从无到有地创造了人类"这一事实判断直接推导出了"上帝对于其创造物人类拥有所有权"这一价值判断。换句话说，在洛克看来，上帝的创造活动本身就蕴含着他对于其创造物的所有权，"正是通过自主性的制作行为，对于被创造之物的权利才会存在"②。詹姆斯·塔利将洛克的这种学说称为"制作物模式"（workmanship model）③，戈帕尔·史瑞尼瓦森称之为"制作者

---

① 译文转引自霍伟岸：《洛克权利理论研究》，北京：法律出版社 2011年版，第 112 页。

② Ian Shapiro. Resources, Capacities, and Ownership: The Workmanship Ideal and Distributive Justice. *Political Theory*, 1991, 19（1）: 49.

③ ［英］詹姆斯·塔利：《论财产权：约翰·洛克和他的对手》，王涛译，北京：商务印书馆 2014 年版，第 11 页。

权利学说"①，伊安·夏皮罗（Ian Shapiro）则进一步将这一学说凝炼地概括为"制作蕴含所有权"②。在洛克看来，"就像所有事物都恰当地服从于最先创造它们，后又一直保护着它们的力量那样"（fol. 85），上帝因其创造活动而来的对于人类的所有权使得他有权对人类进行立法，人类也应当服从上帝所立的这种法。

而从权力的角度来看，上帝对于人类的权力则在于上帝"凌驾于万物之上，对我们拥有我们自己所不能拥有的……权威，上帝将我们从虚无中创造出来，如果他高兴，他也能让我们重归虚无"（fol. 88~89）。换句话说，上帝对于人类的权力或力量（power）不仅体现在他能够创造人类，同时还体现在他有能力随时毁灭人类。从这里我们也可以看出，正如 S. 亚当·西格雷夫所说，"洛克的上帝仅仅是一个'陶工上帝'（potter-God），他在'泥土'最初形成一种不同的形状时（即从泥土中创造人类时——引者注）发挥了作用，并且拥有毁灭他的陶罐的权力……这个'陶工上帝'拥有一个'意志'以及强迫服从这一意志的力量"③。这种权力或力量也赋予了上帝以对人类进行立法的权力。因此约翰·邓恩指出，对于洛克来说，"一切法的起源和基础都是依赖关系。一个独立的理智存在者受制于他所依赖的人的力量、指引和管制，而且他必须向着这个高级存在者为他指定的目的"④。人类及其各种能力都"依赖"于上帝的权力或力量而存在，这正是自然法的"起源

---

① Gopal Sreenivasan. *The Limits of Lockean Rights in Property*. Oxford：Oxford University Press，1995：62.

② ［美］伊安·夏皮罗：《政治的道德基础》，姚建华、宋国友译，上海：上海三联书店 2006 年版，第 19 页。译文有改动。

③ S. Adam Seagrave. Self-Ownership vs. Divine Ownership：A Lockean Solution to a Liberal Democratic Dilemma. *American Journal of Political Science*，2011，55（3）：712.

④ John Dunn. *The Political Thought of John Locke*. Cambridge：Cambridge University Press，1969：1. 转引自［英］詹姆斯·塔利：《论财产权：约翰·洛克和他的对手》，王涛译，北京：商务印书馆 2014 年版，第 53~54 页。译文有改动。

和基础"所在，人类也因此必须接受自然法的"指引和管制"。

由此可见，洛克的上帝不仅因其创造了人类而享有对人类的正当权利即所有权；而且这个唯意志论的上帝还因其全能与自由意志而拥有随意地创造、保存和毁灭其创造物即人类的权力或力量。正是这种权利和权力使得上帝能够对人类进行立法。因此洛克指出，上帝之所以能够对人类进行立法，人类之所以要服从上帝所立的自然法，不仅是由于"最完美的正义"，亦即上帝的权利，而且还是由于"最高的必然性"，亦即上帝的权力（fol. 89）。从这里我们也可以看出，对于洛克来说，人类是上帝的创造物这一事实不仅赋予了人类以自然权利，同时也赋予了人类以自然法义务。

2. 自然法义务是上帝意志的体现

自然法的第二个必要的要素即义务，它规定了人类应当或不应当做什么，"这是一种法的恰当功能"（fol. 12），它源自于上帝的意志。而上帝之所以要通过自然法来为人类规定各种义务，则是为了实现他创造人类的目的。正如前面的引文指出的，在洛克看来，所有的人类个体都是上帝的"仆人，按他的命令被送入这个世界并且从事他的事业……他高兴让他们存在多久就存在多久，而不由他们彼此作主"（2.6）。人们往往将这段话视作洛克对个人相对于他人所拥有的自由权（即"不由他们彼此作主"）的神学证明。这种理解当然不错，但是如果仅仅这样来理解的话，就忽略了另外一个重要的方面，即上帝在创造人时也为其赋予了特定的身份。这种身份即上帝的"仆人"身份，而且这一身份本身也为人规定了一种先天的、普遍的目的，即从事上帝的"事业"。"因为构造一种极尽完美和充满活力的动物……却不为它指定任何工作……这似乎与造物主的智慧不相配"（fol. 18）。这种目的其实也就是前文所指出的人的本性的完善或德性的实现。而且正如前文指出的，在洛克看来，至善的上帝在创造人类时对人类充满了善意，他为人类所规定的目的，亦即德性的实现，最终所指向的乃是个人通过实践自然法而获得上帝的拯救这一永恒幸福。

而就自然法的具体内容来看，它包含个人对于上帝、自身以及他人或社会所负有的义务。这些义务也可以从上帝赋予人类的目的，也就是获得永恒幸福来加以解释。首先，个人对于上帝所负有的义务也就是遵从自然法、礼拜上帝的义务。只有通过这种方式，个人才有机会获得永恒幸福。其次，个人对于自身所负有的义务也就是保存及完善自身。如前所述，保存自身不仅是获得尘世幸福的必要条件，而且它也是个人追求并获得永恒幸福的前提。而完善自身本身就是获得永恒幸福的必要条件。上帝的目的既然在于使一切个人获得永恒幸福，那么他也必然要求个人去履行保存及完善自身的义务。再次，个人对于他人和社会所负有的义务就是在"保存自身不成问题时……尽其所能地保存其余的人类"（2.6）的义务，具体地体现为"爱我们的邻人如己"、"仁爱和慈善"等义务。这种义务同样可以从上帝所赋予人类的目的的角度加以解释。因为上帝所创造的不是某一特殊的个人，而是人类这一种族中的一切个人（1.30）。上帝的目的也不在于使某一特殊的个人而是全体人类都获得永恒幸福，因此他也必然要求个人去履行保存他人及社会的义务。

3. 自然法的约束力源于上帝

自然法的第三个必要要素即其约束力，它同样来自于上帝的意志。在洛克看来，这种约束力体现在上帝可以通过自己的意志和力量来创造、保存或毁灭人类，并对人类进行奖励或惩罚。而上帝保存、奖励或毁灭、惩罚人类个体的标准则在于该个体是遵守还是违背了自然法。为此，洛克明确指出，人类的灵魂是不朽的，而且个人的人格同一性在其尘世生命死亡之后依然存在，而且正是由于这种同一人格的存在，个人才能够对其今生的行为负责。上帝也正是根据个人今生的行为，根据其是遵守还是违背了自然法，而在来生对其灵魂进行奖励或惩罚。自然法的最终约束力也体现在上帝的这种意志中。

由此可见，无论是从立法者、义务还是从约束力的角度来看，自然法都源于上帝，都是上帝意志的体现。而我们知道，洛克始终是在自然法的话语体系和理论框架之内来讨论德性问题的，因此可以说，德性的最终根据在于上帝及其意志。洛克也确实是这样主张的。当然，正如前文指出的，洛克之所以要将德性的根据追溯到上帝及其意志中去，并不仅仅是由于其所受到的神学氛围的深刻影响使然，他的主要目的乃是为了给德性本身及其实践找到一种正当的乃至神圣的根据。后文还将对这一点作更详细的讨论，这里不再赘述。

第三节　权利与德性之统一的神学根据

对于洛克来说，不仅自然权利与自然法本身源自于上帝及其意志，而且上帝在为人类赋予自然权利与自然法义务的时候本来就已经确保了二者是统一的。我们知道，洛克反复强调扎根在人心中的最强烈的欲望就是保存自己的欲望，并且强调这就是每个人的生命权（即保存自身生命的权利）以及财产权（即利用共有物来从事劳动从而获得有助于保存自身的财产）的基础。同时他又强调，个人有保存社会、"爱你的邻人如己"、仁爱与慈善的义务。换句话说，在洛克看来，人既有保存自己的权利，又有保存社会的德性义务。

对于洛克来说，这二者非但不是矛盾的，而且是可以统一起来的。如果我们从上帝的视角来看待这二者，那么其统一性就非常明显了。如前所述，在洛克看来，上帝创造了人类这一种族，但从洛克的唯名论立场出发，所谓种族乃是由无数个体组成的。因此洛克又强调，上帝创造的是人类种族中的一切个人。而且在洛克看来，上帝对其创造物人类是充满了善意的，上帝对人类的善意首先就体现在他要保存他的创造物人类，也就是保存一切人类个体。而且上帝在创造人类时，也将保存一切人类个体作为一种任务或"事业"交给了所有个人。从这一任务或事业中，既可以引申出个人的自然权利，同样也可以引申出个人所负有的自然法义务或德性义务。

从自然权利的角度来看，洛克非常清楚地意识到，个人在完成上帝所交给他的保存一切人类个体这一任务时，其最主要、最直接、最迫切的任务首先就是保存个人自身。因为个人不仅是一切人类个体的一员，因而应当加以保存，而且他也是保存自身的最合适的主体。个人也只有在保存自身不成问题的前提下，才有可能去保存其他人类。正是从这一点出发，洛克指出，上帝赋予个人的最强烈欲望就是保存自身，并且给了他趋乐避苦的本性和理性能力，使个人能够躲避会伤害自己之物，并能够支配万物，以便更好地保存自己。自然权利也正是由此而来的。此外我们知道，在洛克的思想中也有着自由放任主义的市场经济观念的萌芽，在他看来，每个人努力保存自己其实就已经有助于保存一切人类个体了。

但是另一方面，个人成功地保存自身并不意味着他就完成了上帝所交给他的保存一切人类个体的任务。要想完成这一任务，个人在保存自身不成问题的情况下还要尽力去保存其他个人，个人的自然法义务正是由此而来的。此外洛克还强调，父母有保存孩子的义务。不仅如此，他还从上帝之保存一切人类个体的角度出发，指出父母保存孩子的欲望常常超出了保存自身的欲望，而这同样也是上帝的安排（1.56）。由此可见，正如托马斯·韦斯特（Thomas West）指出的，迈克尔·扎科特试图从洛克的自然权利中推导出个人的自然法义务的做法，其实是很难成立的。其中最重要的难点之一就在于，它无法解释父母抚养孩子的义务之根据。① 而从神学角度来看，这一义务实际上是直接从上帝赋予个人的保存一切人类个体这一任务中推导出来的。

从这里我们可以看出，洛克实际上既从上帝保存人类的善意中推导出了个人的自然权利，同时也从中推导出了个人的自然法义务。更重要的是，从上帝保存一切人类个体的角度来看，个人的自然权利与自然法义务非但不是冲突的，而且是统一的、相互补充

---

① Thomas West. Nature and Happiness in Locke. *Claremont Review of Books*, 2003, 4（2）：54-57.

的。个人只有既行使保存自身的自然权利，又履行保存他人的自然法义务，才能真正完成上帝赋予个人的任务，而这也恰恰是上帝的意志及其对于人类之善意的体现。

需要注意的是，正如后文将会指出的，洛克虽然认为个人有保存社会的义务，但是这种义务在某些情况下是一种不完全的义务。一方面，应当意味着能够，个人在自顾不暇的情况下当然不可能保存其他人类个体。另一方面，洛克认为上帝允许个人既不违背也不履行某些义务。例如个人可以不救济某些穷人，这一点或许与洛克所受加尔文教的影响有关。因为我们知道，从加尔文教的"天职观"出发，洛克非常强调人的勤劳，在他看来，很多穷人之所以贫穷不是由于外在的原因，而是由于其自身不够勤劳。而对那些既具备劳动能力而又懒惰的穷人的救济，其实既无益于他们自己的长远利益，因而无益于他们自身的保存，也无益于社会的保存。从这个角度来看，无论是洛克所说的德性，还是权利与德性的统一，确实都有着比较鲜明的功利主义色彩。

此外还值得我们注意的是，在洛克看来，上帝既赋予了个人以不朽的灵魂，使之能够享受来生的永恒幸福，同时也赋予了个人以尘世的生命，使之能够享受今生的尘世幸福。而且既然无论是个人的来世生命还是尘世生命都是由上帝赋予的，那么个人的永恒幸福和尘世幸福就都是正当的。换句话说，上帝既赋予了个人以追求尘世幸福的权利，也赋予了个人以追求永恒幸福的德性义务。因此洛克指出，"人要做的事，就是在今世活得幸福，而要幸福，就要享受有益于生命、健康、闲暇和快乐的自然事物，而当此生将尽之际，则借由对来世的盼望而感到宽慰"①。因此从个人的尘世幸福与永恒幸福的角度来看，上帝同样也为二者的统一提供了根据或可能性。

由此可见，在洛克这里，上帝对于人类的创造以及善意，本身

---

① 转引自［美］达林·麦马翁：《幸福的历史》，施忠连、徐志跃译，上海：上海三联书店 2011 年版，第 172 页。

既赋予了个人以自然权利和自然法义务，而且也为个人相对于人类整体的自然权利和自然法义务之统一，也就是为权利与德性的统一提供了神学根据。此外正如后文将要指出的，从行为主体即个人的角度来看，个人拥有身体和灵魂，拥有趋乐避苦的本性，还拥有意志、理性、欲望、自由等诸种能力，正是它们使得个人在其行为中有可能将其权利与德性二者结合起来。而从神学的角度来看，这一切同样都是由上帝所赋予人类的。正是由于上帝赋予了人类以身体、灵魂、本性、能力等，才使得权利与德性在行为主体层面的统一得以可能。

第四章　个人的自由：权利与德性之统一的人学根据

如前所述，洛克所说的权利与德性实质上乃是关于行为者之行为的一些规范性主张。虽然我们可以将个人所享有的权利与所负有的德性义务的起源、正当性以及二者统一的根据都追溯到上帝那里去，但是既然权利与德性最终规范的乃是行为者的行为，既然权利的行使与德性的实践最终都要落实到行为者的行为中去，既然权利与德性的统一最终也要在行为者的行为中体现出来，那么接下来的问题就在于：行为者是否以及为什么有可能在其行为中将权利与德性统一起来；或者说，权利与德性的统一在行为者及其行为方面有何根据。

对于洛克来说，一种行为理论必然要涉及行为者或行为主体及其行为目的、行为动机、行为能力等方面的问题，而且他对这些问题都作出了比较细致的说明。当我们从行为者及其行为方面来考察权利与德性的统一时，也有必要分别从这些方面来考察这种统一的根据。关于行为目的的问题前文已经讨论过，这里我们主要从行为主体、行为动机与行为能力（主要是自由能力）三个方面来考察这一问题。

第一节　有人格的个人：行为主体层面的统一根据

一、身心一体的个人：权利与德性的主体

行为理论的首要问题在于，行为的主体究竟是什么。这个问题

之所以重要，是因为无论是行为本身还是其目的、动机和行为能力等，都要以行为之主体的存在为前提。权利与德性作为针对行为主体之行为的规范性主张，其实践当然也离不开行为主体。更重要的是，对行为主体的理解之不同，从根本上决定了人们对于权利与德性及其统一性的理解之不同。洛克就曾明确指出，德性的主体必须是一个自由的主体，如果我们像某些学者那样否认行为主体的自由、把其视作"单纯的机器"，那么这样的主体根本就不可能实践德性（1.3.14）。这样一来，连德性本身的可能性都被取消了，当然就更谈不上德性与权利的统一了。由此可见，我们要想从行为主体层面为权利与德性的统一找到可能性的根据，首先必须对洛克的行为主体及其特征作一番考察。

值得注意的是，当洛克说到行为之主体时，他使用的"主体"概念并不是与"客体"（object）相对的"subject"，而是"agent"。后者指的并不是认识论意义上的认识主体，而是实践上的行为主体，亦即"行为者"。从常识上来看，我们一般都会将个人视作行为的主体，洛克也同样如此。但是这一点其实远没有初看上去那么自明。之所以这样说，至少有如下两个方面的原因。首先，洛克指出个人是由身体和灵魂或物质实体与精神实体共同组成的动物，而且人的行为也有两类，即身体的运动和心灵的思想（2.21.4）。这往往会使人们误以为洛克像他的一些前辈或同时代的学者一样，认为身体和灵魂而非由之组成的个人才是行为的主体。已有学者对此提出了明确的批评，指出在洛克这里，只有身心一体的个人才是真正意义上的行为主体，这里我们不再赘述。①

其次，对洛克的行为主体的另一种误解是混淆了"人"（man）和"人格"（person）或"自我"（self）。洛克在《人类理解论》

_____

① 参考储昭华、赵志坚：《从身心关系看现代人权主体的本质特征——关于洛克与庄子自由观的一种对比分析》，《武汉大学学报（人文科学版）》2012 年第 6 期等。

中对这几个概念作出了细致的区分,尤其是对人格及其同一性问题作了详细的讨论,而且他也说过人格"是一个法律术语,适用于行为及其法律意义"(2.27.26)。某些研究者及批评者据此认为,洛克所说的行为主体乃是人格或自我。这就要求我们对这几个概念及其关系作简要的考察。

在洛克看来,所谓"人"就是一种由身体和灵魂共同组成的、有着特殊"形状和构成"的动物(2.27.8)。这个意义上的人是由上帝创造出来的,它既指人类这一种族,也指其中的一切个体。因为在洛克看来,所谓"个体性原则"无非就是"存在自身,它决定了一个无论什么种类的存在者占据着一个特殊的时间和地点,不容同一种类的两个存在者来占据它"(2.27.3)。因此洛克所说的个人其实也就是一个由身体和灵魂组成的、有着特殊"形状和构成"的、占据着特殊时空的动物。所谓人格则是"一种能思维的理智的存在者,具有理性和反思,并且能够认它自己为它自己,在不同时间和地点认它自己为同一个思维之物"(2.27.9)。而"人格是这个自我的名称"(2.27.26),自我与人格是基本同义的。从这里我们可以看出,洛克的个人概念与人格概念在内涵上有着明显的差异。

洛克曾明确说过,"任何实体只要同当下能思维的那种存在者有生命地统一在一起,它就是现在自我的一部分"(2.27.17),因此身体也可以成为自我或人格的一部分。从这个角度来看,人格与个人在外延上有重合之处甚至有时是完全一致的。但是这种一致只是外延上的可能一致,实际上二者不仅在内涵上,而且在来源上都有着巨大的差别。如前所述,个人的来源以上帝的创造为根本原因,而以父母的生殖为外在原因,但自我或人格却是由个人的意识建构起来的。"一个人在他拥有认识之前就拥有了一个人的个体性,但是在他拥有认识之前并不是一个人格","人格是一个统一体的名称,它并不是先被给予然后被认识,而是只有通过被意识建构起来（constituted）才会存在"①。由此可见，个人的存在乃是人格或自我存在的前提。

在对个人与人格或自我的区别及其关系做出界定的前提下，洛克指出，只有个人才是真正的行为主体。他在说人格"是一个法律术语，适用于行为及其法律意义"（2.27.26）之后，紧接着就指出，人格"只属于具备法律能力，并且能够感受幸福和苦难的理智行为者（intelligent agents）"（2.27.26）。也就是说，人格本身不是行为者，而是属于行为者或为行为者所有。而在《政府论》下篇中，洛克更明确指出，"人是他自己的主人，是他自己的人格及其行为或劳动的所有者"（2.44）。从这里我们也可以看出，作为人格和行为之所有者的"理智行为者"其实指的就是个人，只有个人才是真正的行为者或行为主体，人格或自我只是个人这一行为主体的所有物。

对于洛克来说，个人不仅是一般意义上的行为主体，而且是权利与德性的主体。尽管很多研究者认为洛克在概念的使用上往往不够严谨或一致，但是如果我们仔细考察一下他的诸多文本中有关"实践之学"的论述，就会发现他在论述权利与德性之主体时，用语还是很严谨的。无论是在《自然法论文集》中讨论德性或义务的主体时，还是在《政府论》下篇讨论自然权利的主体时，洛克都明确地使用了人或个人而不是人格或自我概念。例如在《政府论》下篇一开篇讨论个人的自由权时他就明确指出，自由权就体现在作为权利之主体的个人可以自由地"决定他们的行为和处理

---

①　转引自 Gopal Sreenivasan. *The Limits of Lockean Rights in Property*. Oxford：Oxford University Press，1995：66. 洛克在《人类理解论》中论人格的同一性时，主要说明了人格成立于意识，而且其中离不开记忆力的参与。但是他对人格具体的生成过程并没有给出直接的详细说明。迈克尔·扎科特曾经根据洛克的相关论述对这一过程作过考察，其中给出了许多有一定说服力的意见。可参考［美］迈克尔·扎科特：《洛克政治哲学研究》，石碧球等译，北京：人民出版社2013年版，第211、343页；［美］迈克尔·扎科特：《自然权利与新共和主义》，王崇兴译，长春：吉林出版集团有限责任公司，2008年版，第373~376页。

他们的财产和人格"（2.4）。在这里，个人不仅是行为之主体，而且对其人格和财产拥有所有权和自由处置的权利。而在《自然法论文集》中洛克也指出，自然法所适用的主体是"人"（man）而非人格。

洛克之所以要做出这种严格的区分，一个重要原因就是为了论证自然权利与自然法义务本身的"自然性"。也就是说，无论是自然权利还是德性义务作为一种"自然"之物，它们都是个人生而有之的。如前所述，作为上帝之造物，每个人"生来就享有完全自由的权利"（2.87），也生来就负有上帝所规定的自然法义务，它与个人是否现实地形成了自我意识、是否形成了人格并无必然的联系，只有这样才能保证权利与义务的普遍性和平等性。由此可见，从行为主体的角度来看，无论是身体或灵魂，还是自我或人格，它们都不能成为行为者，相反，它们都是个人这一行为者的所有物。只有身心一体的个人才能成为行为，进而是权利与德性的真正主体。更进一步说，既然这样的个人才是权利与德性的真正主体，那么当我们在行为主体层面中寻找二者统一的根据时，也只能从这种个人入手。

但是需要注意的是，尽管个人与人格不同，而且具备人格并不是个人成为权利与德性之主体的必要条件，但是对于洛克来说，只有具备了人格的个人才能真正成为权利与德性的完全的、自觉的主体。所谓有人格的个人，就是一个不仅具备身体和灵魂，而且已经通过自我意识自觉地"认自己为自己"的个人。之所以说只有这样的个人才能成为权利的自觉主体，是因为洛克在《政府论》中曾明确指出，尽管个人"生来就享有完全自由的权利"（2.87），但是只有在个人的理性能力和自由能力成熟之后，他才能摆脱父母的"统治和管辖权"（2.55），才能真正成为权利的完全的、自觉的主体。就德性来说，他也指出，"道德的行为只能依赖于一个对之有所理解，并且拥有自由的主体的选择"①。而只有一个有人格

---

① ［英］洛克：《伦理学通论》，见［英］洛克：《洛克宗教著作选集》，王爱菊、周玄毅译，香港：道风书社2008年版，第454页。

的个人才真正具备成熟的理性和自由能力，① 因为自由是一个只属于"有能力根据心灵的选择或指导来做或者不做一件事的人格"（2.21.10）的观念。由此可见，只有一个具备了人格的个人才能够真正自觉地行使权利和追求德性。进一步来说，也只有这种有人格的个人才真正能够自觉地在其行为中将权利与德性统一起来，才能够在行为主体层面为这种统一提供一种现实的可能性根据。

这两者并不是矛盾的。因为当我们说权利与德性之统一的行为主体层面的根据在于身心一体的个人时，我们是指这样的个人已经具备了由上帝所赋予的身体和灵魂，已经具备了寓于这样的个人之中的本性，以及包括理性、抽象等在内的潜在的天赋能力。尽管人在刚出生及其后的很长一段时间内，都还不能熟练地运用这些能力，因而需要处于父母的统辖权之下，但是其本性及潜在的能力已经使得他有可能形成自我或人格，从而有可能自觉地行使权利和追求德性。换句话说，人在一出生时就拥有潜在的统一权利和德性的可能性。而当我们说这种可能性的根据在于拥有人格的个人时，我们是指这种拥有人格的个人已经能够现实地去自觉行使权利和追求德性。前者是后者的前提和基础，后者则是前者的具体实现，这两者并不是矛盾的。由此可见，身心一体的个人乃是权利与德性的主体，而有人格的个人则是权利与德性的自觉主体。

二、有人格的个人：行为主体层面的统一根据

之所以说这种有人格的个人能够为权利与德性及二者的统一提供可能性的根据，乃是由于这个意义上的个人本身就有着诸多特性。由于学界对于洛克的权利之主体的问题已经有了很多讨论，因此我们这里将重心放在有关德性及二者之统一的问题上。

首先，这种有人格的个人不仅有趋乐避苦的本性，而且能够自觉地意识到和关心自身和他人的快乐和痛苦，这就为权利意识与义务意识的出现提供了可能性。动物与人一样，也有着趋乐避苦的本

---

① 参考［英］詹姆斯·塔利：《论财产权：约翰·洛克和他的对手》，王涛译，北京：商务印书馆2014年版，第143~144页。

性，但是只有人才具备灵魂，才能够拥有自我意识，进而才能够自觉地意识到自身和他人的快乐和痛苦，才能够"在意识扩及的范围内关心它自己"（2.27.17），这就为个人权利意识的出现奠定了基础。

但需要注意的是，洛克的这种有人格的个人并不是珍妮特·科尔曼所说的那种"从本性上来说不合群的（naturally unsocial）行为者"①。因为洛克明确指出，上帝所创造的个人乃是一种合群性的动物，个人不仅因其不自足性而有与他人共同生活的必要性，而且还具备过一种社会生活所必需的各种能力，其中最重要的就是语言能力（3.1.1）。而且从个人的理性能力来看，它虽然是一种天赋能力，但是只有在父母的指导下才能够最终成熟（2.170）。只有通过这种方式，个人才能够最终摆脱父母的管辖，成为一个真正的自由人并且自由地处理自身的行为（2.55），才能够成为一个人格。而这里的"父母"与其说是个人的血缘上的父母，倒不如说他们乃是个人所身处的社会历史文化情境的一种形象性的代表。个人正是在与以父母为代表的他人和社会的交往过程中才逐步建立起他的人格的。这一切都决定了这样一种有人格的个人从根本上来说就不可能是一种孤立的原子式个人。而且这样的个人尽管有自利的倾向，但并不是完全自私的。洛克自己也指出，这样的个人也能够意识到和关心他人的快乐和痛苦（2.20.5）。个人的这种合群性，尤其是关心他人的能力，也为个人的义务意识的出现准备了一定的条件。

其次，这种有人格的个人不仅具有趋乐避苦的本性，而且还具备理智本性或理性本性，这种理性本性也使得权利与德性及其统一得以可能。如前所述，从权利的角度来看，洛克明确指出上帝赋予了人类以理智本性，而且正是它使得人类"有能力享有对低级动物的支配权"（1.30）以及其他自然权利。

---

① Janet Coleman. Pre-Modern Property and Self-Ownership Before and After Locke：Or, When did Common Decency Become a Private Rather than a Public Virtue? *European Journal of Political Theory*，2005，4（2）：128.

更重要的是，个人的自然法义务、个人追求德性的可能性同样也扎根在这种理性本性之中。洛克在《自然法论文集》中明确指出，自然法"是理性自身宣示的一项牢固、永久的道德准则，它的持存在于它牢固地扎根于人性的土壤这一事实"（fol. 99）。这里所说的本性并不是指趋乐避苦的本性，而是指"人的理性本性"，在作为"道德准则"的自然法与人的这种理性本性之间"存在着一种和谐"（fol. 99），而且一切有理性的造物，亦即一切人类个体在道德上都应该受到这种自然法的约束（fol. 99）。

从这里我们可以看出，对于洛克来说，在个人的理性本性中其实就已经存在着追求德性的潜在的可能性。更重要的是，既然这种理性本性是个人这一行为主体所固有的，而且个人在其人格形成的过程中，其理性本身也在逐渐成熟，从而使得他既有能力行使权利，也有能力追求德性，而且这两种行为都是根据同一种能力而得以可能的，那么二者的统一也因此而有了可能性。

再次，个人之人格的同一性和责任能力也是使个人的权利与德性及其统一得以可能的条件之一。洛克所说的人格本来就是一个在不同的时空、行为和观念中保持其同一性的存在者。更重要的是，人格由于具备理性能力而能够预见到自身行为的后果，从而能够对自身的行为负责。正是由于个人的人格具备同一性而且具备责任能力，因此洛克才明确指出，对个人之行为的奖励和惩罚的合理性与公正性都在于个人拥有人格（2.27.18）。也是由于这个原因，洛克才明确指出人格"是一个法律术语，适用于行为及其法律意义"（2.27.26）。

对于洛克来说，个人人格的这种责任能力对于权利与德性及其统一来说是非常重要的。就权利来说，个人真正成为一个自觉的权利主体的标志之一就是他能够对自己行使权利之行为的后果负责。个人之所以在人格形成之前必须要处于父母的统治之下，就是因为在此之前他即使能够行使权利，但是却无力承担相应的责任。更重要的是，正是由于人格同一性及其责任能力的存在，个人才有可能在行使自身权利的同时或之前，考虑到自身的德性义务。因为洛克明确指出，上帝在道德上的善恶之上附加了奖励与惩罚，它所针对的正是这种有责任能力的个人。个人诚然可以一味地追求自身权利的实现而罔顾他人的权利和公共幸福，但是由此带来的上帝之惩罚这一后果也必须由这一具备同一人格的个人来承担。正是出于对这种惩罚或痛苦的恐惧，以及对行善所带来的奖励或幸福的向往，个人才有可能自觉地去追求德性。由此可见，人格的同一性及其责任能力对于权利与德性的统一来说必不可少。

权利与德性在行为主体层面的统一根据，不仅仅体现在有人格的个人上述的各种本性、同一性、责任能力等方面，它还体现在个人本身的身心的统一性上。如前所述，对于个人来说，权利的行使与德性的追求二者之间是存在着张力的，甚至常常是背道而驰的。之所以如此，一个重要的原因就在于，洛克所说的权利更多地偏重于身体这一维度，而他所说的德性则更多地偏重于灵魂这一维度。就他所说的广义财产权而言，它所要保护的生命、健康、行为自由、外在财富等大多是与人的身体的保存有关的东西。而就德性而言，人之所以有追求德性的动机，一个重要乃至根本的原因就在于人有不朽的灵魂，上帝会根据个人今生的行为在来生对个人的灵魂进行奖惩，正是出于对奖惩的向往和恐惧，个人才会自觉地追求德性。但是身体与灵魂本身之间也存在着张力，这就导致了个人的权利诉求与德性追求二者之间的矛盾。不过对于洛克来说，更重要的则在于，个人的身体与灵魂虽然存在着张力，但二者还是可以统一起来的。个人尽管有可能仅仅重视身体欲望的满足而忽视德性的要求，但是由于人有灵魂，而灵魂具有理性等能力，这就使得个人有可能节制身体的欲望，转而追求德性的实现。与此同时，洛克也并没有否定身体及其欲望本身的正当性，没有走向片面推崇灵魂及其德性追求的禁欲主义，而是力求将个人的身体与灵魂二者统一起来，后文将要论及的理性与欲望的统一，其实也可以视作洛克统一身体与灵魂的一种努力。而身体与灵魂的统一本身就为权利与德性的统一提供了可能。

第二节 欲望与理性的统一：行为动机层面的统一根据

除了行为主体外，行为动机对于一种行为理论来说也是非常重要的。而在发掘权利与德性之统一的可能性时，行为动机理论尤其重要。因为只有当行为主体本身就有着追求权利与德性及二者统一的动机时，他才有可能以这种动机来推动其行为，并最终将其在自身的行为中实现出来。

一、欲望与理性：行为的动机

1. 欲望：意志的直接动机

洛克指出，人类作为身体和灵魂或心灵共同组成的动物，其行为也分为两类。身体的行为就是运动（motion），而心灵的行为则是思想（thought）（2.21.4）。尽管人作为一种有自由能力的行为主体，其行为不能与自然物体或"单纯的机器"的机械运动相提并论，但是在只有通过某种动机（motivation）或动力（motive）的推动才能行为或运动这一点上，人与自然物体或机器并无不同。如果缺少了动机，人类的心灵和身体就不会思想或运动，即使能够思想或运动也不会有任何方向（2.7.3）。

但是人与自然物体不同，后者作为一种物质实体只具备被动能力，因此只能机械式地传递某种运动。而人类作为一种由身体和灵魂共同组成的有限精神实体，则不仅具备被动能力，同时也具备主动能力，也就是不由外因的推动而由自身自发地开始某种行为的能力，这种能力体现为心灵能够主动地思想并且通过思想去运动身体。而在诸种主动能力中，使人能够行为的最直接的推动力量就是人的意志（will），也就是"仅仅按照心灵的思想或偏向来开始或停止、继续或终结我们心灵的某些行为和身体的某些运动的能力"（2.21.5）。意志的具体实施即是意欲（volition，willing），即"心

91

灵将其思想导向任何一种行为的产生，并且因此运用其能力来产生它"的行为（2.21.28）。从洛克对意志的界定中我们可以看到，意志本来就是直接作用于人的行为的，而且"意志的唯一固有对象，就是自己的一些行为"（1.21.40）。

但是既然意欲本身也是心灵的一种有所"偏向"或"导向"的行为，那么在心灵的背后必定还有一种力量在推动着心灵去"偏向"或"导向"某种特定的行为。换句话说，在意志背后还有另外一种动机在起作用。洛克指出，意志背后的这种动机就是人的不快或欲望。所谓欲望也就是"一种不快的情状"（2.21.32），它是心灵由于想要获得却尚未获得某种当下"不存在的善"而感觉到的一种不快（2.21.31）。

欲望之所以能够决定意志，首先是因为人从本性上就渴望幸福并厌恶痛苦。快乐或幸福不仅是人的一切行为所指向的终极目的，而且也是人的一切行为的普遍的、终极的、恒常的动机，这种动机在一切时刻都毫无停顿地推动着我们的一切行为（1.3.3）。换句话说，就像自然界的一切物体都要受到牛顿所说的"万有引力"的吸引一样，快乐也普遍地、不间断地、永恒地吸引着每一个人类。① 而欲望本身就是因快乐的缺乏而感到的不快，人由于快乐这一"万有引力"的吸引而必定要努力地去消除不快、去满足人的欲望。因此欲望可以成为决定人的意志，进而决定人的行为的动机。

其次，也是更重要的是，在洛克看来，就意志的最直接动机而言，欲望也是人的意志的唯一动机或源泉。之所以如此，则是因为"只有不快是当下存在的"，那些不存在的善如果只是"单纯静止思维的对象"（2.21.37），如果它们没有因其缺乏而在人的心中引起一种当下的、直接的不快，那么它们当然也就不能成为意志的当下的动机。既然一切人在一切时候都受到快乐这一"万有引力"

---

① ［美］达林·麦马翁：《幸福的历史》，施忠连、徐志跃译，上海：上海三联书店 2011 年版，第 168 页。

的吸引，都在追求着快乐，而当下的不快阻止着人的快乐的实现，既然在同一个时刻对于同一种行为只能有一种"意志的决定作用"（1.21.36），那么当然就只有这种当下的不快或欲望能够成为意志的当下的唯一的、最直接的决定力量或动机了。

需要注意的是，正如后文将要指出的，洛克并不像霍布斯那样认为人只是一种受欲望不断驱使的动物，也不认为"从现象上来看，霍布斯式的刺激—反应或者欲望—行动模式能够用之于人的行动"①。因为人除了趋乐避苦的本性外还有一种理性本性，而且人的理性也不像霍布斯所说的那样，仅仅是一种用来寻找满足欲望之手段的工具理性，它还可以是一种价值理性。这种价值理性使得人可以在不同的目的之间进行一种价值上的比较，并且根据理性的判断来指导自己的欲望，从而决定自己的行为。但是另一方面，洛克坚持认为，理性并不能直接作为一种动机来决定人的行为，相反，它的作用始终要通过"欲望—意志—行为"这一模式来展开。也正是由于这个原因，洛克才反复强调，无论我们根据理性的判断发现一种幸福有多么大，但是如果这种幸福的缺乏不能在我们心中激起欲望，而且是一种比当下的欲望更加强烈的欲望，那么我们也不可能去按照理性的判断而行为。也就是说，意志的直接动力始终也必定是欲望。从这个角度来看，洛克的行为动机理论与霍布斯的相关理论还是有相似之处的。

洛克的欲望概念与霍布斯的相似性还不止于此。在霍布斯看来，人类永远不可能获得心灵的宁静。因为人类永远不可能没有欲望，一种欲望的满足并不代表着心灵可以停顿下来，因为另一种欲望马上又会继之而起，继续驱迫着人类去行为。欲望永远主宰着人类，不死不休。这样一种不死不休的欲望对于人类来说与其说是一种积极向上、催人奋进的动力，倒不如说是一种沉重的负担。因此达林·麦马翁指出，"这并不是一幅十分令人宽慰的图景"，而且

---

① ［美］迈克尔·扎克特：《洛克政治哲学研究》，石碧球等译，北京：人民出版社2013年版，第12页。

在"洛克的思想中其实就潜藏着这一图景"①。诚然，洛克所说的欲望与霍布斯有着很大的不同，但是在人类被大量的欲望不停地推动，因而难以享受即使是暂时的宁静这一方面，二者则是有一致之处的。洛克同样认为，人在尘世之中总是会不断地受到各种欲望的驱使，难以享受摆脱欲望的宁静（2.21.46）。那种近乎普遍的、弥漫性的不快不是一种偶然的不快，相反，"它代表的是那些相当稳定或常见的"② 不快。也就是说，对于洛克而言，在大多数情况下，人的欲望正像霍布斯所说的那样，乃是无穷无尽的，人几乎只能被动地被欲望驱使着去寻求欲望的满足。

2. 理性：改变对象的"可意性"

但是洛克与霍布斯还是有所不同的。这种不同的最根本之处在于，洛克虽然也承认人是自然界的一员，也承认人的行为要遵循那种"欲望—意志—行为"模式，但是他并不认为人就只能被动地服从一连串的尘世欲望的驱动。从日常经验来看，尘世之人在大多数情况下确实像霍布斯所说的那样，不断地被无休止的欲望所推动，一种欲望的满足只是意味着另一种欲望的开始。而且人在大多数时候也确实只是沉沦于当下的欲望的满足或具体的偶然的目的的实现，而没有对人的欲望和目的本身进行反思。但是在现实中没有这样做不代表着人没有能力这样做。之所以这样说，是因为在洛克看来，人除了欲望之外还有自由能力和理性能力。而且人的理性能力也不是像霍布斯所说的那样只是一种单纯的工具理性，一种只能为欲望的既定目的服务、只能根据目的的要求去计算和寻找满足欲望的最佳途径的理性。相反，对于洛克来说，严格说来人的理性不仅是一种工具理性，更是一种价值理性。

---

① ［美］达林·麦马翁：《幸福的历史》，施忠连、徐志跃译，上海：上海三联书店2011年版，第172页。麦马翁在该著中对洛克的欲望概念与霍布斯的相似之处做出了简洁但是有说服力的分析，值得我们借鉴。

② ［英］詹姆斯·塔利：《语境中的洛克》，梅雪芹、石楠、张炜等译，上海：华东师范大学出版社2005年版，第205页。

通过自由能力，人可以暂停某种行为、暂停某种欲望，因为人的自由能力本来就意味着人可以按照自己心灵的选择来暂停或实施某种思想或运动。而且按照洛克的经验主义认识论原则，个人的这种自由是可以通过经验观察到的（1.21.47）。另外，人可以运用自己的工具理性能力，对满足欲望、实现目的的手段进行判断。更重要的是，人还可以运用自己的价值理性能力，对不同的目的进行价值上的比较、对行为的可能后果进行判断。尤其重要的是，在洛克看来，人的理性本身就有一种能力，即可以通过改变对目的之价值的判断而改变对象相对于人的"可意性或不可意性"（agreeableness or disagreeableness）（2.21.69）。而在对象的可意性发生变化之后，它的不存在在人心中所引起的不快或欲望也会随之变化，从而使得人有可能放弃既有的目的而去追求某种新的目的。这样一来人就有可能摆脱霍布斯所说的那种"悲惨图景"，而以一种更加理性和自由的方式去行为。

因此总的来看，洛克所说的人的行为动机机制所遵循的乃是一种"理性—欲望—意志—行为"模式，而不是霍布斯所说的那种"欲望—行为"的决定论模式。在这种行为模式中，人的自由发挥着重要的作用，甚至可以说，人的自由本身就在于这一行为模式，因为洛克自己也说过，自由本来就在于只受理性所指导的欲望的支配而行为（2.21.52）。

二、欲望与理性的统一：行为动机层面的统一根据

1. 个人实践权利与德性的动机

其实从上述对洛克的行为动机机制的分析中我们就已经可以发现行为主体追求其个人权利的根据了。因为既然权利的实质本来就在于肯定个人趋乐避苦之本性的正当性，而这种本性正是人类一切行为的最终动机所在，那么个人仅仅基于其本性也会去追求其权利的实现。需要注意的是，在个人追求其权利之实现的过程中，理性并非没有发挥作用。因为如前所述，一方面，个人能够自觉地意识到其权利或者说其权利意识之觉醒，本来就需要理

性的参与；另一方面，洛克所说的权利并不是霍布斯所说的那种纯粹的自由，其本身也有其界限，而且个人要对其行使权利之行为的后果负责，而这一切缺少了理性都是不可能的。也就是说，个人行使权利的行为本来就是在"理性—欲望—意志—行为"这一模式的支配下展开的。不过这一点研究者们已多有论述，这里不作过多的展开。接下来我们主要讨论这种行为动机机制如何为个人的德性追求提供可能性。

从上述的分析中我们可以发现，正是由于理性能力和自由能力的存在，人的德性追求才得以可能。因为只有具备自由能力，行为主体才有可能暂停当下欲望的满足；而只有通过理性能力的分析、比较，行为主体才有可能认识到德性本身的价值与"可意性"，进而才有可能对之产生欲望，并在这种欲望的推动下去自觉地追求德性。

但需要注意的是，个人虽然因其有自由能力而能够主动地停止或实施某种欲望，能够主动地去追求一种道德上的善，但是这并不意味着个人的这种自由是无限的。人始终是自然界的一员，他始终要受到快乐这种"万有引力"的驱动，始终要以欲望作为其意志的唯一的直接动机。人能够停止或实施的只是某种具体的欲望，但是他不能取消欲望本身，他也不能改变人的趋乐避苦的本性。正是由于这个原因，因此个人即使能够主动地去追求某种道德上的善，但是这种追求也依然要服从那种"欲望—意志—行为"模式的制约。具体来说，道德上的善必须要因其缺乏而在人的心灵中引起不快，而且是一种比人当下既有的不快更加强烈的不快，才能够取代人当下的不快而成为一种新的动机，才能够驱动人的意志来改变人当下的行为。正是由于这个原因，洛克才明确指出，如果一个人本身并没有对于德性的强烈欲望，并没有因更大的善或永恒幸福的缺乏而感到强烈的不快，那么无论我们对这个人进行多少道德说教，或者使他明白德性对于他的幸福来说有多么重要，他也不会主动地去追求德性。相反，那些存在于当下的强烈的欲望会推动着他的意志，使他去追求某种更小的、更狭隘的善或欲望的满足（2.21.35）。这也充分证明了，道德上的善或德性的追求本身也不能违背人的趋乐避苦的本性，也要转化为欲望才能推动人去行为。

接下来的问题在于，人的德性追求本身如何能够转化为一种更加强烈的不快，从而使我们能够暂停当下的行为并推动我们去从事一种合乎德性的行为。洛克从两个方面来解决这一问题。首先他指出，人的德性追求遵循着自然的途径就能够为人的行为提供动机。之所以如此，是因为德性行为本身就能够通过自然途径引出一种自然的结果，即一种"精神上的快乐"。洛克试图向人们证明，这种精神上的快乐要比肉体上的快乐更大，而且如果我们自觉地"爱我们的邻人如己"、自觉地从事"仁爱与慈善的行为"，这种行为本身就能够给我们带来强烈、持久的快乐，而且这种快乐远比肉体上的快乐、比暂时的自然欲望的满足要更令人愉悦。他甚至认为，如果人们"像你爱你的孩子或者你自身那样去爱整个世界，并把这一点推广开来，就能使尘世多么地接近天堂"①，就能够使人在尘世预尝天堂的至福。从这个角度来看，人的德性行为遵循自然途径所带来的快乐几乎可以与永恒的幸福相媲美。既然每个人都在追求幸福，那么人类在尘世所能享受到的这种最大幸福似乎就能够驱动我们去追求德性、去履行自身的德性义务。

但是问题在于，洛克的这种观点其实已经违背了他自己的行为动机机制，因而更接近于一种空洞的道德说教。因为如前所述，观念中的更大幸福如果不能转化为一种当下的更大不快，那么它根本就无法驱动或改变我们的行为。因此即使当我们"爱我们的邻人如己"时它确实能带来更大的快乐，但是如果在"爱我们的邻人如己"之前，我们并没有因为未曾"爱我们的邻人如己"而感到更强烈的不快，那么我们根本就没有去行为的动机。

洛克自己对于这一点其实有着清醒而自觉的认识。正是基于这种认识他才指出，虽然包括亚里士多德等人在内的哲学家们早已证明了德性的"美丽"、证明了德性的完美和卓越，早已"把她点缀

①　[英]洛克：《伦理》，见[英]洛克：《洛克宗教著作选集》，王爱菊、周玄毅译，香港：道风书社2008年版，第458~460页。

得光彩夺目"①，但是在现实中德性对大多数人却没有什么吸引力，很少有人能够自觉地遵守道德准则、自觉地履行其自然法义务、自觉地去追求德性。之所以如此，还是因为人类的行为根本上是以幸福，直接地是以欲望或不快为动机的。而根据我们的日常经验，德性行为大多数情况下非但不能给我们带来快乐，反而常常给我们带来痛苦。换句话说，应然性的德性追求非但不与我们的实然性的趋乐避苦的本性相一致，而且从表面上来看，它恰恰要求我们违背甚至是改变我们的实然性本性。因此想要简单地遵循自然的途径去为人的德性追求提供动机显然是不现实的。

正如我们在前文已经提到的，洛克最终的解决之道是求助于基督教的灵魂不朽、上帝存在的教义和他自己的人格同一性学说。他明确指出，正是由于大多数人既不能认识自然法，也不能自觉地追求德性，因此这"就使得另一种形态的生命具有了存在的必要性"②。这另一种形态的生命也就是尘世生命死亡之后灵魂的继续存在。灵魂不朽之所以必要，是因为即使人的尘世生命已经死亡，但是由于灵魂继续存在，上帝就可以根据个人生前的行为来分别其善恶，并且据此来对其灵魂进行奖励与惩罚。而上帝的这种奖惩其实也就是人类眼中的道德上的善恶。从这里我们也可以看出，德性与幸福之间的联系虽然是必然的，但这种联系并不是一种自然的联系，而是经由上帝这一"主权者"或"立法者"的意志所确立起来的一种联系。

从这里我们也可以明白洛克在《人类理解论》中反复强调自我或人格的同一性、人格与苦乐的必然联系以及人格的法律意义或责任能力的原因之所在。因为只有在人格具有同一性，而且在今生和来世之间依然具有同一性的情况下，这个同一的人格才能够在来世对今生的行为负责，才能够承担上帝的奖惩。而由于人格与苦乐

---

①　[英] 洛克：《基督教的合理性》，见 [英] 洛克：《洛克宗教著作选集》，王爱菊、周玄毅译，香港：道风书社 2008 年版，第 161 页。

②　[英] 洛克：《伦理》，见 [英] 洛克：《洛克宗教著作选集》，王爱菊、周玄毅译，香港：道风书社 2008 年版，第 460 页。

之间有着内在的必然性联系，由于这个人格始终关心自己的幸福，由于那种有人格的个人具备理性能力，因此他才有可能出于对上帝意志的敬畏而自觉地遵守自然法，才有可能自觉地去追求德性的实现。

简单来说，洛克其实是试图通过把上帝的奖惩与道德的善恶捆绑在一起来保证"德福一致"，从而为个人的德性行为提供动机。洛克自己也明确地指明了这一点，在他看来，上帝的公正性乃是强化道德的必要手段或条件。① 他甚至指出，德性乃是一种"最有价值的商品……最赚钱的买卖"②。这种说法似乎不够虔诚，但是从这里我们也可以看出，即使是全能的上帝，他在通过将道德和幸福捆绑在一起而吸引人们去追求德性时，也并没有改变人的趋乐避苦的本性，并没有改变作为意志之直接动机的欲望。相反，上帝正是通过人的这种本性与"理性—欲望—意志—行为"的行为动机机制来刺激人们去追求德性的。如前所述，洛克的上帝乃是一个唯意志论的上帝，他完全有能力去改变人的本性或欲望。而上帝之所以没有这样做，则是因为在洛克看来，如果上帝轻易地改变人的本性，自然的进程就会"被打乱"，自然与超自然之间的区别就将消失，③ 而且人的理性也将无所适从。

在洛克看来，只有通过这种方式，德性才"不仅仅是一个名称，而且是一个值得我们全力以赴去追求的实在的善"④。说它是"实在"的善，是因为这样一来，个人的德性追求就与人的趋乐避苦的"实在"本性、与人的"理性—欲望—意志—行为"的"实在"的行为动机机制联系在了一起，从而使人有可能自觉自愿地

---

① ［英］洛克：《伦理》，见［英］洛克：《洛克宗教著作选集》，王爱菊、周玄毅译，香港：道风书社 2008 年版，第 460 页。

② ［英］洛克：《基督教的合理性》，见［英］洛克：《洛克宗教著作选集》，王爱菊、周玄毅译，香港：道风书社 2008 年版，第 161 页。

③ ［英］洛克：《基督教的合理性》，见［英］洛克：《洛克宗教著作选集》，王爱菊、周玄毅译，香港：道风书社 2008 年版，第 89 页。

④ ［英］洛克：《基督教的合理性》，见［英］洛克：《洛克宗教著作选集》，王爱菊、周玄毅译，香港：道风书社 2008 年版，第 161 页。

去追求德性。

2. 欲望与理性的统一：行为动机层面的统一根据

如前所述，无论是追求权利还是追求德性的行为，其背后的动机机制都是理性与欲望二者的统一。非但如此，理性与欲望的这种统一还为权利与德性二者的统一提供了可能。之所以这样说，是因为人的自由能力使得个人可以暂停自身当下的欲望，而人的理性能力，尤其是其价值理性能力则使得个人可以对其行为的目的——也就是权利与德性二者进行比较，从而判断二者究竟谁能带来更大的快乐，并且可以通过理性来改变二者本身的"可意性"，进而改变自身对它们的欲望。而在理性做出判断与选择之后，其所选择的目的（无论是权利还是德性）就可以通过欲望来推动意志，从而使人自觉地去追求权利或德性。从这里我们可以看出，正是通过这样一种行为动机机制，个人的权利与德性的统一才有了可能性。相反，如果个人空有理性能力却没有欲望能力，推动个人行为的意志就缺少了直接的动机，如此一来，个人根本就不会去行为，更不用说去自觉地追求权利或德性了。而如果个人空有欲望能力却没有理性能力，那么个人就与动物无异了，他只是受本能的驱使而趋乐避苦，如此一来，非但个人的德性追求失去了基础，个人的权利之自觉行使也变得不可能了。因此只有在理性与欲望相统一的基础之上，权利与德性的统一才有了行为动机层面的可能性。

从这里我们也可以看出，洛克既不是施特劳斯所说的隐蔽的霍布斯主义者，也不是剑桥学派所说的那种虔诚的加尔文教徒或阿奎那的追随者。早期的洛克固然有用理性来压制欲望、用德性追求来压制权利诉求的倾向，但是成熟期的洛克则不是如此。这时他更加清楚地认识到了，人的趋乐避苦的本性、人的自然欲望非但不是某种需要被克服或压制的东西，相反，它恰恰是人的意志的直接动机所在，即使是人的德性追求也要以人的本性和欲望为前提。对于洛克来说，理性固然是使人超出动物之上的能力，德性固然是一种完美和卓越之物，但是人根本不可能脱离其本性和欲望而单凭其理性去追求德性。当然，无论是早期还是成熟期的洛克，都从来没有像施特劳斯所说的那样在暗地里取消自然法，取消人的德性义务。相反我们可以说，洛克之所以要借助上帝来保证德福一致、之所以要反复强调人的自由能力和理性能力，其实恰恰是要为人的德性追求以及权利与德性的统一找到一种"实在"的基础。

尤其值得我们注意的是，尽管洛克的那种借助上帝来保证德福一致，从而为人的德性追求进而为权利与德性的统一寻找人性中的"实在"根据的做法，在当代政治哲学中显得有些不合时宜，但是这至少提醒我们，任何一种道德义务如果缺少了"实在"的根据，那么无论我们将之"点缀"得多么"光彩夺目"，它也会由于"一无所有"，由于无法为人类行为提供一种"实在"的动机，而导致"几乎无人愿意迎娶"①。这样一来，德性很容易就沦为一种空洞的说教，在此基础上也很难真正实现权利与德性的统一。

第三节 自由：权利与德性之统一的最终源泉

一、依据自由重释行为主体与行为动机

从前文对行为主体与行为动机的分析中我们已经可以看到，权利与德性的统一之所以可能的最终的人学根据，其实还是在于个人的自由。之所以这样说，从行为主体的层面来看，是因为那种有人格的个人本身就是一个自由的个人；而从行为动机的层面来看，则是因为理性与欲望的统一本身就是个人的自由能力的实质所在。

如前所述，从行为主体的角度来看，尽管每个人生来都无差别地享有上帝所赋予的自然权利，也负有上帝所赋予的德性或自然法义务，但是并非每个人都能够自觉地行使权利和追求德性，只有一个具备了人格的个人才能做到这一点。而个人之人格形成的标志，就在于他能够自觉地运用自身的自由能力。尤其重要的是，有人格的个人之所以能够自觉地行使权利和追求德性，一个重要的原因就

---

① ［英］洛克：《基督教的合理性》，见［英］洛克：《洛克宗教著作选集》，王爱菊、周玄毅译，香港：道风书社 2008 年版，第 161 页。

是因为他具备责任能力，因而能够对自身行使权利和追求德性的行为负责。而个人之所以具备责任能力，从根本来上说，也是因为他的自由能力，因为只有一个自由的主体才能够对自己的行为负责。由此可见，从行为主体的层面来看，只有一个自由的个人才具备自觉行使权利和追求德性的可能。也正是由于这个原因，洛克才明确指出，"道德的行为只能依赖于一个……拥有自由的主体的选择"①。而且他还指出，儿童尽管生来就平等地享有一切自然权利，但是只有在他们的自由能力真正成熟之后，只有在他们真正成为一个"自由人"之后，只有在他们真正能够"自由地处理一切"之后，他们才能真正摆脱父母的"统治和管辖权"（2.55）。更重要的是，既然只有一个自由的个人才能够自觉地行使权利和追求德性，那么从行为主体的层面来看，也只有这样一个自由的个人才有可能将二者统一起来。

　　而从行为动机的角度来看就更是如此。一方面，如果缺少了自由能力，行为主体就将沦为欲望的奴隶，这样的行为主体就将与动物无异，权利与德性也就都无从谈起了。因此洛克非常强调，如果人不想被无休止的欲望所决定，而想要追求一种更大的幸福，那么自由和理性这两种能力是缺一不可的。如果缺少了自由，那么无论我们的理性认为某种目的多么值得追求，但是由于我们不能自由地暂停那种无休止的欲望，也不能自由地去追求新的目的，那么这种理性的认识也是无效的。而如果缺少了理性，那么我们也无从判断某种目的是否更值得我们去追求，这样一来，纵然我们能够自由地行为，这种行为也是盲目的。因此洛克指出，"如果没有自由，则理解完全无效，如果没有理解，则自由（如果有的话）全无意义"（1.21.67）。而通过人的自由能力和理性能力的配合，人就可以不被当下的某种欲望所决定，转而追求某种更好的目的、更大的幸福。更重要的是，在洛克看来，理性与欲望的统一本身就是人的自由能力的前提条件或实质所在。因为洛克明确指出，"所谓人的自

---

　　① ［英］洛克：《伦理学通论》，见［英］洛克：《洛克宗教著作选集》，王爱菊、周玄毅译，香港：道风书社2008年版，第454页。

由，就是不受别物的支配，只受为判断所指导的欲望的支配"（1.21.71）。当个人的行为只受自己的判断（亦即理性）所指导的欲望支配时，这个人就是自由的。而在前文我们已经指出，理性对欲望的指导，或者说理性与欲望的这种统一，本身就是权利与德性之统一的行为动机层面的依据。这就等于说，从行为动机层面来看，自由同样是二者之统一的根据所在。

二、自由：权利与德性之统一的最终源泉

更进一步来看，自由之所以能够成为权利与德性之统一的人学根据，首要的原因就在于，权利与德性二者之所以可能，从根本上来说还是由于人的自由。如果缺少了自由，权利与德性二者本身都将无从谈起，就更不用说二者的统一了。

在洛克看来，正是个人的自由使权利得以可能。因为权利本来就"基于我们对某物的使用自由这一事实"（fol. 11）。只有当个人能够自由地采取各种行为来追求一切类型的幸福，能够自由地处置自身的生命、人格和财产时，这个人才有权利可言。奴隶之所以没有权利，奴隶制之所以"是一种可恶而悲惨的人类状态"（1.1），就是因为在奴隶制下，奴隶失去了"人类的天赋自由"（1.4），因而不能自由地处置自身及其所有物。同样的，德性也是因为自由才得以可能。因为从根本上来说，德性行为必须是一种自由的行为，一种不是出于个人自由选择的行为，即使它在事实上确实促进了社会幸福，它也不能称作一种德性的行为。

而从根本上来看，权利与德性二者其实都是人的自由的不同层次的体现。因为我们知道，人的自由本来就有着多个维度或层次①，而且洛克对这一点也有着清醒的认识。一方面，洛克明确指出，与理性、意志等一样，自由也是个人所具备的一种能力或属性

---

①　关于自由的不同类型或层次之间的区分与张力及其联系与统一的讨论，可参考［英］伯林：《自由论》，胡传胜译，南京：译林出版社 2003 年版；储昭华：《是自由的种类之分还是自由与权利之别——伯林"两种自由"理论再认识》，《学术界》2004 年第 4 期等。

（1.21.14；1.21.16）。作为一种能力，自由的根本特征就在于个人可以根据自身心灵的判断去选择实施或不实施某种在其能力范围之内的行为（1.21.8）。如果个人能够做到这一点，那么他就是一个自由的个人，反之则是不自由的。如前所述，这个意义上的个人其实是一种有着普遍本性的抽象的、"现成"的个人，而这个意义上的自由也同样是这种个人的现成能力或属性。前文已经指出，就其实质而言，权利乃是对于个人的趋乐避苦的普遍本性的肯定，作为一种规范性主张，它主张个人应当被允许自由地追求一切类型的幸福。而从这个角度来看，使权利得以可能的那种自由，其实也就是那种作为现成的、有着普遍本性的个人之现成能力或属性的"自由"，而权利则是这个意义上的自由的外化或落实。

另一方面，人的自由也必然体现为一种不断超越特殊的时空限制、向着自身的更高完善而前进的过程。正如洛克反复指出的，无论是从逻辑上还是从现实上来看，人与动物的一个重要的不同之处就在于，人从来不会满足于当下的某种具体目的或"尘世幸福"的实现，而必然会去追求某种更大的、更高的幸福。在洛克看来，这种幸福其实也就是人的永恒幸福或其本性的完善与德性的实现。永恒幸福并不是人所"经验到的一种状态"，而是一种需要人不断地超越当下自然欲望或尘世幸福的束缚"去寻求的目标"①。人的这种超越性追求既是因人的自由的存在而得以可能，它本身也是人的自由的另一个层次或维度的体现。

既然权利与德性从根本上来说乃是人的自由的不同层次或维度的体现，那么二者之间所存在的张力实际上也是自由的不同层次或维度之间的张力的体现。一方面，在洛克看来，人的自由的真正实现必然要落实或外化为一种普遍平等的权利，也就是洛克所说的自由地处置自身的生命、人格、财富等广义财产的权利。洛克反复指出，一个没有自由地处置自身广义财产的"天赋自由"的人，其实就只是一个奴隶而已（1.4）。这样的个人无论有着多么崇高的

---

① ［美］迈克尔·扎克特：《洛克政治哲学研究》，石碧球等译，北京：人民出版社 2013 年版，第 12 页。

超越性的德性追求，他也不能说是自由的。另一方面，对于洛克来说，人的自由又必然体现为上述的那种超越性追求。从这个角度来看，那种体现为普遍平等的权利的自由，又恰恰是对于人的自由的这一层次的限制或"遮蔽"。正是由于这个原因，洛克才反复强调，被尘世幸福所束缚、仅仅追求自身权利之实现的个人，并不是真正的、完全意义上的自由的个人。相反，一个人越是能够超越尘世幸福的束缚、越是能够朝着未来的永恒幸福而前进，他就越自由。从这个角度来看，自由的不同层次之间其实是存在着相当的张力的，而权利与德性之间的张力也正是这种张力的体现。

当然，尽管人的自由的不同层次之间存在着张力，但更重要的是，对于洛克来说，自由的这两个层次之间不仅可以而且应当统一起来。在洛克看来，尽管自然欲望与永恒幸福都能够成为人类行为所追求的具体目的，而且它们或者作为一种实然性的目的而在事实层面约束着人类行为，或者作为一种应然性的目的而在价值层面应当约束人类的行为，但是这些约束都不是必然的。因为人类既不会像动物一样完全受自然欲望的支配而必然地追求欲望的满足，也不会像神一样受到永恒幸福的支配而必然地追求至善或公共幸福。相反，人类可以凭借其实践理性在不同的目的之间进行判断和选择，并且通过实践理性来改变对象的"可意性"（2.21.69），使人产生不同的欲望，从而做出不同的行为。更重要的是，正因为人有着不同层次的自由，他才能够在尘世幸福与永恒幸福或公共幸福之间作出选择。也是由于人的自由的存在，他才既能够自觉地行使其自然权利，也能够自觉地履行其德性义务。在此基础上，也只有在此基础上，才谈得上权利与德性的统一。而无论是片面强调自由的现成性还是片面强调自由的超越性，实际上都不利于人的自由的真正实现。从这个意义上来看，权利与德性之统一不仅是因人的不同层次的自由之统一而得以可能，而且它们的统一其实也正是人的不同层次的自由之统一的体现。

第五章　个人所有权理论：
统一的理论基础

　　第二章从幸福的实现角度分析了权利与德性的洛克式统一的必要性，第三章和第四章分别从神学根据和人学根据两个角度分析了这种统一的可能性，在这些分析的基础上，接下来的四章所要解决的即这种统一的现实性问题，换言之，即洛克是如何在这些可能性根据的基础上现实地实现权利与德性的必要统一的。这种统一的实现包括了两个层面：理论层面的现实统一与实践层面的现实统一。后者主要从政治实践层面考察实践活动的诸主体（如国家、公民个人等）如何在现实的政治实践活动中实现权利与德性的统一，这是第八章所要解决的核心问题。在此之前我们还需要解决前一个问题，即从理论层面来看如何具体地实现权利与德性的统一，这是第五章到第七章所要完成的核心任务。

　　要从理论层面实现权利与德性的统一，首先需要解决的一个任务即为权利与德性建立起一个统一的理论分析框架，然后才有可能在这一框架内实现二者的理论层面的统一。在洛克这里，这一框架即其个人所有权理论。根据这一理论，无论是个人的自然权利还是其自然法上的德性义务，最终都源于个人所有权，因此只有从个人所有权理论出发才能实现二者的理论层面的统一。但问题在于，从这同一个理论框架出发，不同的研究者却对洛克的个人所有权的归属问题给出了不同的解读，并直接导致了他们在洛克的权利与德性关系问题上的巨大分歧。而要解决这些分歧，我们就必须返回到洛克的个人所有权理论本身，对个人所有权的辩护基础、权利客体、权利相对人等结构要素及其辩护模式进行深入的分析，这样才有可能为个人所有权的归属即其权利主体这一关键性问题找到一个有说服力的答案，并在此基础上最终确定洛克统一权利与德性的理论路径。

根据这一思路，本章将首先对个人所有权理论及其在洛克政治哲学中的地位进行考察，然后基于对个人所有权结构公式诸要素的分析，指出在这些要素中与权利和德性的统一问题关系最为密切的即个人所有权的权利主体问题或归属问题。正是围绕着这一问题，不同的研究者就上帝所有权与自我所有权的关系展开了激烈的争论，本节最后将依次考察一元论者和二元论者对于个人所有权归属问题的不同解读并指出各自的问题所在。

当然，对个人所有权的权利主体问题的考察离不开对其结构公式中的其他诸要素的分析，因此接下来的第六章将分别考察个人所有权的权利性质、辩护基础和权利客体问题，并在这些考察的基础上指出解决归属问题的关键在于解决"谁制作了什么"这一问题。在此基础上，第七章将首先围绕着"谁制作了什么"这一核心问题，从完备性辩护与中立性辩护两种辩护模式的区分出发，指出洛克对这一问题的回答并非基于其完备性的神学承诺、人性论或经验主义认识论等，相反，他所选择的是一种基于虚拟完备性辩护的真实中立性辩护模式。然后从制作者权利学说及其辩护模式出发，将洛克在个人所有权归属问题上的答案总结为政治上的完全自我所有与道德上的不完全自我所有，并从这一立场出发考察和总结洛克统一权利与德性的理论路径。

第一节　洛克的个人所有权理论

要实现任何两种东西的理论统一，首要的问题即为这二者找到一种统一的理论基础。这种理论必须满足如下几个条件：首先，它要建立起一种统一的解释或分析标准，以便从这种标准出发对二者作出逻辑上一致的解释或分析；其次，它还要在这些标准的基础上建立起一种关系模型，以便从这种模型出发对二者的关系作出合理的安排，包括排序、比较等。只有满足了这些条件，这种理论才能解决如下问题：第一，二者是否具有统一性；第二，这种统一的基础是什么；第三，这种统一的实现路径是怎样的。

在洛克这里，实现权利与德性之统一的理论基础即其个人所有权理论。① 这种理论可以从一种统一的个人所有权出发，同时对权利与德性的来源、内容、限度等作出解释，并且能够对二者究竟是一元的"原初—派生"关系还是二元的平行关系等作出判断，从而为解决二者是否及如何能够统一作出理论上的说明。因此本节将首先对洛克的个人所有权理论本身进行分析。

一、一般所有权的概念与结构

从形式上来看，"个人所有权"是广义或一般所有权的一种特殊类型。因此为了更好地理解洛克的个人所有权理论，我们有必要先对一般所有权的概念及其结构进行分析。

"所有权"（proprietary rights，ownership）是一个法律概念，简单来说它指的是所有者依法享有的对其所有物的占有、使用、收益和处分的权利。根据霍菲尔德（Wesley Hohfeld）对权利类型的经典划分，这种权利主要是一种主张权（claim-rights）。② 而根据格沃思（Alan Gewirth）对主张权的完整结构的分析，我们可以从形式上将所有权的结构总结为如下公式："A 由于 Y 而针对 B 享有对 X 的所有权。"这个公式包括五个要素，其中：（1）A 为所有权的权利主体（subject），即所有者；（2）X 为所有权的权利客体（object），即所有物；（3）B 为所有权的权利相对人（respondent），即负有相关义务（如未经授权不得使用他人的所有物）的存在者，如某个确定的他人或不确定的群体等；（4）Y 为所有权的辩护基础或根据（justifying basis or ground），即权利主体基于什么样的辩护基础或规范性理由而享有对权利客体的所有权；（5）所有权的性质

---

① S. Adam Seagrave. Self-Ownership vs. Divine Ownership：A Lockean Solution to a Liberal Democratic Dilemma. *American Journal of Political Science*，2011，55（3）：711.

② Wesley Hohfeld. *Fundamental Legal Conceptions*. New Haven：Yale University Press，1964：36ff. 参考 Alan Gewirth. The Epistemology of Human Rights. *Social Philosophy & Policy*，1984，1（2）：1.

（nature），如这种权利是完全的还是不完全的，等等。①

二、"法律范式"与个人所有权的特殊性

上述公式是通过对所有权概念的语义分析而纯粹形式性地分析出来的，因此这些结构要素是一切类型的所有权都必然内在地包含着的，个人所有权亦不例外。据此，我们就可以将个人所有权定义为所有者由于某种理由而针对相对人所享有的对个人的占有、使用、收益和处分的权利。

从中可以看到，个人所有权区别于通常意义上的所有权的一个最独特之处就在于，其权利客体或所有物并非一般意义上的"物"，而是区别于"物"的"个人"，因此任何类型的个人所有权主张要能够成立的话，都必须预设一个根本性的前提，即个人能够像物一样被拥有。而这一点恰恰是颇富争议的，例如康德就曾经主张，"只有物才能被拥有"，而"人不是物"，因此人不能成为所有权的客体。不过，与"人能够像物一样被拥有"这一命题一样，康德的前提"只有物才能被拥有"本身也只是一个未经证明的预设，因此正如柯亨指出的，它也是"完全值得质疑的"②。而从历史上来看，正如斯金纳、波考克（J. G. A. Pocock）等人指出的，至迟自罗马法所开启的实践哲学中的"以法律为中心的范式"（law-centered paradigm）开始，这一预设就已经为许多政治哲学家所接受。③

与源于古希腊的公民人文主义范式主要根据"德性和行动"将个人定义为"具有足以参与自治的人格"不同，这种法律范式首先根据法律意义上的"所有权"模式来界定人与物进而是人与人的关系。这样一来，物（res）就成为能够被"占有、让渡和管

---

① Alan Gewirth. The Epistemology of Human Rights. *Social Philosophy & Policy*, 1984, 1（2）: 1.

② ［英］G. A. 柯亨：《自我所有、自由和平等》，北京：东方出版社2008年版，第239页。

③ J. G. A. Pocock. Virtues, Rights, and Manners: A Model for Historians of Political Thought. *Political Theory*, 1981, 9（3）: 353.

理"因而能够被"分配"的所有物（property），与之相应，人则被定义为能够占有、让渡和管理所有物的"权利承担者和所有者（proprietor）"，人与物的关系就被转换为法律意义上的所有者与所有物的二元对立关系。更进一步，这种所有权模式也渗透到人与人的关系之中：一方面，人类关系"以物作为媒介"，因此"你"与"我"的关系就成为所有者与所有者的关系；另一方面，人本身作为广义的"物"的一部分也成为所有物，人与人的关系（包括人与自身的关系）也因此成为所有者与所有物的关系。① 例如，奴隶主与奴隶的关系，就被界定为法律意义上的所有者与所有物的关系。个人所有权理论由此登上了历史的舞台，并且影响至今。

三、个人所有权理论的诸问题

从这一定义及所有权的结构公式中我们可以看到，任何一种个人所有权理论都要解决如下几个方面的问题。

其一，个人能否及为什么能够成为所有权的权利客体即所有物，亦即上述个人所有权的根本性前提能否成立的问题。这一问题是个人所有权理论的前提性问题。如前所述，个人所有权理论的支持者一般是将这一前提作为预设而加以肯定和接受的。

其二，个人所有权的归属或权利主体问题，亦即个人归谁所有或谁是个人的所有者的问题。对这个问题的不同回答可能导致极其不同甚至完全相反的理论与实践后果。例如，假设个人完全为君主所有，那么"君要臣死，臣不得不死"的主张就可能因此而具备一种道德上的正当性。相反，如果"我是我自己的"，那么则有可能从逻辑上推导出"他们谁也没有干涉我的权利"的结论。② 它也因此成为个人所有权理论所要解决的核心问题。

---

① ［美］波考克：《德行、商业和历史：18世纪政治思想与历史论辑》，冯克利译，北京：生活·读书·新知三联书店2012年版，第65~68页。译文有改动，参考 J. G. A. Pocock. Virtues, Rights, and Manners: A Model for Historians of Political Thought. *Political Theory*, 1981, 9（3）：353-368.

② 鲁迅：《伤逝》，见鲁迅：《鲁迅全集》（第二卷），北京：人民文学出版社2005年版，第115页。

其三，个人所有权的性质问题，即权利主体所享有的个人所有权的具体内容（如对个人的占有权、使用权、收益权、处分权等）的性质（如排他的还是包容的、道德的还是政治的等）、限度（完全的还是不完全的等）与范围等。它决定了由个人所有权引申出来的权利与义务的内容、性质、限度与范围等。

其四，个人所有权的辩护基础问题，亦即所有者基于什么样的规范性理由而享有对于个人的所有权。这一问题之所以重要，是因为它直接决定着个人所有权的归属这一核心问题的答案。例如，如果我们将生育视为个人所有权的辩护基础，那么约翰只要能够证明自己在事实上生育了卡尔，就可以因此而主张自己享有对于卡尔这一个人的所有权。同样的，如果我们将原初所有者的让渡也视为个人所有权的辩护基础，那么琼斯只要能够证明约翰将对于卡尔的所有权让渡给了自己，就可以因此而主张自己享有对于卡尔这一个人的所有权。

其五，个人所有权的相对人及其相关义务问题。包括负有相关义务的相对人是谁，他负有怎样的义务，他应当以怎样的方式来尊重或保障权利主体的个人所有权等问题。例如，如果琼斯这一奴隶主享有对其奴隶卡尔的所有权，且这种所有权是完全的和排他性的，那么包括卡尔的父亲约翰在内的所有他人就都是这种所有权的相对人，他们均对琼斯负有不得杀死、伤害琼斯的所有物即卡尔的义务。

四、个人所有权理论的理论潜力

从上述对个人所有权理论的分析中可以看到，个人所有权理论在政治哲学中有着巨大的理论潜力。这种理论潜力体现在它不仅能够为某些具体的政治主张辩护，更重要的是，它还能够为政治哲学中的许多基础性问题提供一种综合性辩护，从而成为政治哲学的一种奠基性理论。之所以如此，是因为作为广义伦理学的一个分支学科，政治哲学所研究的对象无非就是政治领域中的人与人之间的关系问题。而且与经验性的政治科学不同，它对这种关系的研究乃是一种规范性研究。因此任何一种政治哲学都必须以对人与人之间的关系的规范性解释或说明为前提，只有在此基础上，它才能进一步对政治哲学的诸具体问题（例如权利、德性及二者的关系问题等）进行进一步的研究。而如前所述，个人所有权理论所提供的恰恰就是对这种关系的规范性解释或说明，特殊之处只在于其解释或说明的出发点是"所有权模式"。

正是由于个人所有权理论所具备的这种巨大的理论潜力，因此许多不同派别的政治哲学家都将其政治学说建立在这种理论的基础之上。例如，洛克的理论对手菲尔麦就主张上帝拥有对于个人的原初所有权，同时上帝通过授权而将这种所有权赋予了父亲或君主，因此君主享有对于其臣民的绝对权力，从而在个人所有权理论的基础上为君主专制主义作出了辩护。① 不仅如此，现代政治哲学中的许多重要流派（如左翼的马克思主义及右翼的自由主义）都试图将其核心的政治主张（如对剥削的批判或对自由民主制的辩护）建立在某种形式的个人所有权理论的基础之上。这一理论也由此成为自罗尔斯尤其是诺齐克以来的当代政治哲学的一个重要主题，而柯亨（G. A. Cohen）从马克思主义出发对自由至上主义的自我所有权主张的批判，更是使之成为当代"政治哲学焦点"之一。②

五、个人所有权理论在洛克政治哲学中的地位

从历史上来看，约翰·洛克是最早注意到个人所有权理论所具

---

① Filmer. *Patriarcha and Other Writings*. 北京：中国政法大学出版社2003 年版；[英] 洛克：《政府论》（上篇），瞿菊农、叶启芳译，北京：商务印书馆 1982 年版。

② 李凤华：《自我所有权：观点和议题》，《哲学动态》2017 年第 12 期，第 78 页。另外参考 S. Adam Seagrave. Self-Ownership vs. Divine Ownership：A Lockean Solution to a Liberal Democratic Dilemma. *American Journal of Political Science*, 2011, 55（3）；Janet Coleman. Pre-Modern Property and Self-Ownership Before and After Locke：Or, When did Common Decency Become a Private Rather than a Public Virtue？ *European Journal of Political Theory*, 2005, 4（2）；[英] G. A. 柯亨：《自我所有、自由和平等》，李朝晖译，北京：东方出版社 2008 年版等。

备的实践意义与理论潜力的政治哲学家之一。① 因此尽管洛克坚决反对菲尔麦提出的个人为父亲或君主所有的主张，认为这就等于在为政治实践上的家长主义、君主专制甚至是奴隶制辩护，但是他并没有因此抛弃个人所有权这一概念，相反他还提出并捍卫了自己的个人所有权理论，而且这种个人所有权理论在洛克的政治哲学中占据着一个突出的甚至是奠基性的地位。

作出这种判断和定位的根据在于，首先，仅仅从文本上我们就可以发现，洛克作出了与个人所有权理论有关的大量表述，例如"每个人对于他自己的人格拥有一种所有权。对此除他自己以外任何人都没有任何权利"（2.27），"人……是他自己的主人，是他自己的人格及其行为或劳动的所有者"（2.44），"人类都是一个全能的和无限智慧的创造者的创造物……他们就是他的所有物"（2.6），等等。这类表述在洛克的《政府论》等著作中比比皆是。

其次，更重要的是，洛克还对上述个人所有权理论的相关问题作出了解答，从而提出并捍卫了自己的独特的个人所有权理论。从上述引文以及后文的分析中我们可以发现，其一，洛克实际上接受了"个人能够像物一样被拥有"这一个人所有权理论的前提性预设。其二，洛克将个人所有权归诸上帝或/和个人自身所有，从而回答了个人所有权的归属问题。其三，洛克对这种所有权作出了排他性的性质规定，例如"除他自己（即个人自身——引者注）以外任何人都没有任何权利"（2.27），"他（即上帝——引者注）高兴让他们存在多久就存在多久"（2.6）等。其四，洛克从"制作者权利学说"出发对这种所有权的辩护基础作了说明，例如"因为人类都是一个……创造者的创造物……他们就是他的所有物"（2.6）等。其五，洛克还对这种所有权的权利相对人及其义务作出了规定，例如作为上帝所有权的相对人的个人就负有自我保存及保存全人类等义务。尽管洛克的这些回答存在着一些表面上的模糊甚至是矛盾之处，并且因此引起了学者们的争论，但是从这些回答

---

① 李风华：《自我所有权：观点和议题》，《哲学动态》2017 年第 12 期，第 77 页。

我们也可以看到，洛克实际上不仅提出了自己的个人所有权理论并对之作出了论证，而且这种理论与其他类型的个人所有权理论相比还有着自身的独特之处。例如在上帝所有权的地位及其与自我所有权的关系问题上，洛克的回答就与无论是菲尔麦还是当代自由至上主义者等有着显著的差异。

最后，洛克不仅提出并捍卫了自己的个人所有权理论，而且还将自己的整个政治哲学都奠基在这种理论之上。不仅是自然权利与自然法义务都可以从个人所有权理论中引申出来，而且其社会契约论、有限政府理论、革命学说等都以这种理论为必要的前提。例如，个人之所以有权订立契约让渡自己的权利，就是因为他们都是某种意义上的自我所有者。更简单地说，洛克实际上是从所有权模式出发，将作为政治实践活动主体的个人都理解为个人所有权结构公式中的所有者或所有物，并以此来构造自己的政治哲学。而且正如后文将要证明的，权利与德性及其统一性亦可以从这种模式中得到解释。

从历史上来看，洛克的个人所有权理论不仅对后世包括马克思主义与自由主义在内的主流政治哲学产生了深刻的影响（例如其对马克思的"劳动所有权"学说及对诺齐克的自由至上主义理论等的影响），而且更重要的是，如果说法律范式与公民人文主义范式在历史上曾经长期分庭抗礼，那么洛克将其政治哲学奠基在个人所有权理论之上的做法，则开启了政治哲学从传统的公民人文主义范式向现代法律范式转变的先河，并且因此对整个现代政治哲学的发展方向产生了极其深远的影响。①

第二节　个人所有权理论作为统一的理论基础

在洛克的个人所有权理论与权利与德性的理论统一之间，存在

---

①　参考［美］波考克：《德行、商业和历史：18 世纪政治思想与历史论辑》，冯克利译，北京：生活·读书·新知三联书店 2012 年版；C. B. Macpherson. *The Political Theory of Possessive Individualism: Hobbes to Locke.* Oxford: Oxford University Press, 1990.

着一个理论中介，这一中介即洛克的"法律模型"。这一模型的中介作用体现在，首先，从形式上来看，权利与德性义务的内容及其正当性都直接地源于这一模型，尤其是立法者的意志及其对于受法律约束者即个人的权威。其次，在洛克这里，立法者等同于所有者，其权威源于他对于个人的所有权。据此就可以合乎逻辑地推论出，权利与德性义务的内容及其正当性源于个人所有权，二者是否及如何能够实现理论上的统一的问题，也可以且应当在个人所有权理论框架内得到判断与解决。因此本节将首先对洛克的"法律模型"进行分析，考察这一模型如何能够成为二者统一的形式上的理论基础，然后从规范性辩护角度考察这一法律模型与个人所有权理论之间的内在联系，并在此基础上解释个人所有权理论如何能够成为权利与德性之统一的理论基础或框架。

一、洛克的"法律模型"：统一的形式性理论基础

如前所述，根据"法律范式"与"公民人文主义范式"这一区分来看，洛克的政治哲学属于典型的法律范式，其"很大程度上都是围绕着神、自然和法这些概念组织起来的"①。在这种范式中，无论是权利还是德性都是根据法律话语体系得到解释的。因此我们有必要将权利与德性置入到洛克的"法律模型"之中来加以考察。本书第三章曾从自然法的视角出发对这一模型进行过简要的考察，这里我们从一种更加一般的层面来考察这一问题。

在洛克看来，任何一种严格意义上的法都包含着三个必要的要素，即立法者、义务和约束力。② 义务规定了受法律约束者应当或不应当做什么，它是一种法的具体内容和"恰当功能"（fol. 12），因而不可或缺。同样不可或缺的是法的约束力，它可能体现为奖励或惩罚等，如果缺少了这种约束力，那么法就将沦为一纸空文。而

---

① ［美］波考克：《德行、商业和历史：18 世纪政治思想与历史论辑》，冯克利译，北京：生活·读书·新知三联书店 2012 年版，第 55 页。

② 霍伟岸：《洛克权利理论研究》，北京：法律出版社 2011 年版，第 102～104 页。

立法者这一要素则主要回答了这种法的内容及其正当性的来源问题，在洛克看来，法是立法者这一"更高意志的命令，法的形式上的原因似乎就在于此"（fol. 13）。如果立法者对于受该法约束的人享有一种"权利"、"权力"或"支配权"（lordship）（fol. 81），那么他就可以正当地运用自身的意志对那些人进行立法，从而赋予其义务。

从形式上来看，个人所负有的一切德性义务实际上都可以根据该模型得到解释。首先，德性义务的内容源于立法者的意志，是立法者意志的具体体现。其次，更重要的是，德性义务的正当性也源于立法者对于受法律约束者所享有的权利或支配权。不仅如此，个人所享有的权利实际上也可以从这种模型中得到解释，这种解释有两种可能。第一，如果立法者是高于受法者的某种"位格"（person），那么虽然受法者首先负有对立法者的义务，但是立法者也同样可以通过授权或让渡的方式赋予受法者一定的权利，从而为个人权利的来源与正当性提供基础。洛克在《政府论》中就曾多次以虚拟的语气提到，即使上帝享有对其所创造的一切造物的所有权，但是这也不意味着人类及其个体就没有任何权利了，因为上帝也曾明确地将土地、果实等造物授权给人类来使用。第二，如果立法者与受法者是平等的"位格"，那么这种立法实际上就是平等者之间的一种契约法。在此，立法者与受法者实际上就是同一批具有平等"位格"的诸个人，他们本来就享有各自对自身的权利或支配权，因此契约法无非是对这种权利的执行方式等的分配安排而已。因此从形式上来看，个人的权利与德性义务的内容及其正当性实际上都可以根据这一法律模型，尤其是其中的立法者的意志及其权威性来加以解释。

从上述分析中我们也可以看到，这一模型实际上也包含着对于权利与德性的关系的说明，因此它就有可能至少从形式上为二者的统一提供一种理论框架。但问题在于，这一模型中还存在着一个极其关键甚至是根本性的问题：谁享有对于个人的权利或支配权并且因此有资格成为个人的立法者，他享有这种权利或支配权的规范性理由何在。由于这一模型本身并不能够或并未尝试对这一问题作出说明，因此它只是一个解决权利与德性之统一的形式性的理论框架。这样我们就必须转入到一种具有更加实质性的规范性内容的理论框架中去，而这一理论框架即洛克的个人所有权理论。

二、洛克的个人所有权理论：统一的规范性理论基础

对于洛克来说，立法者对于个人的正当的支配权源于其对于个人的所有权。例如，"他们（即人类——引者注）就是他（即上帝——引者注）的所有物……他高兴让他们存在多久就存在多久，而不由他们彼此作主"（2.6），在此，上帝对于包括所有人类个体在内的整个人类的支配权就源于他对于人类的所有权。我们可以将之总结为，"所有权蕴含支配权"。这一点之所以能够成立，最简单的原因就在于，对于洛克来说实际上支配权无非就是所有权的权利内容的一种，除了支配之外，所有权的内容还包括占有、使用、收益等。据此我们也可以合乎逻辑地推导出，立法者就等于所有者，或者说，个人的所有者因其为所有权所蕴含的支配权而理所当然地享有对于个人的立法权。这样一来，以"法律模型"为中介，洛克就在个人所有权理论与权利与德性的规范性来源之间搭起了一座桥梁。

据此我们就可以从个人所有权理论这一理论基础或框架出发，对洛克的自然权利与自然法的德性义务的内容及其规范性的来源作出一种统一的解释了。后文将对几种可能的解释作出更详细的说明，这里我们仅以一元论的上帝所有权作为例证来简单地说明这一点。假设洛克像上帝一元论者那样主张一种对于个人的单一的上帝所有权，那么上帝作为所有者并且因此作为立法者，就享有对于个人的完全的占有、使用、收益和处分的权利，因此"他高兴让他们（即包括所有人类个体在内的全人类——引者注）存在多久就存在多久"（2.6）。这样一来，在上帝面前，人类个体就不享有任何权利而只负有对上帝的义务。根据洛克，这种义务至少包括两个方面，一是保存自身的义务，二是在保存自身不成问题的情况下保存上帝的其他造物尤其是其他人类个体的义务。当然，这种义务还

包括礼拜上帝从而获得拯救的义务，等等。① 就权利而言，虽然个人不享有对上帝的权利，但是就人类个体彼此之间而言，由于他们是上帝的所有物而非彼此的所有物，因此他们就相对于彼此而享有不受侵犯，进而是获得保存的权利。除此之外，由于上帝将对于个体的使用权赋予了个人自身，因此个人就享有一种有限的或不完全的自我所有权。同时，为了方便个人的自我保存，上帝还将对于土地及其上的果实、低等动物等造物的所有权赋予了人类共有（2.26），那么人类就还享有对于这些造物的使用权。这样一来，洛克就可以从上帝所有权出发，对于人类个体的权利与德性作出统一的解释与说明了。

　　个人所有权理论不仅能够对权利与德性的内容及其规范性来源作出统一的解释，而且还能够在其理论框架内对二者的关系作出统一的说明。以上述上帝一元论为例，根据这种解读，个人所负有的首先是相对于上帝的保存自我与全人类的德性义务，而其所享有的权利则直接地派生自这种义务，并且因此应当受到这种义务的约束。换言之，根据上帝一元论，二者处于一种"原初—派生"的关系之中，它们的统一实际上最终是统一于义务之上的，并以一元的上帝所有权为最终的统一基础。当然，这种形式的统一并非本书追求的目标所在，但是这个例子已经清楚地表明了个人所有权理论在实现二者统一方面所具有的理论潜力。

　　由此可见，个人所有权理论确实满足了一种能够实现权利与德性之统一的理论基础所应当满足的两个条件，因此可以成为一种统一二者的规范性的理论基础。值得注意的是，第二章在分析二者统一的必要性时，曾将"幸福的实现"作为这种统一之必要性的理由，并从这一理由出发对二者作出了统一的解释。就此而言，洛克的幸福观似乎也能够充当这种统一的理论基础与框架。这一点并无疑问，但是它与个人所有权理论这一框架的区别在于，幸福的实现主要是作为权利与德性的实质性的规范性诉求或目标而存在的，个

---

　　① ［英］詹姆斯·塔利：《论财产权：约翰·洛克和他的对手》，王涛译，北京：商务印书馆2014年版，第63~71页。

人所有权理论虽然最终也以这种规范性诉求为价值依据，但是至少从直接的理论论证角度来看，洛克为实现这种理论层面的统一而直接诉诸的还是个人所有权理论，因为这一理论更能够从规范性理由或辩护层面为这种统一提供论证或辩护的基础。这也是本章及后面的两章将对二者理论层面之统一的分析聚焦于洛克个人所有权理论之上的原因所在。

第三节　上帝所有权 vs. 自我所有权：个人所有权的归属难题

根据上述分析我们可以发现，在个人所有权结构公式的几大要素中，与权利和德性的内容及其规范性的来源，以及二者的理论统一路径关系最为直接且密切的，乃是个人所有权的归属问题，亦即个人所有权的权利主体究竟为谁的问题，因此我们应当首先对这一问题作出解答。不过，由于洛克对这一问题的回答具有一种至少是表面上的模糊性，因此它也引起了诸多学者的争论，由此所形成的"洛克个人所有权归属难题"也成为当前学界关注的一大焦点。因此我们有必要首先对这一难题及相关争论进行深入的分析，只有在此基础上才有可能找到问题的症结所在，也才有可能提出一种较好的解答。

一、上帝所有权 vs. 自我所有权：个人所有权归属难题

之所以说在个人所有权诸结构要素中，权利主体这一要素与权利和德性及其统一关系最为密切，是因为这一要素不仅在个人所有权结构中居于核心地位，而且它也直接决定了个人所负有的德性义务和所享有的权利究竟源自何处、其相对人是谁、有哪些具体内容、二者的关系如何等一系列问题的答案。例如，如果个人完全为上帝所拥有，那么他首先负有的就是对于上帝的诸种义务，而个人所享有的权利也首先派生自这种义务。相反，如果个人完全为自身所拥有，那么他首先享有的就是从这种自我所有权中引申出来的权

利，而其义务则派生自这种权利。由此可见，为了在个人所有权理论的框架中实现权利与德性的统一，洛克首先要解决的就是个人所有权的权利主体或归属问题。而正是在这一问题上，洛克的文本中存在着一些至少是表面上的模糊或冲突之处，它也因此引起了学者们的不同解读及争论。

在《政府论》上篇中，洛克首先从反面对这个问题给出了明确的回答。他不仅坚定地拒绝了菲尔麦所提出的个人为君主或父亲所有的主张，认为这就等于在为政治实践上的专制主义辩护，同时也拒绝了个人为自身之外的任何特殊人类个体所有的主张，认为这种所有权不仅缺乏充分有效的证据，而且有可能导致奴隶制这种"可恶而悲惨的人类状态"（1.1）。

与之相比，洛克对这个问题的正面回答则远没有那么明确。一方面，洛克说过"每个人对于他自己的人格拥有一种所有权"（2.27），"人……是他自己的主人，是他自己的人格及其行为或劳动的所有者"（2.44）。就此而言，洛克似乎是在主张一种个人为其自身所有的自我所有权。更重要的是，这种自我所有权还呈现出了一种明确的"排他性"（exclusiveness）① 特征，因为"除他自己（即个人自身——引者注）以外任何人都没有任何权利"（2.27）。这就意味着，个人为且仅为自身所拥有，个人所有权的权利主体有且仅有一个，即个人自身。但是另一方面，洛克又反复提到"人在他出生时对于这个世界上的任何事物都没有多于别人的权利"②，这里的"任何事物"也包括了个人自身。从正面来看，"人类都是一个全能的和无限智慧的创造者……的所有物"（2.6）。就此而言，洛克似乎又在主张一种个人为上帝所有的上帝所有权。而且这种权利也同样呈现出了明确的排他性特征，因为上

---

① ［英］詹姆斯·塔利：《论财产权：约翰·洛克和他的对手》，王涛译，北京：商务印书馆2014年版，第129页。

② John Locke. *Political Essays*. Cambridge：Cambridge University Press，1997：268.

帝"高兴让他们（即包括每一人类个体在内的全人类——引者注）存在多久就存在多久，而不由他们彼此作主"（2.6）。这就意味着，个人所有权的主体有且仅有一个，即上帝。

这样一来，在洛克那里似乎就存在着两种不同类型的个人所有权，即自我所有权与上帝所有权。而且如果两种权利都是排他性的，那么两种个人所有权之中就有且仅有一种为真。问题在于，洛克在其文本中对这两种个人所有权都给予了肯定的表述。这就留下了一个难题：在洛克那里，对于个人的上帝所有权与自我所有权究竟是一种什么样的关系？换言之，个人究竟为上帝还是其自身所有，又或者同时为二者所有？由于洛克至少从表面上来看并未对这个问题作出明确的回答，这就为学者们的不同解读留下了极大的空间，并且引发了不同学者之间的激烈争论，"洛克个人所有权归属难题"也由此成为当前洛克学界争论的一大焦点。

二、洛克的多重目标：难题的原因

洛克在这一问题上的模糊不难理解，它既与洛克自身思想来源与立场的复杂性有关，又与洛克所面临的那个时代的信仰与思潮的复杂性有关，同时也与洛克自身的理论意图有关。

一方面，无论洛克的经验主义认识论思想可能会具有怎样的反宗教神学意蕴，会对基督教信仰构成多大的挑战，他的基督教信仰的虔诚性都是毋庸置疑的。无论是前期洛克的奠基在基督教信仰之上的《自然法论文集》等著作，还是成熟期洛克的包含着复杂的基督教因素的《人类理解论》与《政府论》等著作，抑或晚期洛克的从理性角度为基督教信仰作出辩护的《基督教的合理性》等著作，都证明了这种信仰的虔诚性及其对洛克思想的深刻影响。就连试图将洛克的"政治哲学的规范性结论"从其神学承诺中"悬置"起来的约翰·塔特也承认，"作为一个真诚的基督徒，洛克在更加广泛的意义上将整个世界，甚至是政治世界都视作上帝之造物的一部分"。就此而言，洛克确实有可能将对于个人的所有权归诸基督教的上帝。因此当代洛克研究界的重要代表如约翰·邓恩、沃尔德伦等就主张，离开了基督教神学这一基础，洛克的政治哲学就将变得无法理解。①

但是另一方面，洛克又是一个经验主义认识论专家和现代自由主义的开创者。为了反对菲尔麦等人的奠基在基督教信仰之上的君主专制主义，洛克也有可能在其经验主义认识论的基础上支持一种世俗化的自我所有权。正如第一章已经指出的，施特劳斯学派就坚定地主张，洛克从基督教神学出发为其政治主张所作的辩护更多的是出于一种"明智"和"谨慎"，其实质性辩护最终还是建立在其经验主义认识论与人性论的基础之上。② 约翰·塔特也认为，尽管洛克有着虔诚的基督教信仰，但是他的规范性的政治结论还是可以从这种信仰中悬置起来而得到独立的辩护的。

由此可见，洛克自身思想来源与立场的复杂性确实使得他既有可能支持一种宗教性的上帝所有权，也有可能支持一种世俗化的自我所有权。但问题在于，宗教神学与世俗化的经验主义认识论未必能够兼容，甚至在洛克文本内部双方就往往处于一种紧张甚至是冲突之中。洛克自身也明确地意识到了这一点，并且为调和二者付出了巨大的努力。但是对于这种努力是否获得了成功，很难说洛克有完全充分的把握，这就使得洛克本人在处理上帝所有权与自我所有权的关系时变得异常谨慎，也给我们的解读留下了很大的困难。

此外我们知道，洛克身处的时代正是英国乃至整个欧洲发生剧变的时代。不仅在现实政治实践中出现了一系列尖锐的斗争，诸如内战与革命等，而且在思想上也呈现出一种异常复杂的局面。一方面，信仰上的基督教信仰与自然神论及无神论之间，政治思想上的传统自然正当论与现代自然权利论之间，认识论上的理性主义与经验主义之间都出现了尖锐的冲突。另一方面，即使在基督教信仰内部也出现了天主教与新教之间，以及新教内部各教派之间的尖锐冲

---

① John Tate. Dividing Locke from God: The Limits of Theology in Locke's *Political Philosophy*. *Philosophy and Social Criticism*, 2013, 39（2）. 另外参考〔美〕杰里米·沃尔德伦：《上帝、洛克与平等——洛克政治思想的基督教基础》，郭威、赵雪纲等译，北京：华夏出版社2015年版。

② 霍伟岸：《洛克权利理论研究》，北京：法律出版社2011年版，第35~42页。

突，而在君主专制主义者内部也同样存在着菲尔麦式的神学辩护与霍布斯式的世俗辩护之间的冲突。而且这些冲突还与现实政治实践的冲突交织在一起，越发加剧了形势的复杂性。换言之，罗尔斯所谓的宗教上的、哲学上的、道德上的"完备性学说"的"多元主义事实"并非晚期现代社会或当代社会才出现的，相反，早在洛克所处的早期现代社会或近代社会，这一局面就早已出现。[①] 而且就这种多元主义事实所导致的现实政治实践的冲突之剧烈性而言，洛克的时代与今天相比毫不"逊色"，甚至有过之而无不及。

洛克本人既清醒地认识到了他的时代已然出现的这种多元主义事实，同时我们也可以发现，他还试图"向那些经常被信仰分裂开来的众多不同的政治读者辩护"其"政治哲学的规范性结论"。[②] 这就使得他面临着与罗尔斯等当代学者一样的"公共辩护"[③] 难题："政治读者"或真实公民持有迥然相异甚至截然相反的完备性学说，那么一种规范性的政治主张应当从怎样的辩护资源出发才能在这些读者或公民面前得到公共辩护呢？在完备性学说的多元主义事实与规范性政治主张的一定程度上的普遍主义诉求之间所存在的这种矛盾，无疑进一步加剧了洛克处理自我所有权与上帝所有权的关系的难度。

总的来看，这些复杂性、矛盾性与困难性的根源还是在于传统与现代之间的张力。无论从认识论、人性论、政治哲学、宗教信仰等思想文化层面来看，还是从现实的政治实践层面来看，洛克都不仅身处传统与现代的历史交汇期，而且他本人就是一个推动人类社会从传统向现代转型的关键性人物。更重要的是，与施特劳斯学派和剑桥学派都试图将洛克解释为一个"单向度"的政治思想家

①　John Rawls. *Political Liberalism*：*Expanded Edition*. New York：Columbia University Press，2005：35-40.

②　John Tate. Dividing Locke from God：The Limits of Theology in Locke's Political Philosophy. *Philosophy and Social Criticism*，2013，39（2）：133.

③　关于"公共辩护"概念及其内涵可以参考罗尔斯的相关论述。见 John Rawls. *Political Liberalism*：*Expanded Edition*. New York：Columbia University Press，2005：387-388.

（即要么是绝然现代的自然权利论者，要么是一个非常传统的自然法理论家）不同，实际上洛克本人不仅意识到了传统与现代之间的这种张力，而且他还希望能够最大限度地克服这种张力。对于洛克来说，传统与现代并非一个非此即彼的选择问题，而是一个如何克服张力、实现统一与融合的问题。

但是问题在于，传统与现代之间本身就存在着巨大的张力，甚至在很多问题上都是背道而驰的，这种张力与矛盾也进一步加剧了洛克处理上帝所有权与自我所有权关系的难度（并且也因此而加剧了洛克实现权利与德性之统一的难度）。诚然，这些困难的存在并不意味着洛克无力处理上帝所有权与自我所有权的关系，但是它们的确使得洛克的处理方式（至少从表面上来看）变得不那么直接明确，并且因此引出了研究者们迥然相异甚至截然相反的解读。

第四节　一元论 vs. 二元论：统一的不同理论路径

一、原初所有权主体的数量与关系：区分标准

由于个人所有权理论在洛克政治哲学中的这种基础性地位，当前洛克学界的一些主流派别（如施特劳斯学派、剑桥学派、马克思主义学派等）及其中的一些代表人物（如迈克尔·扎科特、詹姆斯·塔利、C. B. 麦克弗森（C. B. Macpherson）、戈帕尔·史瑞尼瓦森等）都对这一问题给予了重点关注与研究。① 另一方面，由

---

① 霍伟岸：《洛克权利理论研究》，北京：法律出版社 2011 年版；[美] 迈克尔·扎克特：《洛克政治哲学研究》，石碧球等译，北京：人民出版社 2013 年版；[美] 迈克尔·扎克特：《自然权利与新共和主义》，王崇兴译，长春：吉林出版集团有限责任公司 2008 年版；[英] 詹姆斯·塔利：《论财产权：约翰·洛克和他的对手》，王涛译，北京：商务印书馆 2014 年版；C. B. Macpherson. *The Political Theory of Possessive Individualism*: *Hobbes to Locke*. Oxford: Oxford University Press, 1990; Gopal Sreenivasan. *The Limits of Lockean Rights in Property*. Oxford: Oxford University Press, 1995 等。

于这一问题本身的复杂性及洛克文本的表面模糊性甚至是矛盾性，以及这些派别和代表人物自身思想立场的差异性，使得各派在洛克个人所有权归属问题上的观点出现了极大的分歧，并且由此导致了他们在如何解读洛克思想中的权利与德性之关系问题上也出现了极大的争论。

这些争论与分歧一方面揭示出洛克思想中的一些为以往的研究所忽视的侧面，充实和丰富了我们对于洛克个人所有权思想的理解，使得已有数百年历史的洛克研究焕发出了新的活力，形成了一个洛克研究的"新高潮"；另一方面也使得洛克的"面孔"变得空前复杂与难以辨识，并加深了我们在认识与理解洛克政治哲学方面的困难。例如，正如第一章已经指出的，在传统的政治思想史研究中，洛克往往是以现代自由主义的早期开创者与现代自然权利论的奠基人的身份出现的，但是在一些剑桥学派学者的笔下，洛克却变得越来越"共和主义化"，越来越成为"一位大体上追随阿奎那和胡克的步伐的自然法理论家"[1]。

因此，为了澄清洛克在个人所有权归属问题上的基本立场，还原一个更加真实与融贯的洛克，我们有必要对当前学界在这一问题上的一些较有代表性的解读及各自的立场、观点、论证等进行一些简单的梳理。只有在吸收各方解读的优势、避免各方解读的弊端的基础上，才有可能对洛克个人所有权归属问题作出一种更加合理的解读。

为了对这些解读予以适当的简化，我们可以首先根据原初权利主体的数量将研究者们在洛克个人所有权归属问题上的主张区分为一元论与二元论。前者主张在洛克那里个人原初地为且仅为上帝或个人自身即自我这个单一权利主体所有，后者则主张个人可以原初地同时为上帝和自我两个权利主体所有。[2] 在此需要注意的是，从

---

[1] S. Adam Seagrave. Self-Ownership vs. Divine Ownership: A Lockean Solution to a Liberal Democratic Dilemma. *American Journal of Political Science*, 2011, 55 (3): 712.

[2] S. Adam Seagrave. Self-Ownership vs. Divine Ownership: A Lockean Solution to a Liberal Democratic Dilemma. *American Journal of Political Science*, 2011, 55 (3).

来源上看个人所有权存在着原初与派生之分，例如某些一元论者可能主张，上帝因其创造了个人而享有对个人的原初所有权，但是上帝可以将这种原初所有权部分地授权给个人自身，从而使后者派生性地享有有限的自我所有权。因此一元论与二元论区分的关键并不在于个人所有权的实际主体的数量（因为一元论也可以像二元论一样主张上帝和自我同时实际地享有对于个人的所有权），而在于原初主体的数量。

此外，根据原初权利主体究竟是谁这一标准，又可以将一元论区分为上帝一元论与自我一元论。前者主张在洛克那里个人原初地为且仅为上帝所有，后者则主张这一权利主体为且仅为个人自身。而根据两种原初权利主体所享有的个人所有权的关系，也可以将二元论区分为嵌套式二元论与策略式二元论。前者主张这两种所有权是嵌套式地并存在同一个人之中，后者则主张这两种所有权意蕴基本相同，可以同时为洛克所主张，洛克的这种做法其实是为了增强自己论证的说服力而采取的一种论证策略。接下来我们将依次对这四种解读在洛克个人所有权归属问题上的基本主张及各自的难题进行考察。

二、上帝一元论 vs. 自我一元论

如前所述，一元论可以分为上帝一元论与自我一元论。其中前者以剑桥学派为代表，主张在洛克那里只存在着原初的上帝所有权，自我所有权则是从上帝所有权中派生出来的，是上帝授权给人类的对其所有物（即个人）的"使用"而非"占有"方面的"自由"。[1] 据此，个人所负有的首先就是随上帝所有权而来的对于上帝的自然法义务（如保存上帝的"所有创造物"的义务），随自我所有权而来的自然权利则派生自这些义务，并且主要作为"实践人类另一组道德义务——那些高于让自己和他人得以生存并获得舒

---

[1] S. Adam Seagrave. Self-Ownership vs. Divine Ownership: A Lockean Solution to a Liberal Democratic Dilemma. *American Journal of Political Science*, 2011, 55 (3).

适生活的宗教义务——的必要手段"而存在。① 后者则以施特劳斯学派为代表，主张在洛克那里只存在着原初的自我所有权，所谓的上帝所有权只是"谨慎的洛克"为了避免迫害或便于传播而刻意制造的伪装。② 据此，个人所享有的首先就是随自我所有权而来的各种自然权利，自然法义务则派生自这些权利，它们只是为了更好地自我保存而对彼此权利做出的限制。

两种一元论对洛克个人所有权归属问题所作出的这些截然相反的解读，源于双方对洛克思想不同侧面的强调，并且由此导致了双方旷日持久的争论。上帝一元论者对洛克的基督教信仰给予了充分的重视，并且试图将洛克的个人所有权理论奠基在（哪怕是"最低限度的"）神学承诺之上，洛克也由此被界定为"一位大体上追随阿奎那和胡克的步伐的自然法理论家"③。他们据此批评自我一元论者忽视了洛克思想与自然法传统的连续性，并且因此无法对洛克文本中所充斥的大量神学性的上帝所有权话语作出令人信服的解释。相反，自我一元论者则更加强调洛克与传统的断裂，并且试图将洛克的自我所有权奠基在已然"祛魅"的经验主义认识论或人性论之上，洛克也由此被界定为"一位现代的自然权利理论家"④。他们据此批评上帝一元论者忽视了洛克思想的创新性与现代性，而且也无法解释为什么洛克的政治哲学会在现代读者那里产生如此持久且深刻的影响。不过，尽管存在着这些差异，作为一元论者双方还是分享了"原初的上帝所有权与自我所有权的不兼容

① ［英］詹姆斯·塔利：《论财产权：约翰·洛克和他的对手》，王涛译，北京：商务印书馆 2014 年版，第 233 页。

② 霍伟岸：《洛克权利理论研究》，北京：法律出版社 2011 年版，第 35~42 页。

③ S. Adam Seagrave. Self-Ownership vs. Divine Ownership：A Lockean Solution to a Liberal Democratic Dilemma. *American Journal of Political Science*, 2011, 55（3）：712.

④ S. Adam Seagrave. Self-Ownership vs. Divine Ownership：A Lockean Solution to a Liberal Democratic Dilemma. *American Journal of Political Science*, 2011, 55（3）：712.

性"这一共同的假设，这意味着洛克只能支持一种单一的个人所有权主张。而在一些研究者看来，这种一元论假设不仅没有正视洛克所面临的多元主义事实，而且也无力解决洛克文本中充斥的两种个人所有权论述之间的冲突，因此他们转向了二元论的解读模式。

三、嵌套式二元论 vs. 策略式二元论

如前所述，二元论可以分为嵌套式二元论与策略式二元论。其中前者以西格雷夫为代表，主张洛克的"个人"可以被分为"实体—人"和"人格—自我"两个层面，前者为上帝原初所有，后者则为个人自身原初所有，两种原初个人所有权以一种"嵌套"的方式"共存于单个人类身上"，从而被整合进了一个统一的框架。与一元论相比，这种嵌套式二元论无疑同时考虑到了洛克文本中的原初上帝所有权论述和原初自我所有权论述，并且以一种特殊的"嵌套"方式消除了两种原初论述表面上的不一致。但是这种"嵌套"又面临着另一个难题：上帝所有权依赖于一种"最低限度的"神学承诺，自我所有权则依赖于一种经验主义认识论，这两种"完备性学说"处于紧张甚至相互冲突的关系之中，源于这两种学说的原初自我所有权应当以一种怎样的方式相互"兼容，甚至彼此处于一种深刻的和谐之中"① 呢？

策略式二元论以迈克尔·扎科特为代表，主张洛克的个人所有权理论服务于为其自然权利学说提供论证基础这一目的，而自我所有权论证与上帝所有权论证"具有一致的或至少重合的意蕴"，最终都可以完成这一任务，所以"去分辨它们之中谁更正确就并不是一件紧要的事"（同时也是一件不容易的事），洛克只需要将两者都作为"可供选择的论证"提供出来供读者自行选择即可。扎科特的方案既避免了一元论非此即彼的偏颇，又消解了嵌套式二元论的完备性学说的兼容难题，同时也考虑到了洛克所面临的多元主

---

① S. Adam Seagrave. Self-Ownership vs. Divine Ownership：A Lockean Solution to a Liberal Democratic Dilemma. *American Journal of Political Science*, 2011, 55（3）：710-723.

义事实，因此显得较有说服力。但是由于其中的两种论证的"一致程度"及"相互之间的关系还远不清楚"，因此这些所谓的论证就有可能沦为一种单纯的宣传策略。① 这样一来，洛克就只是为了更好地宣传自身的政治主张而策略性地诉诸人们已经或可能接受的宗教、形而上学或认识论等完备性学说，这些主张也因此而缺乏一种规范性的辩护基础与评价标准，而这正是扎科特所要极力避免的。

由此可见，对洛克个人所有权归属难题的解决，必须考虑到洛克思想体系中所包含的多种完备性学说，并且对它们的关系以及洛克的辩护模式作出准确的把握。不过在此之前，我们还需要对个人所有权的结构公式中的其他要素进行考察。之所以这样说，是因为尽管解决权利与德性关系问题的关键在于个人所有权的权利主体或归属问题，但是个人所有权作为一个整体，其内部诸要素之间并不是孤立的，而是有着内在的逻辑联系。这就意味着，我们要想更好地解决洛克个人所有权归属难题，就必须对个人所有权的权利性质、辩护基础、权利客体等要素进行更加深入细致的分析，而这正是下一章的任务所在。

---

① ［美］迈克尔·扎克特：《洛克政治哲学研究》，石碧球等译，北京：人民出版社 2013 年版，第 5、6 页。

第六章 制作者权利学说：
个人所有权的辩护基础

本章继续探讨个人所有权理论框架之内的权利与德性之统一的理论路径。从第五章的分析中可以看出，解决统一的理论路径问题的关键在于解决个人所有权的归属难题，换言之，即如何处理上帝所有权与自我所有权的关系问题。虽然这一问题主要涉及个人所有权诸结构要素中的权利主体问题，但是仅仅从权利主体这一要素出发显然无法完全解决个人所有权的归属难题，这就要求我们必须进一步对个人所有权结构公式所包含的其他结构要素及其相互关系进行更加全面深入的分析。只有在更加全面深入地理解洛克个人所有权理论整体的基础上，才有可能解决这一归属难题，从而为从理论层面上实现权利与德性的统一提供一种更加有说服力的理论基础。

本章的主要任务就是对洛克的个人所有权结构公式诸要素进行考察。首先，本章将从所有权的排他性与包容性、自然性与人为性的区分出发，对洛克个人所有权的性质进行考察。其次，在对继受取得与原始取得这两种所有权来源加以区分的基础上，重点考察洛克个人所有权的原始取得的规范性理由，亦即他的以"谁制作，谁拥有"或"制作蕴含所有权"为核心的"制作者权利学说"。据此表明，解决归属难题的关键之一在于究竟是谁（上帝还是个人自身）制作了个人。再次，借鉴 S. 西格雷夫、迈克尔·扎科特等人的解读，对洛克个人所有权的权利客体亦即"个人"进行辨析，指出作为制作物的个人实际上包含着"实体—人"与"人格—自我"两个层面，并对这两个层面进行分析。最后，在上述分析的基础上，指出根据洛克个人所有权的排他性质及其制作者权利学说，解决归属难题的关键最终在于解决谁制作了个人的这两个层面，亦即"谁制作了什么"这一问题。

第一节　排他性与自然性：所有权的性质

从第五章对一元论与二元论等在个人所有权归属问题上的争论的考察中我们可以发现，各方争论的要点之一在于洛克所有权的性质问题。它包含了两个层面：第一，所有权究竟是排他性的还是包容性的；第二，所有权究竟是自然的还是人为的。这两个层面的问题都与个人所有权归属难题有着密切的联系。就第一个层面来看，如果洛克的所有权既可能是排他性的也可能是包容性的，那么我们就可以像上帝一元论者那样主张，上帝所有权是排他性的，而自我所有权则是包容性的，它只是对作为上帝所有物的个人的一种"使用自由"，那么就可以在这种基础上实现权利与德性的唯德性论式统一。相反，如果所有权只能是排他性的，那么对于个人的两种排他性的所有权（亦即上帝所有权与自我所有权）如何可能实现统一，就成为一个难题。就第二个层面来看，如果所有权是一种人为性权利，那么我们就可以很容易地排除掉对于个人的上帝所有权。相反，如果它是一种自然性权利，这种排除就显然是有问题的。由此可见，为了更准确地把握洛克在个人所有权归属问题上的立场，我们有必要首先对这种权利的性质进行比较细致的考察。

一、排他性 vs. 包容性

从共同所有还是私人所有的角度，我们可以将洛克所说的"权利"分为两种类型。一是全体人类对于"大地以及一切低等造物"（2.27）的共有权利。这种权利既然为全体人类共同所有，那么它就既不可能"将他人从对权利客体的使用以及所有者对所享有的权利客体拥有的其他具体的道德或法律力量中'排除出去'，也不将其仅限于某些人"。正是在这个意义上，詹姆斯·塔利将这种共有权利称作"包容性权利"（inclusive right）①。这种共有权利

———————

① ［英］詹姆斯·塔利：《论财产权：约翰·洛克和他的对手》，王涛译，北京：商务印书馆2014年版，第85页。

来源于上帝，它实际上是上帝为了人类的保存而给予人类的、对"那些对于他（即人类——引者注）的存在来说必要的或有用的东西"（1.86）的"使用自由"（liberty of using）（1.39）。二是个体"对于上帝给予人类所共有的东西的某些部分"（2.25）的私有权利。这种权利既然为某个个体私人所有，那么它就"将他人从这项权利的所指中排除了出去，而且将他人从权利所有者对权利客体拥有的任何具体的道德或法律力量中排除了出去"。也正是在这个意义上，詹姆斯·塔利将这种私有权利称作"排他性权利"（exclusive right）①。

我们知道，洛克在《政府论》（尤其是下篇）中，明确地将私人所有的排他性权利称作"所有权"，"每个人对于他自己的人格拥有一种所有权。对此除他自己以外，任何人都没有任何权利。他身体的劳动，以及他双手的工作，我们可以说是正当地属于他的"（2.27）。问题在于，全体人类共同所有的包容性权利是否属于洛克所说的所有权，或者换句话说，洛克的所有权是否具有排他性。对于这个问题，研究界存在着广泛的争议，这种争议在一定程度上源于洛克文本本身在用语上的模糊性。

一方面，洛克在《政府论》（尤其是上篇）中似乎将那种包容性权利也称作"所有权"。"人对于造物的'所有权'建立在他所拥有的、使用那些对于他的存在来说必要的或有用的东西的权利之上"（1.86），"除了'使用它们的自由'之外，人类对于造物还能拥有什么别的所有权，这是很难理解的"（1.39）。从这个角度来看，洛克的所有权似乎确实既包括排他性权利也包括包容性权利，或者说，洛克的所有权并非是完全排他性的，这正是塔利、布莱恩·特尔尼（Brian Tierney）等人所坚持的观点。按照塔利的理解，上帝对于人类整体和万物拥有的所有权乃是一种排他性的所有权，而人类整体对于万物的所有权只是一种对于上帝的排他性的所有物的"使用自由"或包容性所有权。更重要的是，他们还进一

---

① ［英］詹姆斯·塔利：《论财产权：约翰·洛克和他的对手》，王涛译，北京：商务印书馆2014年版，第85页。

步"将洛克对'包容性'的或一般的所有权关系的刻画运用于'排他性'或特殊的案例之上"。换句话说，按照他们的理解，"一个特殊的人类对一个特殊对象的所有权（'排他性'的所有权）也只是一种以排他性方式对那个特殊对象的'使用自由'"①。因此塔利认为，"人类的所有权是一种使用或保存本质上乃上帝之所有物的东西的权利，类似于一种占用者的权利"②。这种解释似乎可以很好地解决洛克相关论述中的一些矛盾之处。因为洛克既明确地说过，"人类……都是一个至高无上的主人的仆人……是他的所有物"（2.6），又明确地说过，"每个人对于他自己的人格拥有一种所有权"（2.27）。根据这种解释，上帝对人类个体的所有权乃是一种排他性权利，而人类个体对于自己（以及自己的私人所有物）的所有权虽然相对于其他个体来说是排他性的，但相对于上帝来说，这不过是一种对于本质上乃上帝的排他性所有物的"使用自由"。这似乎也符合洛克所说的"就彼此而言，人类虽然可以被允许拥有对于造物的不同份额的所有权；但从作为天地的制作者和全世界唯一的主人和所有者的上帝而言，人类对于造物的所有权只是上帝允许过的使用它们的自由"（1.39）。据此我们似乎可以说，洛克的所有权存在着两种类型，即特尔尼所说的"终极所有权"（*dominium directum*）与"使用的所有权"（*dominium utile*），这乃是一种"标准的中世纪学说"③。

---

① S. Adam Seagrave. Self-Ownership vs. Divine Ownership：A Lockean Solution to a Liberal Democratic Dilemma. *American Journal of Political Science*, 2011, 55 (3)：716.

② James Tully. *A Discourse on Property：John Locke and His Adversaries*. Cambridge：Cambridge University Press, 1982：114.

③ Brian Tierney. Dominion of Self and Natural Rights Before Locke and After. *Transformations in Medieval and Early-Modern Rights Discourse*. The Netherlands：Springer, 2006：177. 另参考 S. Adam Seagrave. Self-Ownership vs. Divine Ownership：A Lockean Solution to a Liberal Democratic Dilemma. *American Journal of Political Science*, 2011, 55 (3)：716.

但是对于这种解释，不少学者都提出了非常明确的反对意见。S. 亚当·西格雷夫认为，"甚至'排他性所有权'这一术语在洛克学说中都是多余的；洛克的'所有权'，在他的所有著作中都是无差别的和单一的，一直表示着排他性"①。霍伟岸也认为，"洛克的财产权概念（property）其实就是指私有财产权。……洛克从未用 property 来指称共有权利，他也从未使用过 common property 这样的表述，因为在字面上这就是自相矛盾的"②。在我们看来，这种观点更为可取。因为洛克在《政府论》（尤其是下篇）明确地说过，"尽管大地以及一切低等造物为一切人所共有，但是每个人对于他自己的人格拥有一种所有权。对此除他自己以外，任何人都没有任何权利。他身体的劳动，以及他双手的工作，我们可以说是正当地属于他的。……排除了其他人的共有权利"（2.27），"我将设法说明，人们如何能够对于上帝给予人类所共有的东西的某些部分拥有所有权"（2.25），"劳动最初……创立了一种对共有的自然物的所有权"（2.51）。这里其实就已经明确地将上帝给予人类整体或"一切人"的、对"大地以及一切低等造物"的共有权利或包容性权利从"所有权"中排除出去了。甚至可以说，洛克的这种用法表明了"'共有'与'财产权'之间的尖锐对立"③。

支持这种解读的另一个证据在于，在《政府论》下篇中洛克讨论所有权问题时，指的基本上都是严格意义上的、排他性的所有权或私人所有权，只有在《政府论》上篇中，洛克才会将人类整

---

① S. Adam Seagrave. Self-Ownership vs. Divine Ownership: A Lockean Solution to a Liberal Democratic Dilemma. *American Journal of Political Science*, 2011, 55 (3): 716.

② 霍伟岸：《洛克权利理论研究》，北京：法律出版社 2011 年版，第 190 页。

③ S. Adam Seagrave. Self-Ownership vs. Divine Ownership: A Lockean Solution to a Liberal Democratic Dilemma. *American Journal of Political Science*, 2011, 55 (3): 717.

体对于万物的共有权利称作"所有权"。之所以会有这种差别是由于语境的不同。因为洛克在《政府论》上篇中的主要任务是反驳罗伯特·菲尔麦的观点。在菲尔麦看来，"上帝最初把全世界的私人支配权［private dominion，洛克认为菲尔默（即菲尔麦——引者注）这种表述与财产权同义］给予了亚当单独所有……绝对君主论就是建立在这种'世界最初为一人所有，此人即是全世界的君主'的逻辑基础上"①。洛克为了反驳菲尔麦的绝对君主论及其所有权（财产权）基础，而提出上帝最初将世界给予全人类所共有，并将人类的这种共有权利称作所有权。换句话说，在《政府论》上篇中，洛克采取了"以子之矛攻子之盾"的策略，也就是从菲尔麦自己所采用的同样的概念（私人支配权、所有权）出发，同样将菲尔麦所依赖的立论根据（《圣经》）作为自己的根据，而从中得出了截然相反的结论，从而达到了最有效地打击其对手的目的。但是在《政府论》下篇中，洛克的主要任务是明确地阐述自己的观点，因此这种策略就不再有效了，这时他必须对自己的概念作出更加清晰的界定。

事实上，我们在《政府论》上篇中也可以找到这种证据。洛克在上篇中说过："使用低等造物来舒适地保存自己的存在的平等权利，是人类对于低等造物的全部'所有权'：因此，建立在'所有权'——或者如我们的作者所说的那样——建立在'私人支配权'之上的亚当的统治权就变成空话了。……人类都共同享有这种权利，亚当的孩子们与他共同享有这种权利。但是如果任何人已经开始使他自己对于任何特殊的事物享有所有权（他或者任何其他人如何能够做到这一点，将在另外一个地方加以说明）……"（1.87）这段引文非常明确地表明，当洛克用"所有权"来指称人类的共有权利时，他主要是在借用菲尔麦的概念来反驳他，洛克自己则将严格意义上的所有权即排他性的私人所有权留到"另外一

---

① 霍伟岸：《洛克权利理论研究》，北京：法律出版社 2011 年版，第190 页。

个地方"，也就是《政府论》下篇中来加以说明。

二、自然性 vs. 人为性

所有权与单纯的占有（mere possession）不同，"后者是一个经验性事实，而前者除此之外还包含着一个依赖于某种正当性的道德成分"①。因为洛克说过，"每个人对于他自己的人格拥有一种所有权。对此除他自己以外，任何人都没有任何权利。他身体的劳动，以及他双手的工作，我们可以说是正当地属于他的"（2.27）。换句话说，所有权不仅具有排他性，而且还包含着正当性或正义性。所有权的正当性"意味着施加在所有人身上的限制或义务"②，意味着对于"我"的排他性所有物，"你"有"克制和弃权之义务"③，否则就是不正当的。

但是在所有权的这种正当性的来源问题上，成熟期的洛克与他之前的大多数前辈都不一致，而洛克所有权学说的新颖性在很大程度上也体现在这种不一致之中。正如凯瑟琳·瓦尔克（Catherine Valcke）所说，在《政府论》于 1690 年初次出版之前，大多数时候"所有权都被视作公民政府的创造物……犹太教—基督教传统认为财产只具备有条件的合法性"④。也就是说，所有权并不是自然的，它是人为的产物。换句话说，不存在某种自然的所有权。这一点也为略早于洛克的几位思想家所坚持。例如格劳秀斯就认为，"财产权要么是通过明确的协议，如对财产的分割而确立的；要么

---

① S. Adam Seagrave. Self-Ownership vs. Divine Ownership：A Lockean Solution to a Liberal Democratic Dilemma. *American Journal of Political Science*, 2011, 55 (3).

② ［美］迈克尔·扎克特：《洛克政治哲学研究》，石碧球等译，北京：人民出版社 2013 年版，第 4 页。

③ ［美］迈克尔·扎科特：《自然权利与新共和主义》，王崇兴译，长春：吉林出版集团有限责任公司 2008 年版，第 366 页。

④ Catherine Valcke. Locke On Property：A Deontological Interpretation. *Harvard Journal of Law and Public Policy*, 1989, 12 (3)：941.

是通过默示的同意而确立的"①。普芬道夫也认为，"对物品的财产权或所有权……由上帝的意志所引入，并从最初就在人们中间达成共识，至少是达成默认的同意"②。

霍布斯的观点更为激进：他首先对自然权利与所有权作了区分。在他看来，自然权利就是"每一个人按照自己所愿意的方式运用自己的力量保全自己的天性——也就是保全自己的生命——的自由。因此，这种自由就是用他自己的判断和理性认为最适合的手段去做任何事的自由"③。这样一种等同于纯粹自由的自然权利意味着"每一个人对每一种事物都具有权利，甚至对彼此的身体也是这样"④，因此是一种詹姆斯·塔利所谓的包容性权利。而且自然权利并不包含正义的成分，因为在霍布斯看来，根本就不存在某种自然的正义。"没有所有（即没有所有权——引者注）的地方就没有不义存在；而强制权力没有建立的地方（也就是没有国家的地方——引者注）就没有所有权存在；在那种地方所有的人对一切的东西都具有权利；因之，没有国家存在的地方就没有不义的事情存在。……正义的性质在于遵守有效的信约，而信约的有效性则要在足以强制人们守约的社会权力建立以后才会开始，所有权也就是在这个时候开始。"⑤ 也就是说，与包容性的自然权利不同，霍布斯的所有权乃是一种排他性权利，而且其中包含着正义的成分。甚至可以说，所有权乃是正义的必要条件，而所有权本身则是由人

---

① ［荷］格劳秀斯：《战争与和平法》，何勤华等译，上海：上海人民出版社 2005 年版，第 125 页。

② Pufendorf. *On the Duty of Man and Citizen*. ed. James Tully. 北京：中国政法大学出版社 2003 年版，第 85 页。译文转引自霍伟岸：《洛克权利理论研究》，北京：法律出版社 2011 年版，第 193 页。

③ ［英］霍布斯：《利维坦》，黎思复、黎廷弼译，北京：商务印书馆 2012 年版，第 97 页。

④ ［英］霍布斯：《利维坦》，黎思复、黎廷弼译，北京：商务印书馆 2012 年版，第 98 页。

⑤ ［英］霍布斯：《利维坦》，黎思复、黎廷弼译，北京：商务印书馆 2012 年版，第 110 页。

们彼此之间的契约建立起来，并且由国家的强制力量加以保证的。

由此可见，格劳秀斯、普芬道夫、霍布斯这三位与洛克几乎同时代的"主要政治思想家都认为"所有权的确立"基于人们的同意，无论是通过明确的契约还是默示的同意"。① 尽管洛克最终在《政府论》中定型的观点与这种观点有着很大的不同，但是毋庸置疑的是，洛克对于这种观点是非常熟悉的，而且受到过一定的影响。在写作于1677年至1678年间的一个有关"道德"的片断中，洛克写道，"人没有制作他自己或任何其他人。人没有制作那个在他出生时他发现就已经被制作出来的世界。因此人在出生时对于这个世界上的任何事物都没有多于他人的权利"。既然任何人一开始对任何事物都没有任何多于他人的权利，那么当上帝将"大地以及一切低等造物"给予"一切人所共有"（2.27）时，这种共有就不是一种排他性的私人所有权，而是塔利所说的包容性权利。这一点与《政府论》中的观点是一致的。但是接下来洛克对所有权与正义的起源作出了解释。既然一切人对于一切事物都有着同等的权利，"因此人们要么共有一切事物，要么通过协议来决定他们的权利。如果一切事物都任其共有，那么贫穷、掠夺和强力就会不可避免地随之而来，很明显，在这种状态中不可能有幸福，（因为）少了充裕和安全就构不成幸福。……为了避免这种状态，必须由协议来决定人们的权利。这些协议……如果被遵守，那么正义就将作为一项义务被建立起来，并且成为我们的幸福的首要和一般的规则"②。理性发现对一切事物的共有权利将不利于每个人的利益，因此就通过协议将共有之物划拨给私人所有，从而确立起排他性的所有权，而正义也由此被建立起来。也就是说，所有权的正当性乃是由人们通过人为的协议建立起来的。这种观点显然与霍布斯对所有权和正义的解释如出一辙，甚至具体的论证思路都有着极为明显

---

① 霍伟岸：《洛克权利理论研究》，北京：法律出版社2011年版，第193页。

② John Locke. *Political Essays*. Cambridge：Cambridge University Press, 1997：268.

的霍布斯的风格。

在《政府论》中，洛克抛弃了这种观点，他明确地说，"我将设法说明，人们如何能够对于上帝给予人类所共有的东西的某些部分拥有所有权，而且还不必经过一切共有者的明确协议"（2.25）。换言之，洛克试图证明所有权本身并不需要依赖于人为的协议，而是有一种自然正当或自然正义的基础。这种自然正当的基础也就是洛克所有权的规范性理由或辩护根据，这就需要我们从对所有权性质的考察转移到对其规范性来源的考察之上，这是下一节的任务所在。

第二节 "制作蕴含所有权"：
个人所有权的规范性来源

从前文的分析可以看到，无论是要解决个人所有权的权利主体问题还是其性质问题，最终都必须回到对个人所有权的规范性来源的考察上来。而在洛克这里，个人所有权本身存在着原始取得与继受取得之分，其中继受取得也建立在原始取得的基础之上，只有原始所有者通过其正当的馈赠（授权）活动或契约活动才能将这种所有权让渡给其他所有者。因此问题的关键就在于，个人所有权的原始取得的规范性理由究竟是什么。

正如许多学者已经注意到的，这种理由即洛克的"制作者权利学说"，因此本节的核心任务即考察洛克制作者权利学说的内涵及其正当性基础。其思路如下：第一，在对洛克所有权的两种来源即继受取得与原始取得加以区分的基础上，将焦点集中于对所有权的原始取得的规范性理由亦即"制作者权利学说"的考察。第二，对詹姆斯·塔利、伊安·夏皮罗等人所提出的对制作者权利学说的类比论解读加以分析，指出其对上帝的创造活动与人类的制作活动加以区分与类比的做法中所存在的问题。第三，在反思类比论解读的基础之上，从洛克的因果学说出发考察创造与制作的共同基础，从而构造出一种广义的"制作"概念与制作者权利学说。第四，从这种广义制作概念出发，对具体的制作过程加以分析。第五，考察对洛克从制作推导出所有权的做法的"自然主义谬误"的指责，并从本体论的制作、认识论的认识与价值论的所有权的统一出发，指出这种指责的问题所在，从而论证洛克制作者权利学说的合理性。

一、继受取得与原始取得：所有权的两种来源

在《自然法论文集》、《政府论》等著作中，洛克提到了所有权的三种来源或取得方式：（1）制作取得，即通过制作而获得对某物的所有权；（2）馈赠取得，即通过其他所有者对其所有物的馈赠或授权等方式而获得对某物的所有权；（3）契约取得，即基于与其他所有者所订契约的相关规定而获得对其他所有者的所有物的所有权（fol. 85）。我们可以根据是否以先在的所有权为前提，借鉴法律术语而进一步将这三种来源区分为两类：（1）原始取得，指非以他人既存的所有权为前提而直接获得对某物的所有权；（2）继受取得，指基于他人既存的所有权而获得对某物的所有权。① 很明显，馈赠取得与契约取得都属于继受取得，因为它们不管是在时间上还是在逻辑上都基于其他所有者的所有权，是所有权从一个所有者向另一个所有者的转移。相反，制作取得则属于原始取得，因为它的获得并非基于他人既存的所有权，而是直接通过权利主体的"制作"活动而获得。既然如此，我们的首要任务就是考察洛克所说的制作取得。

洛克在《政府论》、《自然法论文集》等著作中探讨过制作取得。他指出，"人类都是一个全能的和无限智慧的创造者的创造物……他们就是他的所有物"（2.6），每个人"只要使任何东西脱离自然所提供并任其留处的那种状态，他就已经混合进了他的劳动，在它上面加入了他自己的某些东西，因而使它成为他的所有物"（2.27）。这就意味着，作为创造者的上帝或作为制作者的人类因其创造或制作活动而拥有对其创造物或制作物的所有权，或者

---

① 在洛克之前，霍布斯等人曾认为契约取得乃是所有权的原始取得方式。洛克非常熟悉这种观点，并曾受过其影响，但在《政府论》中他抛弃了这种观点。具体可参见本章第一节。

说，对于某物的原始所有权来源于对该物的创造或制作活动，"正是通过自主性的制作行为，对于被创造之物的权利才会存在"①。詹姆斯·塔利将洛克的这种学说称作"制造物模式"（workmanship model）②，戈帕尔·史瑞尼瓦森称之为"制作者权利学说"③，伊安·夏皮罗则进一步将这一学说凝炼地概括为"制作蕴含所有权"（making entails ownership）④。如果这一学说能够成立的话，那么要证成任何类型的原始所有权主张，则我们只需证明该所有权主张中的所有者确实创造或制作出了该所有物，而此外的一切对该所有物的所有权主张都只能通过继受取得的方式来获得。

二、创造与制作的差异：类比论的制作者权利学说

但是，关键的问题在于制作者权利学说本身的合理性何在，或者说，制作本身是否以及如何能够产生出所有权。因为我们知道，"制作者制作了某物"是一个事实判断，而"制作者对其制作物应当拥有所有权"则是一个价值判断，从事实判断推导出价值判断存在着一个如何可能的问题。

包括詹姆斯·塔利、伊安·夏皮罗在内的不少研究者都认为洛克对制作者权利学说合理性的证明基于基督教神学及对它的类比，我们可以称之为"类比论的制作者权利学说"⑤。首先，制作者权

---

① Ian Shapiro. Resources, Capacities, and Ownership: The Workmanship Ideal and Distributive Justice. *Political theory*, 1991, 19（1）: 49.

② ［英］詹姆斯·塔利：《论财产权：约翰·洛克和他的对手》，王涛译，北京：商务印书馆 2014 年版，第 11 页。

③ Gopal Sreenivasan. *The Limits of Lockean Rights in Property*. Oxford: Oxford University Press, 1995: 62.

④ ［美］伊安·夏皮罗：《政治的道德基础》，姚建华、宋国友译，上海：上海三联书店 2006 年版，第 19 页。译文有改动。

⑤ 参考 ［英］詹姆斯·塔利：《论财产权：约翰·洛克和他的对手》，王涛译，北京：商务印书馆 2014 年版，第 9～51 页；［美］伊安·夏皮罗：《政治的道德基础》，姚建华、宋国友译，上海：上海三联书店 2006 年版，第 11～20 页；Jon Pike. *Political Philosophy A-Z*. Edinburgh: Edinburgh University Press, 2007: 162 等。

利学说的"制作"（making）被他们分为两种类型，即上帝的创造（creation）与人类的制作（making）。依据这种划分，所谓的制作者权利学说，严格来说就包括了两类，即创造者（上帝）对其创造物的所有权与狭义的制作者（人类）对其制作物的所有权。其次，基督教的上帝创世说认为上帝事实上"从无到有"① 地创造了世界万物，并且因此应当享有对于世界万物的所有权，可以随其心意使世界万物存在、保存或毁灭。这就意味着，从事实判断到价值判断的可能性是建立在基督教信仰的基础之上的，正是基督教信仰的权威性直接解决了从事实判断到价值判断何以可能的问题，同时也为创造者权利学说奠定了基础。再次，人类虽然并不拥有上帝从无到有的创造能力，但却被上帝赋予了类似于创造能力的制作能力，因此可以从上帝创造出来的质料中制作出人造物，人类的这种制作能力和活动与上帝的创造能力和活动相类似。最后，基于上帝的创造与人类的制作的相似性，通过两者的类比，我们也可以说，正如上帝因其事实上的创造活动而应当享有对其创造物的所有权一样，人类也因其事实上的制作活动而应当享有对其制作物的所有权，这就为狭义的制作者权利学说奠定了基础。通过这样的步骤，创造者权利学说与狭义的制作者权利学说就共同组成了戈帕尔·史瑞尼瓦森所谓的广义的"制作者权利学说"。

如果这种观点能够成立的话，那就意味着洛克的所有权理论是建立在基督教神学的基础之上的。这种"试图将神学置于洛克政治哲学的中心，坚持洛克的政治结论的有效性和说服力不能独立于那种存在于其基础之中的神学而获得证实"的解读方式，在近期西方的洛克研究界已经逐渐成为一种"共识"并获得了广泛的支持，但是这种"共识"并不能得到所有研究者的赞同。② 首先，

———————

① Gopal Sreenivasan. *The Limits of Lockean Rights in Property*. Oxford：Oxford University Press，1995：64.

② John Tate. Dividing Locke from God：The Limits of Theology in Locke's Political Philosophy. *Philosophy and Social Criticism*，2013，39（2）：133. 另参考 Michael Zuckert. Locke-Religion-Equality. *The Review of Politics*，2005，67（3）：422.

在施特劳斯等研究者看来，洛克本人非但不是一个虔诚的基督徒，反而是一个地道的无神论者，他的政治哲学中所充斥的神学内容无非是一种为了避免迫害与便于宣传而采取的谨慎策略而已。其次，即使我们承认施特劳斯的观点过于极端，承认"作为一个真诚的基督徒，洛克在更加广泛的意义上将整个世界，甚至是政治世界都视作上帝之造物的一部分"，这也并不意味着他的政治哲学、他的所有权理论就必然建立在神学的基础之上。约翰·塔特就曾指出，洛克所面对的是一些从根本上被不同的信仰分裂开来的读者，而他如果想要向所有的读者证明他的政治结论的正当性，他就必须将这些结论从其神学基础中"悬置"起来。①

此外，尽管承认洛克的政治哲学建立在基督教神学的基础之上，但是在詹姆斯·墨菲（James Murphy）等反对者看来，上帝的创造与人类的制作之间的类比在逻辑上依然是不能成立的，因为无论是就能力、活动还是就所有权而言，二者都不具有可比性。首先，就能力而言，上帝的创造能力是完全从无到有地使某物开始存在，而人类虽然是按照上帝的肖像创造出来的，并且被赋予了智慧与制作能力，但"无论他有什么奇能妙法，而其能力之所及亦只能组合和分离手头的那些现成材料，却并不能制作任何新物质分子，或毁灭已经存在的一个原子"（2.2.2）。其次，就活动和过程而言，人类的制作活动是将预先存在的质料与形式（观念）相结合，从而制作出一个人造物，这是一种近似于柏拉图主义的制作。但是对于基督教（尤其是奥古斯丁主义）的上帝创世说而言，无论是形式还是质料都不是预先存在的，上帝的创造活动也不是形式与质料的结合，相反，上帝是直接通过其"言说"从虚无中创造出了世界万物，其创造活动"既不受既定质料的限制，也不由既定形式所决定"。② 再次，就所有权而言，上帝对其创造物的所有

---

① John Tate. Dividing Locke from God: The Limits of Theology in Locke's Political Philosophy. *Philosophy and Social Criticism*, 2013, 39（2）: 133-164.

② Michael Foster. *The Political Philosophies of Plato and Hegel*. Oxford: Clarendon Press, 1935: 181. James Murphy. The Workmanship Ideal: A Theologico-political Chimera? *Political Theory*, 1992, 20（2）: 321.

权与人类对其制作物的所有权也不具有可比性。上帝拥有随心所欲地保存或毁灭其创造物的无限权利，但人类对其制作物的所有权却附带着许多限制。① 因此，即使我们承认上帝因其事实上的创造活动而应当享有对其创造物的所有权，也不能通过类比来得出人类因其事实上的制作活动而应当享有对其制作物的所有权的结论。

综上所述，反对者们批评制作者权利学说的关键有两个方面。其一，上帝的创造与人类的制作之间的差异是本质性的，这种本质性的差异使两者之间的类比变得不可能。其二，不应该借助基督教信仰的权威性来解决从事实判断（"制作者制作了某物"）到价值判断（"制作者应当对其制作物拥有所有权"）何以可能的问题。

这些反对意见似乎从根本上摧毁了制作者权利学说成立的可能性。但事实并非如此，它所摧毁的只是詹姆斯·塔利、伊安·夏皮罗等人所提出的那种制作者权利学说。如果我们能够解决这两个关键问题，那么还是可能坚持一种经过修正的制作者权利学说。就第一个问题而言，我们如果能够证明存在着某一特定的框架，在该框架内上帝的创造与人类的制作的差异只是程度上的而不是本质性的，那么我们就有可能提出一种"可适用的、意义更宽泛的"、"单一的、综合性的术语"将"严格意义上的制作以及创造"二者整合起来，这个单一的、综合性的术语也就是戈帕尔·史瑞尼瓦森所说的广义的"制作"概念。② 就第二个问题而言，如果我们能够证明洛克事实上不借助基督教信仰的权威性也同样能够解决从事实判断到价值判断何以可能的问题，那么反对者们的批评意见就无法成立了。更重要的是，如果我们能够完成这两项任务，那么事实上就证明了存在着一种单一的、综合性的制作者权利学说，无论是创造者对其创造物的所有权，还是狭义的制作者对其制作物的所有权都可以根据这种单一的学说来加以证明；那么我们就不需要再像

---

① 陆建松：《上帝、国家与财产权——"自然状态"视域下的洛克政治哲学研究》，复旦大学博士学位论文，2011年，第38~42页。

② Gopal Sreenivasan. *The Limits of Lockean Rights in Property*. Oxford：Oxford University Press，1995：64.

詹姆斯·塔利、伊安·夏皮罗等人那样求助于一种仅仅借助于类比才能够成立的而本身乃是割裂的制作者权利学说。

三、广义的"制作"：创造与狭义制作的统一

1. 因果理论与广义的"制作"

我们的首要任务是提出一个单一的、综合性的广义"制作"概念，从而将上帝的创造与人类的制作统一起来。洛克对创造和制作最集中的讨论是《人类理解论》中论因果关系的部分，他将二者都视作事物的各种起源或原因的一种。① 在洛克看来，所谓原因就是"使任何其他存在者（无论是简单的观念，还是实体或情状）开始存在"（2.26.2）的东西，而那种"从其他存在者那里获得其存在"（2.26.2）的东西就是结果。在《人类理解论》中，洛克明确地将原因分为两大类：（1）创造；（2）生殖（generation）、制作和变更（alteration）。如果我们想要提出一种广义的"制作"概念，就必须阐明如下两个问题：（1）创造和制作这两种原因的共性体现在何处；（2）与生殖、变更等其他原因相比，创造和制作这两种原因的独特性体现在何处。

从终极的意义上看，创造与生殖、制作和变更等原因并不是平行的，因为从根本上来讲，创造这一原因无论在逻辑上还是在时间上都是先于生殖、制作和变更的，而后者则是从创造这一原因派生出来的。之所以这样说，是因为洛克恪守基督教乃至此前整个西方哲学史中经常坚持的上帝存在的一种证明，即"我们知道存在着某些实在的存在者，而且非存在者不能产生任何实在的存在者，那就分明演证出，永恒以来就存在着某些东西；因为凡非永恒以来就存在的东西必定有一个开端；而且有开端的东西必定是由其他东西产生出来的"（4.10.3）。这就意味着，从根本上来讲，上帝这一永恒存在者的存在不以自身之外的任何其他存在者为原因，而上帝

---

① Gopal Sreenivasan. *The Limits of Lockean Rights in Property*. Oxford：Oxford University Press，1995：63-64.

之外的一切存在者的存在都以上帝为其终极原因，都是通过上帝的"适当作用和活动而获得其存在的"（2.16.1）。这实际上不过是基督教上帝创世说的存在论翻版而已，就此而言我们可以说，"作为一个真诚的基督徒，洛克在更加广泛的意义上将整个世界，甚至是政治世界都视作上帝之造物的一部分"①。上帝的创造活动也因此成为高于生殖、制作和变更等原因的终极原因，也正是由于此，那些制作者权利学说的反对者们认为创造与制作的差异是本质性的，而且即使是制作者权利学说的某些支持者也同样认为狭义的制作只能与创造相类比而无法相提并论，因此我们也无法提出一种单一的、综合性的制作者权利学说。

但是，洛克还提供了对这两类原因的另一种划分或理解方式。在洛克看来，第一种原因乃是"当一物是全新地制作出来的，因此它的任何部分之前都不曾存在过……我们称之为创造"（2.26.2），第二种原因乃是"当一物是一些分子制作出来的，这些分子之前全部存在；但是那个由预先存在的分子——它们合在一起制作成了这样一个简单观念的集合体——构成的事物，在之前并不曾存在过"（2.26.2），它包括生殖、制作和变更等。这种划分方式并没有从等级或优先性上对创造与其他原因作终极与派生的区分，毋宁说，根据这种划分方式，无论创造还是生殖、制作或变更，只要它们能够"使任何其他存在者开始存在"（2.26.2），那么它们就都是一般意义上的原因，这些原因彼此之间在等级上乃是平行的或平等的，它们的区别只在于用于产生新的存在者的那些材料、"部分"或"分子"在这些存在者产生出来之前是否存在。或者如戈帕尔·史瑞尼瓦森所言，所有的原因都可以在一般的意义上被理解为"将某物带入存在"，而创造和其他原因的区分只在于"从何处？"（ex quo?）将该物带入存在，所谓的创造无非就是完全"从虚无中"（ex nihilo）中将一物带入存在，而其他原因则是从预

----

① John Tate. Dividing Locke from God: The Limits of Theology in Locke's Political Philosophy. *Philosophy and Social Criticism*, 2013, 39（2）: 133-164.

先存在的材料中将一物带入存在。①

正是由于创造和制作等都能够"使任何其他存在者开始存在"或"将某物带入存在"，因此它们都是一般意义上的原因，而且作为一般意义上的原因，它们在等级上乃是平等的。这是创造和制作、生殖、变更等原因的共性所在。正是这种共性使得我们有可能将创造和制作统一起来，从而避免了在上帝的创造与人类的制作之间划出一道本质性的鸿沟及由此带来的一系列问题。

2. 制作—创造 vs. 生殖—变更：实体与能力

接下来的问题在于，对原因的这种理解与划分方式虽然为整合创造与其他诸种原因提供了可能性，但是却又引出了詹姆斯·墨菲在批评制作者权利学说时所着重指出的另一个问题，即它无法清楚地将创造和制作与生殖和变更区分开来。这种区分之所以重要，是因为"如果我们想要使洛克的权利理论与他的因果理论相一致，我们就会发现这些因果关系中的每一种都会产生出一系列不同的权利与义务"②。既然洛克所提出的原因实际上有两大类、四小类，那么生殖和变更作为原因也就同样有可能产生出相应的所有权，但洛克的文本本身却向我们表明，即使是广义的"制作"也只可能包含创造与狭义的制作，或者说，制作者权利学说所要证明的只是广义的制作作为原因能够产生出所有权，而生殖与变更这两种原因却被排除在外。相应地，如果我们要澄清广义的"制作"概念，那么同样必须对创造和狭义的制作与生殖和变更作出区分。

要找到作出这种区分的根据，我们就必须对洛克的因果关系理论作进一步的分析。如上所述，洛克所说的原因包括创造与生殖、制作和变更等两大类、四小类。值得注意的是，这些原因实际上都是某种活动，而任何活动都必须以进行这种活动的能力的存在为前

---

① Gopal Sreenivasan. *The Limits of Lockean Rights in Property*. Oxford：Oxford University Press，1995：64.

② James Murphy. The Workmanship Ideal：A Theologico-political Chimera? *Political Theory*，1992，20（2）：321.

提。细致的文本考察也可以表明，其实所谓的原因无非就是通过"适当的作用和活动"（2.26.1）使其他存在者发生从不存在（完全不存在或部分存在而整体不存在）到存在的变化（change），所谓的结果也无非就是某一存在者由于其他存在者的活动而获得从不存在到存在的变化，而所谓的能力，其实也就是能够导致变化或接受变化的可能性。因此即使仅仅从定义上我们也可以看到，能力乃是各种原因存在的前提。同时我们也知道，"我们的能力观念……乃是我们的复杂实体观念的主要组成部分之一"（2.21.3），或者说，能力属于且只属于实体。因此可以说，实体的能力乃是原因的前提，除上帝之外的一切存在者之所以开始存在，都是某种实体以其某种能力进行相应活动的结果。

既然洛克的因果关系理论以其能力和实体学说为前提，那么区分创造和制作与生殖和变更这两类原因的根据，同样也有可能在其能力和实体学说中找到。事实也正是如此。洛克主张，尽管实体的实在本质是人类所无法认识的，但是我们却必须承认精神实体和物质实体的存在。具体来说，上帝乃是纯粹的精神实体，物质则是纯粹的物质实体，而人类作为由"身体与灵魂组成的动物"（1.4.4）则是由精神实体和物质实体共同组成的。从能力的角度来看，洛克将能力分为主动能力和被动能力，所谓主动能力也就是开始某种活动、引起某种变化的能力，而被动能力就是接受某种活动和变化的能力。纯粹的精神实体（上帝）只具备主动能力，而纯粹的物质实体只具备被动能力，它的各种运动、它对其他事物的推动，实际上只是遵循着相应的、"适合其本性（nature，自然）的稳定有效的运动规律"① 来运动并将其运动传递给其他事物的被动活动。更进一步来看，物质实体所遵循的这些自然规律乃至其存在本身，都是上帝这一精神实体创造出来的。而人类则因其是由精神实体和物质实体共同组成的，因此兼具主动能力和被动能力。

当我们将洛克对实体和能力的这种区分运用于对创造和狭义的

---

① ［英］洛克：《自然法论文集》，刘时工译，上海：上海三联书店2012年版，第114页。

制作与生殖和变更的区分时，它们之间的不同将会变得更加明显：

（1）创造乃是上帝这一纯粹精神实体依据其主动能力而作出的活动。

（2）就生殖而言，"一个实体如果是在自然（本性）的普通进程中由内在原则所产生出来的，但却是由某个外在的行为者或原因使其开始作用的，而且是以一种我们感知不到的不可感的方式来作用的，我们称之为生殖"（2.26.2）。从这里我们可以看出，对洛克来说，一切有生命之物产生的原因其实包含两个方面：一是自然或本性的内在原则，这样一种原则实际上是由上帝这一"生命的创造者和授与者"（1.52）所创造的；二是生殖者的外在活动，这是一切生物都具备的能力，如植物的播种、动物的媾和等。就人类个体而言，虽然我们说"人是被生殖的"，但这并不是说人类个体存在的原因完全就在于父母的生殖。毋宁说，人类个体的生命的产生主要是上帝这一纯粹精神实体以其主动能力创造的结果，而父母的生殖活动只是一种外在的助力，只是人类这一兼具身体和灵魂的动物的被动能力的发挥。因此仅就生殖活动本身来说，它并不是精神实体的主动能力作用的结果。

（3）就制作而言，"当原因是非固有的，而且结果是通过一种可感的分离，或者可辨识的部分的并置而产生的，我们称之为制作；一切人造物都是如此"（2.26.2）。这是严格意义上的或狭义上的制作，它是人类这一有限精神实体的主动能力的作用。

（4）就变更而言，"当任何先前不曾存在于一物中的简单观念被产生出来，我们称之为变更"（2.26.2）。洛克曾指出，简单观念本身乃是"事物在心灵中产生某种感觉的能力的结果"（2.31.12），人类的心灵只能通过感觉和反省来获得简单观念，但是人类却无法制作或摧毁任何简单观念（2.2.2）。这是因为简单观念本身是由"物体的大小、形象和运动"（4.3.28）作用于心灵而产生的，但是物体的大小、形象和运动本身则是由物体的内在组织所决定的，"无论他有什么奇能妙法，而其能力之所及亦只能组合和分离手头的那些现成材料，却并不能制作任何新物质分子，或毁灭已经存在的一个原子"（2.2.2）。因此我们虽然可以将简单观念产生的最终原因追溯到上帝这一纯粹精神实体通过其主动能力的创造，但是如果我们仅就物体的大小、形象和运动本身发生了变化从而导致简单观念的变更而言，也就是仅就变更活动本身而言，它同样不是精神实体的主动能力作用的结果。

3. "本质性的理智维度"：广义制作的根本特征

至此，我们可以看出精神实体和物质实体以及主动能力和被动能力的区分对于彰显广义的制作（即创造和狭义的制作）相对于生殖和变更的独特性的重要意义，而这种区分的标准则在于，广义的制作乃是"一种有着本质性的理智维度的活动。因此，任何不是理智存在者的东西，都不能制作任何事物"[1]。

首先，制作活动的主体一定是精神实体，无论这一精神实体是纯粹精神实体即上帝，还是有限精神实体即人类。而精神实体区别于物质实体的根本特征就在于其"本质性的理智维度"。

其次，制作活动一定要有精神实体的主动能力的参与。上帝作为纯粹精神实体只具备主动能力，因此其创造活动只可能通过主动能力来实施。但是人类作为有限精神实体，是由身体（物质实体）和灵魂（精神实体）共同合成的，因此既具备主动能力也具备被动能力，其单个活动既可能是由主动能力也可能是由被动能力来实施的。而当人类的某个具体活动只是以其被动能力来实施时，这种活动并不能被称为制作。例如在生命的产生过程中，实际起作用的乃是上帝主动的创造活动，而人类的生殖活动只是一种外在的原因，其中缺乏人类主动能力的参与（实际上人类也不具备产生生命的主动能力），因此人类的生殖活动就不能被视作制作。而精神实体之所以具备主动能力，同样是由于其"本质性的理智维度"，正是精神实体的这一本质性的理智维度使得其能够主动地开始或停止某种运动，而主动能力也就是主动地开始或停止某种运动的能力。

---

[1] Gopal Sreenivasan. *The Limits of Lockean Rights in Property*. Oxford：Oxford University Press，1995：65.

再次，制作活动的过程一定要以制作者本身能够感知到的方式来进行。例如在生命的产生过程中，其真实原因乃是自然的内在原则，这一原则对于上帝而言是可以感知到的，因为它本身就是上帝的创造；但对于人类而言却是不可感的。因此我们可以说上帝创造生命的活动是制作，但人类生殖生命的活动却不是。而"本质性的理智维度"对于感知来说同样是不可或缺的，只有理智存在者才能够进行感知。

因此无论是就活动主体、活动能力还是活动过程而言，"本质性的理智维度"对于制作活动来说都是必不可少的，制作活动必定是"一种有着本质性的理智维度的活动"。至此，在考察了创造和制作、生殖、变更等原因的共性（种），并且从实体、能力和过程等方面分析了创造和狭义制作相对于生殖和变更的独特性（属差）之后，我们就有可能提出一种既包含创造也包含狭义制作的"单一的、综合性的"广义"制作"概念了。所谓广义的制作，也就是精神实体通过运用其主动能力、以自身可以感知到的方式来使其他存在者开始存在的活动。这是一种有着本质性的理智维度的活动，既包含上帝的创造，也包含人类的制作。二者的区别在于，创造的主体是纯粹精神实体，只具备主动能力，其创造是完全从无到有的，而狭义制作的主体则是有限精神实体，既具备主动能力也具备被动能力，其制作要依赖于预先存在的材料。

四、制作的具体过程

1. "脱离自然状态"：制作过程

接下来的问题是，制作者究竟是如何制作出一个制作物的。对于这个问题，我们可以首先从制作物的角度来考察一下，制作对于一个制作物来说究竟意味着什么。我们知道，洛克也将"劳动"视作广义制作的一种。在《政府论》下篇中洛克指出，从劳动对象的角度来看，劳动的根本特征就是将一个对象"从自然的手中取出"（2.29），使其"脱离自然所提供并任其留处的那种状态……脱离自然为其所安排的一般状态，在它上面……加上了一些东西"（2.27），"在它们上面增加了一些比自然这一万物共同的母亲已经完成的工作更多的东西"（2.28）。

这一特征其实也适用于广义的制作，从制作对象的角度来看，所谓制作也就是使对象脱离其"自然状态"，其具体方式是在对象的自然状态上"增加"了一些比其自然状态"更多的东西"。从这个角度来看，我们也可以理解为什么洛克认为生殖不是制作。因为生殖虽然也能使存在者开始存在，因而也是一种原因，但是生殖活动所产生出来的对象"是在自然的普通进程中由内在原则所产生出来的"，而"外在的行为者或原因"只是使这一进程发动起来，却并没有使该对象从其自然状态中脱离出来。由此可见，这里的关键问题在于：（1）在制作之前，存在者（制作对象）所处的"自然状态"是怎样的一种状态；（2）制作者在存在者的自然状态上所增加的东西究竟是什么；（3）制作者是如何增加这种东西的。

2. 制作物的"自然状态"

我们首先来看第一个问题。我们知道，洛克至少在四个意义上使用了"自然"这一概念：（1）自然就是我们通常所说的"自然界"、"大自然"；（2）自然与"人为"相对，指的是非人为；（3）自然就是"本性"；（4）洛克有时候也用自然来指称上帝。这四种意义本身是有着内在关联的。当洛克说一个对象处于自然状态时，他是指该对象乃是自然界的一部分，上帝创造了它，它有着自身的本性及其活动所遵循的本性规律，它没有经过人为的改造或加工，等等。

洛克说过，"人没有制作在他出生时他发现就已经被制作的世界"①。这个世界被给予人类所共有，但是对于人来说，这样的世界及万物还处在其自然状态中。麦克斯·米拉姆（Max Milam）指出，从实践的角度看，洛克所说的"被给予共有的世界是第一性的（primary）认识论世界的实践等价物，在那个世界中，当人类

---

① John Locke. *Political Essays*. Cambridge：Cambridge University Press，1997：268.

不在时，它只拥有那些一切物质都共有的第一性质。它是，正如它曾是，惰性的"①。洛克同时也指出，"人没有制作他自己或任何其他人"②，在这个时候，甚至人自身都还没有"超出自然必然性的领域，在这一领域中，人类满足于一切动物生命的必需品，在完全相同的意义上，必然性的人类知觉到世界并且非自愿地获得世界的观念"③。也就是说，这个时候的人类还处在与动物并无差别的自然状态中，其行为同样遵循着自然的必然性，其所拥有的各种观念也是像动物一样被动地从外界获得的，还没有经过其主动能力的分辨、比较、组合、抽象、命名，等等。

这样的自然状态当然不能等同于《政府论》下篇所说的与政治社会相对的、在政治社会建立之前人类所处的那种自然状态，因为在后者中，人类已经凭借其主动能力进行劳动并且因此拥有所有权了。但是从另一个角度看，政治社会既然也是人类主动能力制作出来的产物或一个"人造物"，那么在它被制作出来之前，我们当然也可以说人类处在自然状态中。当然，以上仅仅是从人类的视角来看待自然状态。如果我们从一切精神实体（无论是作为有限精神实体的人类还是作为纯粹精神实体的上帝）的视角来看待，那么自然状态也就是存在者在未经精神实体的主动能力对之进行制作之前所处的状态。根据基督教教义，就上帝而言，这个意义上的最初的自然状态，其实就是上帝创世之前的状态，也就是虚无或非存在。

3. "原型"：从制作者到制作物

接下来的问题是，精神实体凭借其主动能力在对象的自然状态上究竟增加了何种东西。在这里我们同意戈帕尔·史瑞尼瓦森的观

---

① Max Milam. The Epistemological Basis of Locke's Idea of Property. *Western Political Quarterly*, 1967, 20（1）：23.

② John Locke. *Political Essays*. Cambridge：Cambridge University Press，1997：268.

③ Max Milam. The Epistemological Basis of Locke's Idea of Property. *Western Political Quarterly*, 1967, 20（1）：23.

点，即"制作活动是由制作者将其带入存在的那个事物的'观念'所支配的"①，而且这种观念实际上就是詹姆斯·塔利所说的"原型"观念②。既然制作活动是由制作者心灵中有关制作对象的既有的原型观念所支配的，那么我们也可以说，精神实体在对象的自然状态上所增加的那种东西就是这个"原型"观念。

所谓"原型"（archetype）概念是与"摹本"（ectype）概念相对的，它指的是"人心意图用一个观念来加以代表的东西……这些观念'并不被当作是任何事物的复本，也不将任何事物的存在作为它们的本源'（4.4.5）。一个原型观念'并不是用来代表任何事物而仅代表其自身'。它'只包含了人心意图让它所包含的内容'（2.31.14）"③。我们知道，按照洛克的观点，心灵最初直接被给予的观念都是简单观念。这些观念之所以能够产生，是因为物质实体或心灵实体的活动刺激了人类心灵，心灵通过其被动能力接受了这些刺激并产生了最初的简单观念。但是心灵还有主动能力，它可以通过其主动能力对这些观念进行保持、分辨、比较、组合、命名、抽象等，从而构造出新的观念。我们可以用这些构造出来的观念指称实体、情状和关系等，并且将这些观念本身与它们所代表的对象相比较。当这些观念所代表的对象是外在于这些观念的某种对象或"自然现实"④ 时，这些观念就是这种自然现实的"摹本"；而当其所代表的不是自然现实，而就是这种观念本身时，这种观念就是"原型"。

就上帝而言，由于上帝是一个纯粹精神实体，因此可以凭借其主动能力来构造出原型观念。而上帝在制作世界万物时所使用的原

---

① Gopal Sreenivasan. *The Limits of Lockean Rights in Property*. Oxford：Oxford University Press，1995：64.

② ［英］詹姆斯·塔利：《论财产权：约翰·洛克和他的对手》，王涛译，北京：商务印书馆 2014 年版，第 22~27 页。

③ ［英］詹姆斯·塔利：《论财产权：约翰·洛克和他的对手》，王涛译，北京：商务印书馆 2014 年版，第 22 页。

④ ［英］詹姆斯·塔利：《论财产权：约翰·洛克和他的对手》，王涛译，北京：商务印书馆 2014 年版，第 23 页。

型观念虽然是人这一有限精神实体所无法认识的，不过按照洛克的分析，这些原型观念其实就是有关实体的存在及其构成的知识。至于这种知识究竟是柏拉图主义所说的"形式"，还是奥古斯丁主义所说的"言说"等，在此都是无关紧要的。就人类而言，人类的实体观念和简单观念尽管有着与外部对象相称或不相称的区别，但是就它们都代表着外部对象而非自身而言，它们都是摹本观念而非原型观念（2.32.12，2.32.13）。但这并不代表人类就没有原型观念，因为心灵同样也可以运用其主动能力将呈现在心灵中的简单观念制作成复杂的情状观念和关系观念，而这些观念本身就是原型观念。它们"不是摹本，不是照着实在存在的模型制作出来的，心灵并不希望让它们与实在存在相契合，精确地相对应。它们是简单观念的集合，心灵自身把它们聚集在一起，而且这些集合中的每一个里面都准确地包含了心灵希望它应该包含的一切，它们是可能存在的情状的原型和本质"（2.31.14）。也就是说，复杂的情状观念和关系观念本身就是心灵制作出来的，它们本来就不是为了代表外在于心灵的自然现实或实体，而只是为了代表它们自身。例如一个钟表匠可以在自己的心灵中构思一个钟表的原型观念，这个"钟表"观念就并不是为了代表在外部世界中已经存在的某个钟表，而只是为了代表他心目中所构造出来的这个观念本身。因此洛克说，"一个人造物是人的产品，工匠设计了它并且因此非常熟悉它的观念"（3.6.40）。

从这个角度来看，制作者在对象的自然状态上"增加"原型观念的过程，其实也就是制作者的原型观念的"实现"① 过程。这种实现包括两个方面：首先是精神实体通过其主动能力在自身中构造出某种原型观念的过程，也就是原型观念本身在精神实体中的实现过程；其次是原型观念在外部世界中的实现。前一方面已如前述，这里重点讨论后一方面。就上帝而言，当他将世界从虚无中创造出来时，他是将自己已有的原型观念在虚无中实现出来，由此产

---

① Gopal Sreenivasan. *The Limits of Lockean Rights in Property*. Oxford：Oxford University Press，1995：64.

生了世界万物，包括物质实体与精神实体等。至于洛克心目中的上帝究竟是一个奥古斯丁主义的上帝，直接通过其"言说"从虚无中创造了世界，还是一个柏拉图主义的上帝，通过形式与质料的结合而创造了世界，这一点在此是无关紧要的。就人类而言，人类可以通过其主动能力来指挥自己的身体，通过其双手等的动作来完成自己心灵中的原型观念的物质实现，例如那个钟表匠就可以通过其劳动把他所构造出来的那个"钟表"的原型观念现实地实现出来。

4. 添加 vs. 混合

至此我们可以说，制作者的制作过程无非就是制作者凭借其主动能力构造出原型观念，以及将这种原型观念在现实中实现出来的过程。但是这里的一个困难在于，制作活动必须足以使制作对象脱离其自然状态，或者换句话说，原型观念的"增加"必须足以改变存在者的自然状态，问题在于这一点是如何可能的。在史瑞尼瓦森看来，这一点之所以可能，是因为制作者的原型观念本身就"构成了所制作事物的本质"①。

原型观念构成了制作对象的本质，这一点就上帝而言很好理解。洛克自己也说过，"从他者（这里的他者即上帝——引者注）那里获得其存在和开端的东西，也必定是从那个他者那里获得内在于和从属于其存在的一切东西的。它所拥有的一切能力，必定都源于那同一个根源，都是从那同一个根源获得的"（4.10.3）。换句话说，一切造物，无论是有限精神实体还是物质实体都是上帝原型观念的实现，因此上帝的原型观念本身就构成了实体的本质，而且这种本质乃是实体的"实在"（real）本质。具体来说，实体的实在本质"就是那个物体的不可感的部分的构成"，物体的"那些性质和其他属性都依赖于此"（3.6.2），同样地，人的"运动能力、感觉能力、推理能力及其他能力……他的如此有规则的形状"也都"依赖于"他的"构成"（3.6.3），这种构成本身也就是人的实

---

① Gopal Sreenivasan. *The Limits of Lockean Rights in Property*. Oxford：Oxford University Press，1995：64.

在本质所在。而所有这一切都是由上帝的原型观念所支配的，因此洛克"经常将'原因'和'起源'作为'实在本质'、'真正构造'和'基于此'的同义词来使用"①。也正是由于这个原因，实体的实在本质可以被上帝所认识，因为它们本来就是上帝的原型观念的实现。

但是当我们考虑人的原型观念与其制作对象之本质的关系时，情况就没有这么简单了。就复杂的情状观念和关系观念而言，其"名义本质和实在本质……永远是同一的"②，因为它们本来就是心灵所构造的原型观念，它们的实在本质就是心灵的原型观念。但是说人类所制作的外部对象（例如钟表）的本质就在于制作者（钟表匠）的原型观念（钟表匠心灵中的"钟表"原型），则会引起一些误解。因为洛克对实体的本质作出了实在本质和名义本质的区分，实体的实在本质在于其"不可感的部分的构成"（3.6.2），它们乃是上帝原型观念的实现，而人类作为有限精神实体是不可能认识作为无限精神实体的上帝的原型观念的。因此人类不能认识实体的实在本质，而只能认识其名义本质，后者只是一种摹本观念。而人在制作一个外部对象时必然需要利用一些"预先存在的分子"（2.26.2），具体来说，也就是物质实体。例如钟表匠在制作钟表的过程中，必然要利用一些金属之类的材料。但是既然实体的实在本质是人所无法认识的，那么说由物质实体"构成的事物"的本质在于制作者的原型观念，似乎就变得难以理解了。

这就涉及我们对所谓的洛克的"劳动混合论"的理解了。洛克在《政府论》下篇中指出，当人在劳动时，实际上是"把他的劳动"与处于自然状态的对象相"混合（mix）"，在那个对象上"加入了他自己的某些东西"（2.27）。诺齐克将洛克的这种"劳动混合论"理解为"价值添加论"，也就是"在这个物中渗满了这个

---

① ［英］詹姆斯·塔利：《论财产权：约翰·洛克和他的对手》，王涛译，北京：商务印书馆 2014 年版，第 32 页。

② ［英］詹姆斯·塔利：《论财产权：约翰·洛克和他的对手》，王涛译，北京：商务印书馆 2014 年版，第 29 页。

人所拥有的东西"①，"一个人格将其劳动混入到某个之前既已存在过的对象中，而这个对象在劳动过程中一直存在"②，并且反问道："为什么一个人的资格应该扩展到整个物品上面，而不是仅限于他的劳动所创造的附加价值上面？"③ 但是正如塔利所指出的，洛克并不认为劳动与对象的混合就是在对象上面简单地添加上某种东西，相反，"洛克认为劳动者从上帝所提供的物质中制造出了一个对象"④，"在制作和改变的过程中并没有某个东西一直存在，从而可以将劳动者添加的价值从这个东西中分离出来。劳动者构造了一个新的对象"⑤。

　　这一点也适用于广义的制作。正如洛克指出的，尽管狭义制作物是通过"一些分子制作出来的，这些分子之前全部存在"，但是"那个由预先存在的分子构成的事物，在之前并不曾存在过"（2.26.2）。通过制作者的原型观念与"预先存在的分子""混合"而制作出来的对象其实是一个新的对象，它们的本质也不在于那些预先存在的分子或实体，而在于制作者的原型观念。这一点在洛克分析钟表和人格的例子中可以看得很清楚。洛克在分析钟表时指出，工匠（workman）"认识……表的内在构成中的"各种零部件，而我们知道，对于洛克来说，所谓"内在构成"（internal constitution）其实就是"实在本质"的别名。⑥ 洛克在分析人格时也指出，人格作为人运用自身的主动能力建构起来的对

---

① ［美］罗伯特·诺齐克：《无政府、国家和乌托邦》，姚大志译，北京：中国社会科学出版社 2008 年版，第 209 页。

② ［英］詹姆斯·塔利：《论财产权：约翰·洛克和他的对手》，王涛译，北京：商务印书馆 2014 年版，第 157 页。

③ ［美］罗伯特·诺齐克：《无政府、国家和乌托邦》，姚大志译，北京：中国社会科学出版社 2008 年版，第 209 页。

④ ［英］詹姆斯·塔利：《论财产权：约翰·洛克和他的对手》，王涛译，北京：商务印书馆 2014 年版，第 157 页。

⑤ ［英］詹姆斯·塔利：《论财产权：约翰·洛克和他的对手》，王涛译，北京：商务印书馆 2014 年版，第 158 页。

⑥ ［英］詹姆斯·塔利：《论财产权：约翰·洛克和他的对手》，王涛译，北京：商务印书馆 2014 年版，第 32 页。

象，虽然也将人的身体这一物质实体包括进去了，但是人格的同一性并不在于实体的同一性，而在于自我意识。

这一点也可以从洛克对制作过程及其结果的"可感性"（sensibility）的强调中看出来。洛克反复强调，制作过程必须是"可感的"（sensible），制作的"结果是通过一种可感的分离，或者可辨识的部分的并置而产生的"（2.26.2），而且"许多种类的人造物的观念或本质，大部分是由可感部分的确定形象构成的"（3.6.40）。与之相反，实体的实在本质则在于"物体的不可感（insensible）部分的构成"（3.6.2）。之所以有这种差别，是因为人造物的制作过程及其本质乃是由人类制作者的原型观念支配的，这种原型观念对于人类制作者来说当然是可感的。相反，实体的制作过程及其本质乃是由上帝的原型观念支配的，而上帝的原型观念对于人类来说则是不可感的。因此，尽管实体的实在本质我们依然无法认识，但是我们却可以认识自己的制作物的实在本质。

由此可见，洛克所理解的制作，并不是在处于自然状态的对象之中简单地"添加"上制作者的原型观念，而在添加之后该对象还一直持存。相反，原型观念与处于自然状态中的对象的"混合"的结果乃是产生出了一个新的对象，而且这个新的对象的"实在本质"并不在于它由以构成的"预先存在的分子"或实体的实在本质，而在于制作者的原型观念。这一点无论是就上帝的创造而言还是就人类的狭义制作而言，都是如此。也正是由于这个原因，制作才足以将对象从"从自然的手中取出"（2.29），使其"脱离自然所提供并任其留处的那种状态"（2.27），从而进入一种新的、"被造的"（artificial）状态。

五、制作者权利学说的价值论基础

1. 所有权模式与主客关系

至此，我们可以说洛克所理解的广义制作即精神实体（上帝或人等）运用其自身的主动能力、以自身可以感知到的方式将自身的"原型"观念与处于自然状态中的对象相混合从而使新的对象（上帝的造物或人类的造物）开始存在的活动。其制作者权利学说的内涵，简单来说即这样一种制作活动本身就蕴含制作者对于这种制作物的所有权。但是这里面依然存在着前述的问题：事实性的制作活动如何可能蕴含一种价值性的所有权。

如前所述，对制作者权利学说的类比论解读认为这种推导的可能性根本上源于一种基督教神学信仰：上帝的创世活动本身就不仅是一种事实性活动，而且也是一种价值性活动，它内在地具有一种价值维度，而人类对其制作物的所有权是通过与上帝对其创造物的所有权的类比而来的。但是这种类比论本身就建立在割裂创造蕴含所有权与狭义制作蕴含所有权的基础之上，而我们这里所论证的广义的或单一论的制作者权利学说恰恰就是要否定掉这一基础或前提。这样一来，制作者权利学说的规范性理由或正当性基础就又成为一个问题，如果不能解决这一问题，那么就可能陷入 G. E. 摩尔所谓的从事实推导出价值的"自然主义谬误"①。

要解决这一问题，就需要我们对洛克的制作者权利学说、个人所有权理论乃至其认识论的深层意蕴在一个更加一般的理论框架中作出进一步的解读，这一框架即主客关系框架。正如第五章已经指出的，权利与德性的关系问题实际上所处理的乃是人与人之间或主体与主体之间的关系问题。但是当洛克引入所有权模式来处理这一关系时，这里面就存在着一个转换过程：所有权模式首先要处理的是人与物，亦即主体与客体之间的关系，而当我们把它运用到人与人之间的关系上时，实际上是将这种主体间关系转换为一种主客关系。而以主客关系作为认识论、存在论与价值论的出发点，这正是由笛卡儿及洛克等人所开启的近代西方哲学的主体主义转向的一个突出特征。就此而言，无论是洛克的制作者权利学说、个人所有权理论还是其认识论，实际上都是在这种主客关系模式的框架内来展开的。

---

① 参考［英］G. E. 摩尔：《伦理学原理》，陈德中译，北京：商务印书馆 2017 年版。

2. 存在论、认识论与价值论的统一

这样一来，我们就可以首先从主客关系模式出发对洛克的制作者权利学说及其个人所有权理论作出一种新的解读，然后在此基础上考察洛克是如何避免"自然主义谬误"问题，从而为制作者权利学说提供一种正当性基础的。

首先，如前所述，制作活动是制作者将制作物带入到存在之中的一种活动，因此它首先是一种存在论而非认识论或价值论层面上的活动。从主客关系的角度来看，所谓的制作者即制作活动的主体，而所谓的制作物即制作活动的客体。这样一来，作为制作者的精神实体（如上帝或人）与其制作物［即包括了通常意义上的物和个人在内的广义的"物"（res）］的关系就被理解为一种存在论层面上的制作关系。当然，如前所述，这种制作关系更一般地说则是一种存在论层面上的因果关系。

其次，制作活动是由精神实体运用其建立在精神的主动性之上的主动能力而作出的一种活动，其中的关键就在于精神实体的"原型"观念的参与，就此而言，制作活动必须以精神实体的认识活动为前提。换言之，制作活动之所以能够与生殖和变更活动相区分，就是因为制作者在制作之前就已经对制作物的"原型"有着清楚的认识，甚至这一"原型"观念本身就是由制作者构造出来的。正如伊安·夏皮罗等人指出的，对于洛克来说，人类认识的确定性与可靠性最终并不是由认识与对象的"符合"来保证的，而是由作为制作者的人类对于制作物的"原型"观念的认识而得到保证的。① 换言之，制作不仅蕴含所有权，也蕴含认识，而且无论是在时间上还是在逻辑上，后者都比前者更加优先。既然制作本身就蕴含认识并以对原型的认识为前提，那么我们也可以说，制作主体同时也是认识主体，而制作客体当然也是认识客体，二者之间的存在论层面上的制作关系或因果关系实际上是与认识论层面上的认

---

① ［美］伊安·夏皮罗：《政治的道德基础》，姚建华、宋国友译，上海：上海三联书店2006年版，第11~17页。

识关系相统一的。

再次，根据洛克的所有权模式，主客之间的关系还体现为所有权的权利主体与权利客体之间的关系。换言之，主客关系还存在着一个价值论或所有权层面的所有关系。另一方面，尽管我们可以从思想上将主客关系区分为存在论层面上的制作（因果）关系、认识论层面上的认识关系及价值论层面上的所有关系，同时还可以据此在思想中将同一个主体区分为制作主体、认识主体与权利主体，将同一个客体区分为制作客体、认识客体与权利客体，但是从存在与外延上来看，制作主体、认识主体与权利主体实际上是同一的，就客体而言亦是如此。就其规范性理由而言，存在论层面与认识论层面的主体、客体、主客关系之所以能够实现统一，关键在于洛克的"制作蕴含认识"这一预设，而这一预设又是由制作活动对"原型"观念的依赖而得到辩护的。同样的，存在论层面与价值论层面的主体、客体、主客关系之所以能够实现统一，关键也在于洛克的"制作蕴含所有权"这一预设。

3. 作为日常道德直觉的"制作者权利学说"

不过困难始终在于，洛克实际上并没有提供对这一预设的规范性辩护，或者换句话说，洛克始终将这一命题作为一种预设而予以了肯定。我们固然有可能像类比论解读那样，将这一预设作为基督教神学所固有的内涵加以接受下来，但是更一般地看，这一预设实际上乃是源于人类的一种一般性的"日常道德直觉"。通俗地讲，其内涵在于：每个付出了自身劳动（尤其是当这种劳动异常艰辛，且经由这种劳动而制作出了一种新的造物时）的劳动者，都应当享有对自身劳动产品的所有权，这是一种自然的正义，否定这一点即为不义。从发生学的角度来看，这种日常道德直觉或许至少与私有制的历史一样悠久，并且在漫长的进化过程中已经沉淀为人类的一种共享性"常识"。

当然，如果我们承认并坚持从事实推导不出价值这一立场，那么这种日常道德直觉的正当性当然是有疑问的。但是就洛克而言，他似乎并未打算否定这种日常道德直觉的合理性，而是将其作为一个预设接受下来，并将其个人所有权理论建立在这种直觉的基础之上。当然，另一方面，洛克通过对于广义"制作"概念的更加精确的辨析，从而对这种日常道德直觉的核心内涵作出了明确的界定或限制，其中的关键就在于强调制作本身的"本质性理智维度"。就此而言，洛克实际上是以"制作蕴含认识"与"制作蕴含所有权"这两个命题为中介，而实现了存在论、认识论与价值论的统一。

此外，我们或许还可以从另外三个角度来为洛克的这一预设加以辩护。首先，我们可以看到，其实无论是洛克之前还是其后的许多思想家（如黑格尔、马克思、诺齐克等）实际上都在某种程度上接受了这一预设。"劳动价值论"就是其具体体现，马克思对资本家剥削工人剩余价值的道德批判，一定程度上就是因为这种剥削实际上是对工人（制作者）因其劳动（制作）而来的所有权的剥夺。① 其次，尽管我们在很多情况下需要对日常道德直觉进行反思甚至批判，但是并不能因此彻底否定日常道德直觉本身的合理性。我们或许无法从理性出发对日常道德直觉的合理性加以充分的辩护，但是或许（至少在某些情况下）问题并不出在日常道德直觉本身，而是源于人类理性自身的有限性。例如，"制作蕴含所有权"这一日常道德直觉的合理性或许就源于我们的理性尚无法清楚地认识和理解进化或适应的必要性。再次，尽管上述两种理由并没能从正面回应"自然主义谬误"的指责，但是我们也可以从反面来质疑这一指责本身。这种指责本身就建立在"是"与"应当"、事实与价值的截然二分的基础之上，但是随着伦理学的发展，人们对于这种二分法本身的合理性也提出了越来越多的批评与质疑。②

---

① 参考 Janet Coleman. Pre-Modern Property and Self-Ownership Before and After Locke：Or，When did Common Decency Become a Private Rather than a Public Virtue? *European Journal of Political Theory*，2005，4（2）；［英］G. A. 柯亨：《自我所有、自由和平等》，李朝晖译，北京：东方出版社 2008 年版。

② 对这种质疑的考察已经远远超出了本书的范围，对此可参考［美］希拉里·普特南：《事实与价值二分法的崩溃》，应奇译，北京：东方出版社 2006 年版等。

第三节　实体—人 vs. 人格—自我：
　　权利客体的层次之分

从上一节的分析中我们可以看到，根据洛克的制作者权利学说，解决个人所有权归属难题的关键就在于确定究竟是谁制作了"个人"这一个人所有权的权利客体。如果我们能够确定这一点，这一难题似乎就迎刃而解了。但问题并没有这么简单，因为这种思路的前提在于，"个人"在洛克这里是一个清楚明白的概念，因而无需再作进一步的考察，但事实显然并非如此。因为正如西格雷夫、史瑞尼瓦森等人已经注意到的，在洛克这里个人实际上是一个非常复杂的、有着多个层面的概念。因此在确定个人所有权归属问题时，我们不仅要确定究竟是谁制作了个人，而且还要确定这个制作者究竟制作了个人的哪个或哪些层面，而后一个问题正是本节所要考察的主题。

一、实体—人 vs. 人格—自我：个体的不同层面

如前所述，对于洛克来说，个人所有权是所有权的一种特殊类型，其特殊之处在于这里的所有物乃是人类个体。对于某些学者来说，只有物才能被拥有，所有物只能是物而不能是人，因此根本就不可能存在个人所有权。但是洛克显然并不这么认为，他不仅将个人视作所有权客体，而且正如 S. 西格雷夫已经指出的，细致的文本分析表明，洛克在谈及上帝所有权和自我所有权的所有物时，使用的术语有着明确的差异。在前引《政府论》下篇第二章第 6 小节论述上帝所有权的著名段落中，"洛克以一种复数的、全体的方式来提及人类："人类"（humankind）、"全部"（all）、"他们"（they）、"我们"（we）和"我们"（us）乃是洛克的论证的主要术语"①。此外在同一章第 4 小节，洛克提到人类时也称之为"造

---

① S. Adam Seagrave. Self-Ownership vs. Divine Ownership: A Lockean Solution to a Liberal Democratic Dilemma. *American Journal of Political Science*, 2011, 55 (3): 721.

物"（creatures），而且是"同一种族和等级的造物"、"毫无差别地生来就享有自然的一切同样的有利条件，能够运用相同的能力"，并且有一个"他们全体的主和主人"（lord and master of them all）（2.4），实际上也就是上帝。而在讨论自我所有权时，洛克所说的所有物则是"他自己的人格"（his own person）、"他自己"（himself）、他的人格的"行为或劳动"（2.27，2.44）。

在西格雷夫看来，术语上的这种差异可以向我们证明，作为上帝之所有物的人乃是人类整体或人类这一种族，人类个体只是作为这一整体的无差别的成员而成为上帝的所有物，而作为个体自身之所有物的人则是其人格与自我（self）。"如果一个对象能够在理解中被区分为两个，同时在其具体存在中仍然是同一的，被理解所区分的每一个对象就都可以有一个不同的所有者。在当前的例子中，如果一个特殊的人类能够被区分成两个，那么上帝和那个人类自己对同一个人类的同时存在的单一的所有权就是可能的。"① 这样一来，如果我们能够将在具体存在上同一的人类个体在理解中区分为不同的层面，并且能够证明上帝和个体自身分别制作了同一个人类个体的不同层面。那么根据制作者权利学说，我们就可以由此证明上帝和个体自身在不同层面上拥有对同一个人类个体的所有权。

西格雷夫的结论是否正确还有待考察，但是这也提醒我们要更加仔细地考察洛克对人类个体的不同层面的划分，这一划分的最详细阐述存在于《人类理解论》第二卷第 27 章"同一性和差异性"之中。在这里，洛克对"实体"、"人"、"人格"作出了非常细致的划分②：

① S. Adam Seagrave. Self-Ownership vs. Divine Ownership：A Lockean Solution to a Liberal Democratic Dilemma. *American Journal of Political Science*，2011，55（3）：716.

② 参考 S. Adam Seagrave. Self-Ownership vs. Divine Ownership：A Lockean Solution to a Liberal Democratic Dilemma. *American Journal of Political Science*，2011，55（3）：719；［英］詹姆斯·塔利：《论财产权：约翰·洛克和他的对手》，王涛译，北京：商务印书馆 2014 年版，第 52~56、157~166 页；等等。

（1）实体（substance）是我们所"假设"的"存在着的那些性质"的支撑（support）或支托（substratum）（1.4.18，2.23.2）。个体的实体层面确立了其与非存在之间的区别。

（2）人。人是由身体（物质实体）和灵魂（精神实体）共同组成的、有着特殊的"形状和构成"的动物（2.27.6，2.27.8）。个体的这一层面确立了个体与其他动物的区别，但是并没有确立起特殊的人类个体彼此之间的区别。换句话说，这一层面的人类个体都是"同一种族和等级的造物"、"毫无差别地生来就享有自然的一切同样的有利条件，能够运用相同的能力"（2.4）。

（3）人格是"一种能思维的理智的存在者，具有理性和反省，并且能够认它自己为它自己，在不同时间和地点认它自己为同一个思维之物"（2.27.9）。个体的人格确立起了特殊的人类个体彼此之间的差别。

从前述对洛克制作者权利学说的考察中我们已经可以发现，洛克将制作活动限定为一种精神实体借助其主动能力以一种可感的方式将存在者带入存在的活动。根据这一定义及洛克的相关文本我们可以确定一点，即在洛克这里个人的"实体—人"层面显然不可能是由个人自身，也不可能是由其父母制作出来的，而只可能是由上帝制作出来的。而对于这种制作我们实际上无法加以精确的认识，因为对于实体的实在本质的认识本身就超出了我们的能力范围。另一方面，洛克的人格与自我概念则显得尤其复杂，因此本节将重点对这些概念进行细致的考察。

与"上帝所有权"概念一样，洛克在其文本中也没有使用过"自我所有权"这一概念。G. A. 柯亨曾指出，"当我们说一个人拥有他自己时，我们并不是说这个人拥有了某种内在而深沉的东西。说 A 拥有自我所有权，只不过是说 A 拥有 A："自我"在这里指的是一种反身关系。排除这种所有权概念的反身用法，我认为它就没有任何意义"①。但是当我们将这个概念指派给洛克时，情况

---

① ［英］G. A. 柯亨：《自我所有、自由和平等》，李朝晖译，北京：东方出版社 2008 年版，第 238 页。

却没有这么简单。因为如前所述，当洛克谈到与柯亨所说的自我所有权相类似的问题时，他所说的所有物大多是"他自己的人格"、"他的身体的劳动，和他的双手的工作"、他的人格的"行为或劳动"，等等，而这些概念在洛克那里显然不能与人类个体直接等同。

　　此外，虽然洛克也说过人是"他自己的主人"（master of himself），但是洛克曾指出，"主人"（master）这一概念有两种用法：一是与"仆人"相对，这个意义上的主人对于其仆人只有"暂时支配他的权力，而且不超越他们之契约中所规定的范围"（2.85）；二是与"奴隶"相对，这个意义上的主人对于其奴隶则拥有"绝对统辖权和专断权力"（2.85）。这两种意义显然不能等同。更重要的是，即使我们根据上下文将这里的"主人"等同于后文的"所有者"（proprietor）（2.44），但是我们知道，洛克在使用"自己"（self）这一概念时也有两种用法。一是像柯亨所说的那样，作为一个反身代词表示反身关系。在这种情况下，A 自己就等于 A，说 A 拥有他自己，就等于说 A 拥有 A。二是指一个人的"自我"（self），这个"自我"概念在内涵上与"人"不同，它是一种"有意识的思维之物，它可以感觉到或意识到快乐和痛苦，能够拥有幸福和苦难，并且因此在意识扩及的范围内关心它自己"（2.27.17）。在这种情况下，说 A 拥有他自己，则是说 A 拥有 A 的自我。问题在于，这里洛克究竟是在哪种意义上来使用"他自己"（himself）这一概念。

二、人格与自我概念

　　洛克对人格和自我的理解深受笛卡儿的影响，例如他说，"如果我怀疑别的一切东西，那么那种怀疑本身就使我知觉到了我自己的存在，而且不容我来怀疑它"（4.9.3），这与笛卡儿"普遍怀疑"的方法和"我思故我在"的命题"似无差别"[1]。但是我们略

---

　　[1]　孙向晨：《近代哲学"自我"观发展中的否定性环节——略论英国经验主义的"自我"观》，《上海社会科学学院学术季刊》1992 年第 4 期，第 92 页。

一考察就会发现，二者对人格或自我的理解的差别是很大的。这种差别首先体现在，"笛卡儿把'自我'等同于有限的精神实体（心灵）"[1]，自我的同一性依赖于精神实体的同一性。但是作为近代经验主义的代表人物，洛克则认为实体只不过是我们所假设的、存在于经验所观察到的各种性质背后的"基层"或"支撑"。虽然实体的存在是必要的假设，但是实体本身却是我们无法认识的。人格与自我决不能等同于实体（无论是精神实体、物质实体，还是二者的结合），其同一性也不在于实体的同一性。他甚至极端地认为，自我有可能与不同的实体相结合，而在结合之后依然是同一的自我。

这就为我们引出了洛克与笛卡儿之间的一个更根本的差别：笛卡儿"把'自我'提到首要地位，作为自己哲学的出发点"；相反，作为一个经验主义者，洛克哲学的出发点则是源于经验的、"心灵中直接呈现的'观念'"，他是"从'观念'出发来研究'自我'的"[2]。所谓"观念"（idea），就是"一个人在思想时理解的任何对象；我用它来表示人们所理解的幻象、意念、形式或心灵所能想到任何东西"（1.1.8），换句话说，观念就是心灵中所出现的一切"'思维对象'或'思维材料'"[3] 或"意识对象"。按照洛克的经验主义，这些观念或意识对象就是我们所直接面对或直接被给予的对象，人格及其同一性就是从中被发现或被建立起来的。从"观念"出发，洛克将人格界定为"一种思维的理智的存在者，具有理性和反省，并且能够认它自己为它自己，在不同时间和地点认它自己为同一个思维之物"（2.27.9），而"人格是这个自我的名称。无论一个人在哪里发现了他称之为他自己的东西，我想另一个人就可以说存在着同一的人格"（2.27.26），两者基本上

---

[1] 张桂权：《论"人格同一性"——洛克、莱布尼兹、休谟的解释与争论》，《四川大学学报（哲学社会科学版）》2011年第3期，第98页。

[2] 孙向晨：《近代哲学"自我"观发展中的否定性环节——略论英国经验主义的"自我"观》，《上海社会科学学院学术季刊》1992年第4期，第93页。

[3] 倪梁康：《自识与反思》，北京：商务印书馆2002年版，第90页。

是同义的。① 也就是说，所谓人格或自我，无非就是那个能够在处于"不同时间和地点"的不同观念之中发现"他自己"并且"认它自己为它自己"，也就是保持着同一性的同一体。

三、人格与自我的同一性

接下来的问题在于，我们如何能够从不同的观念之中确立起人格或自我的同一性。在回答这个问题之前，我们首先需要对洛克的同一性和差异性概念进行考察。洛克指出，同一性和差异性观念源于我们对"存在于任何一个确定的时间和地点的任何事物"与"存在于另一个时间的它自己"的比较，如果两者之间"没有任何变化"（2.27.1），那么它们就是同一的，否则就是差异的。从存在的起点来看，"凡是具有一个起点的东西，就是同一的东西；而那些在时间和地点方面具有与前者不同起点的东西，则与前者不是同一的，而是差异的"（2.27.1）。也就是说，所谓存在者的同一性就是其存在在时间和空间中有一个唯一的起点，并且在不同的时间和空间中持续存在。

从同一性和差异性的角度来看，意识对象（"观念"）在由意识（"心灵"）赋予其同一性之前，它们彼此之间只具备差异性。之所以这样说，是因为我们知道，意识对象之所以能够出现在意识之中，是因为人类拥有各种能力因而能够进行各种相应的活动或行为：通过被动能力的活动或行为，心灵可以接受各种简单观念；而通过主动能力的活动或行为，心灵可以将各种简单观念加以分离、

---

① 关于自我与人格的关系，西格雷夫认为，"'自我'是洛克用来表述一个在事实上确实'通过意识……认它自己为它自己'的'人格'"，而人格则是"一个能够'认它自己为它自己'的'思维之物'"，但他同时也指出，他的这种设想与洛克所说的"人格是这个自我的名称"（2.27.26）"乃是相关的和一致的"，虽然他未并就这种一致性展开充分的讨论。参考 S. Adam Seagrave. Self-Ownership vs. Divine Ownership: A Lockean Solution to a Liberal Democratic Dilemma. *American Journal of Political Science*, 2011, 55（3）: 719。

组合、比较等，从而形成各种复杂观念。但是"那些前后相继地存在的事物——例如有限存在者的行为，即运动和思维，它们组成了一个前后相继的持续链条——彼此之间毫无疑问只具备差异性：因为每种行为刚刚开始就消灭了，它们不能在不同的时间或不同的地点存在，而永恒存在者则可以在不同的时间存在于相隔遥远的地点；因此任何运动或思想，若被看做在不同时间发生的，就不可能是同一的，它的每一个部分都各有一个不同的存在之开端"（2.27.2）。也就是说，从时间的角度来看，人的每一个具体的行为（无论是身体的运动还是心灵的思想）只能存在于一个瞬间，它们"来去匆匆"、"乍生乍灭"①，不能在不同的时间之中存在，因而彼此之间只具备差异性而不具备同一性。尤其是就心灵的思想即意识行为来说，它们似乎只是一系列在时间的绵延中不断"流逝的知觉"，只是"一系列心理事件，即一团一团的知觉"②。意识行为彼此之间的这种差异性也导致了意识对象（即观念）彼此之间的差异性，"任何人只要一观察他自己的心灵中所流过的东西，显然就会发现，只要他醒着，在他的理解中就存在着一连串不停地前后相继的观念"（2.14.3），而前后相继地存在的事物彼此之间则只有差异性。

问题在于，既然直接被给予的意识对象就是这些"前后相继"的观念，那么我们如何能够从这些彼此差异的观念之中发现或确立起人格的同一性。洛克的回答是，"它能够这样做，只是由于意识，意识与思维不可分离，而且对我来说意识对于思维而言似乎是本质性的：任何人在知觉时都不可能不'知觉到'他在知觉。当我们看、听、嗅、尝、感觉、思维或意欲任何东西时，我们都知道我们在这么做。因此意识总是与我们当下的感觉和知觉相伴的：而且正是通过这一点每个人才对他自己而言是他所谓的自我"

---

① ［英］阿龙：《约翰·洛克》，陈恢钦译，沈阳：辽宁教育出版社2003年版，第168页。

② ［英］阿龙：《约翰·洛克》，陈恢钦译，沈阳：辽宁教育出版社2003年版，第168页。

（2.27.9）。既然如此，那么人格或自我的同一性当然也就不在于实体的同一性而在于意识了。

值得注意的是，洛克这里所说的意识显然不是对象意识，而是自我意识。根据倪梁康先生的分析，所谓"对象意识"，乃是一种"最常见的直向的意识方式……它们的本质结构被看作是意向性：在这个意义上的意识始终是关于某物的意识"①。洛克所说的"我们看、听、嗅、尝、感觉、思维或意欲任何东西"或"在知觉"，就是一种对象意识。这种对象意识并不为人类所独有，动物也有一定的对象意识。因为动物与人一样具备被动能力（甚至有可能具备较低程度的主动能力），因此也能够"看、听、嗅、尝、感觉"，也可以接受一些观念。而所谓的"自我意识"，则是"对意识活动本身之进行的意识"②，是"一种与对象意识的进行同时发生的、对此进行活动本身的觉晓方式"③。而洛克所说的在知觉时"'知觉到'他在知觉"，在看、听、嗅、尝等等时"知道我们在这么做"，以及在感觉和知觉时"总是与我们当下的感觉和知觉相伴"的意识，其实就是自我意识，就是与我们的看、听、嗅、尝、知觉、感觉等意识活动"同时发生的"、对"这些活动本身的觉晓方式"，"这个意义上的'意识'因而也就是'自我意识'（self-consciousness）"④。

自我意识之所以能够从在时间之流中不断流逝因而自身只具备差异性的意识对象、意识行为中确立起人格和自我的同一性，确立

---

① 倪梁康：《自识与反思》，北京：商务印书馆 2002 年版，第 17 页。

② 倪梁康：《自识与反思》，北京：商务印书馆 2002 年版，第 17 页。倪梁康先生的原文是"自身意识"。倪梁康先生认为，英文的"self"与德文的"Selbst"一样，"并不一定包含'自我'的含义"，"self-consciousness""也并不一定就是关于自我的意识，它也可以是指对意识活动本身之进行的意识"，因此他将后者译作"自身意识"（倪梁康：《自识与反思》，北京：商务印书馆 2002 年版，第 17~18 页）。我们认为倪梁康先生的见解是很有道理的，但是本书出于惯例及上下文统一的考虑，将这个概念统一译作"自我意识"。后文引倪梁康先生该著时参照同一原则，不再说明。

③ 倪梁康：《自识与反思》，北京：商务印书馆 2002 年版，第 19 页。

④ 倪梁康：《自识与反思》，北京：商务印书馆 2002 年版，第 98~99 页。

起同一的人格和自我，有两方面的原因。

首先，自我意识伴随着每一个"当下的"，也就是仅仅存在于时间之绵延的一个瞬间（因而只具备差异性）的行为，而且在每一个当下行为中都意识到"我"的存在。"当我们看、听、嗅、尝、感觉、思维或意欲任何东西时，我们都知道我们在这么做。因此意识总是与我们当下的感觉和知觉相伴的"（2.27.9），"在每一个感觉、推理或思维行为中，我们都向着我们自己意识到我们自己的存在"（4.9.3）。而且自我意识不仅伴随着我们当下的意识行为（心灵的思想），也伴随着我们当下的身体行为（身体的运动），例如我们的"身体的劳动"和"双手的工作"（2.27）。因为当我们的身体在运动时，我们也可以对这些运动本身有对象意识，而且同时对这种对象意识的进行本身有所意识。更重要的是，与对象意识不同，自我意识在意识到我们当下的行为（如"看、听、嗅、尝、感觉、思维或意欲"）的同时，它总是可以意识到是"我"在看、听、嗅、尝、感觉、思维或意欲。换句话说，自我意识在每个当下的行为中都意识到"我"的存在。在洛克看来，正是由于自我意识与我们每一个当下的知觉相伴随，"每个人对他自己而言才是他所谓的自我"（2.27.9）。

其次，自我意识不仅伴随着"当下的"行为，而且能够超出当下，将存在于不同时间的行为统一起来，并且意识到这些不同时间的行为都是同一个"我"的行为。对于休谟而言，即使我们承认自我意识与当下的行为相伴随，也无法建立起来人格及其同一性。在他看来，"'自我'或'人格'是正在知觉并察觉到正在知觉的'我'"①，但这样的"我""只是那些以不能想象的速度互相接续着，并处于永远流动和运动之中的知觉的集合体，或一束知觉"②。换句话说，即使我们的知觉并不是动物那样的"赤裸裸的

---

① 张桂权：《论"人格同一性"——洛克、莱布尼兹、休谟的解释与争论》，《四川大学学报（哲学社会科学版）》2011 年第 3 期，第 98 页。

② ［英］休谟：《人性论》，关文运译，北京：商务印书馆 1980 年版，第 282 页。

知觉"（2.9.1）或单纯的对象意识，而是"在知觉时都不可能'知觉'不到他在知觉"（2.27.9），亦即总是伴随着自我意识，但是它依然只存在于当下、只存在于时间之绵延的一个瞬间，因而无法建立起人格的同一性。对此洛克指出，"当我们在思想时，或者当我们前后相继地接受心灵中的各种观念时，我们知道我们确实存在；而且我们因此称我们自己的存在，或我们自己的存在的持续……为我们自己的绵延"（2.14.3），"不论过去多久的岁月，只要能被意识扩及，意识就能把时间中相隔遥远的行为和存在统一进同一的人格，正如它能把刚刚过去的瞬间的存在和行为统一进同一的人格"（2.27.16），"这个意识在回忆过去的行为或思想时，它追忆到多远程度，人格同一性亦就达到多远程度"（2.27.9）。也就是说，通过自我意识，我们不仅在每个当下的行为中发现"我"的存在，而且在前后相继的行为中发现"我"的持续存在，此外我们还可以通过记忆去回忆过去的行为，而且通过自我意识意识到那是同一个"我"的行为，从而发现同一个"我"的存在。

这也就是说，与只存在于时间之流的某一瞬间、"乍生乍灭"、"来去匆匆"，并且因此只具备差异性的各种对象意识及意识对象不同，自我意识伴随着"我"的每一个当下行为，并且能够将不同时空的行为都认作"我"的行为。这就使得自我意识能够把这些差异性的对象意识以及意识对象都统一进同一个"自我"，从而确立起人格和自我及其同一性。"人类在自我意识中，即在对自我的意识、对'我'随着时间的持续意识中找到他们的同一性，这种自我意识充当了人的经验、意图和行动的统一性的基础。确实，'我'不仅随着时间持续存在，而且是建构人类的时间性的基础；人类的自我是一种时间性的实体，而其他物的自我则不是如此。"[1]同时，"自我意识不仅决定着人格的可能，而且决定着人格的范围"[2]，只有在自我意识所及的范围内，我们才能建立起人格或自我。

---

[1] ［美］迈克尔·扎克特：《洛克政治哲学研究》，石碧球等译，北京：人民出版社2013年版，第342~343页。

[2] 倪梁康：《自识与反思》，北京：商务印书馆2002年版，第99页。

需要注意的是，虽然洛克曾经反复地、明确地指出，人格或自我及其同一性成立于自我意识而不是实体的同一性，但是洛克的人格或自我却并不能等同于自我意识。因为洛克也非常明确地说过，"任何实体只要同当下能思维的那种存在者有生命地统一在一起，它就是现在自我的一部分"（2.27.17），"我们身体的一切分子，当它们和这个同一的能思维的、有意识的自我有生命地统一在一起，以至于当它们被碰触时我们可以感觉到，它们所遇到的祸福，我们亦会受影响并且意识到时，就都是我们自己的一部分，都是我们的能思维的、有意识的自我的一部分"（2.27.11）。这一点非但并不与人格或自我的同一性成立于自我意识相冲突，而且个体之所以能够做到这一点，恰恰是由于自我意识。因为当身体与人格或自我"有生命地统一在一起"（vitally united）时，心灵就可以知觉到它们，而这种知觉也必定始终与自我意识相伴随。这样自我意识就可以将身体视作"我的"或"我们自己的一部分"，从而将其统一进人格或自我。

四、自我的结构

以上分析也向我们证明，确如迈克尔·扎科特所言，洛克的"自我并非像霍布斯所假设的那样是一个自然地被赋予的存在（entity），而是有一个结构"①。自我（self）的这个结构包括三个层面，即作为主体的"我"（I）、作为客体的"我"（me）、"我的"（mine）。（1）作为客体的"我的"（mine）。通过自我意识，我总是可以意识到我的意识行为乃是"我的"（my）意识行为，

---

① ［美］迈克尔·扎克尔：《洛克政治哲学研究》，石碧球等译，北京：人民出版社 2013 年版，第 6 页。迈克尔·扎科特对洛克的"自我"的结构尤其是其建构作出了非常出色的分析。本段对洛克的"自我"的结构的分析，以及后文对洛克的"自我"的建构的分析，一定程度上借鉴了扎科特的观点，但是在一些具体问题上有所出入。参考 ［美］迈克尔·扎科特：《自然权利与新共和主义》，王崇兴译，长春：吉林出版集团有限责任公司 2008 年版，第 365~380 页；［美］迈克尔·扎科特：《洛克政治哲学研究》，石碧球等译，北京：人民出版社 2013 年版，第 211、343 页等。

总是可以意识到我的观念或"思维对象"、"思维材料"乃是"我的"观念或"思维对象"、"思维材料"。也是通过自我意识，自我意识到我的身体及其运动行为乃是"我的"身体及其运动行为。也正是由于这个原因，我们才不能将洛克的自我等同于自我意识。因为通过自我意识，我的身体和心灵、我的当下的行为（身体的运动和心灵的思维）和意识对象（观念）、意识所及的我的过去的经验，全都变成了"我的"，因而变成了"自我"的一部分。（2）作为客体的"我"（me）。自我在进行意识活动时，不仅可以发现"我的"意识行为、意识对象的存在，而且可以发现"我"（me）的存在。"在每一个感觉、推理或思维行为中，我们都向着我们自己意识到我们自己的存在（our own being）"（4.9.3）。"我的"意识行为始终是"我"的意识行为，意识材料、经验、情感等等都是如此。（3）作为主体的"我"（I）。自我的中心是作为主体的"我"（I），"我们知道在流逝的知觉，而且还知道有一个持久的、同一的'我'。知觉来去匆匆，'每个知觉乍生乍灭'，我们在讨论人格同一性的时候不可能讨论一系列心理事件，即一团一团的知觉。在这些东西之上有我们所晓悟的一个高高在上的时间中延续的'我'，一个现在享用这样那样的经验及昨天享用过另一些经验的'我'"①。"这个'我'是完全抽象和空洞的自我（ego），是其自己的意识材料的所有者，始终能够在这些经验中找到，但又不会迷失于其中"②。

　　正如扎科特所言，洛克的"自我"（self）最终体现为"主体之'我'（I）与客体之'我'（me）、抽象和空洞的自我（ego）与被理解为我的因而被理解为客体之我（me）的意识内容的复合体"③。在我们的一切意识活动中，"我们都向着我们自己意识到

---

　　①　［英］阿龙：《约翰·洛克》，陈恢钦译，沈阳：辽宁教育出版社2003年版，第168页。

　　②　［美］迈克尔·扎克特：《洛克政治哲学研究》，石碧球等译，北京：人民出版社2013年版，第343页。

　　③　［美］迈克尔·扎克特：《洛克政治哲学研究》，石碧球等译，北京：人民出版社2013年版，第343页。

我们自己的存在（we are conscious to ourselves of our own being）"
(4.9.3)："我"（I）在意识、"我"（I）意识到"我"（me）在
意识、"我"（I）意识到"我的"（mine）意识。换句话说，我
（I）总是可以发现我（me）存在着并且拥有我的（my）一切。

　　自我的这一结构也向我们表明，虽然个体并没有如上帝那样直
接制作自己的身体（物质实体）或灵魂（精神实体），但是通过自
我意识，个体的人格或自我同样能够将其身体或灵魂及其行为统一
进自身，而且这种"统一"使得身体或灵魂及其行为成为人格或
自我的一部分。这也向我们表明，虽然洛克的人格或自我在内涵上
与"人"这一概念大相径庭，但是在外延上它与"人"在很多时
候却是重合的甚至是一致的。

　　综上所述，既然制作者享有对于个人的所有权，而在个人内部
又存在着"实体—人"与"人格—自我"的区分，那么个人所有
权归属难题最终的解决就在于回答这样一个问题：谁制作了什么。
例如，假设个人的两个层面都是由上帝制作的，那么根本就不可能
存在原初的自我所有权。相反，如果个人的人格和自我就是由其自
身制作出来的，那么就至少可能存在一种有限的自我所有权。因此
"谁制作了什么"就成为解决个人所有权归属难题，进而是权利与
德性关系问题的关键所在了，而对这一问题的考察则是下一章的任
务所在。

第七章　基于中立性辩护的自我所有权：
统一的理论路径

　　从上一章对个人所有权结构公式所包含的权利性质、辩护基础和权利客体的分析中我们可以看到，解决个人所有权归属难题的关键就在于对"谁制作了什么"这一问题的回答，这也是本章第一节首先要解决的问题。但是在对这一问题进行考察的过程中我们可以发现，在洛克的思想体系中存在着基督教神学与经验主义认识论等难以完全通约的完备性学说，而且这些不同的完备性学说会导致对这一问题的不同回答，这就使得我们有必要对洛克的辩护模式进行深入的考察。本章第二节从中立性辩护与完备性辩护的区分出发，从必要性、正当性与可能性等角度对洛克的辩护模式进行了细致的分析，最终确定了洛克采取的是一种基于虚拟完备性辩护的真实中立性辩护模式。基于这些考察，本章第三节最终确定了洛克在个人所有权归属问题上的主张乃是一种奠基于中立性辩护之上的自我所有权模式。根据这一模式，洛克在自主的政治领域中主张一种相对于其他公民的完全自我所有权，但是在道德等非政治领域中则主张一种"多级人身所有权"，从而在个人所有权理论框架内实现了权利与德性的统一。

第一节　"谁制作了什么"：
归属难题的解决之道

　　根据洛克的制作者权利学说，解决个人所有权归属问题的关键就在于究竟是谁制作了个人。与此同时，根据洛克对个人所有权权利客体即个人内部层次的划分，个人又包括了"实体—人"层面与"人格—自我"层面。因此更准确地说，解决归属问题的关键就在于究竟是谁（上帝还是个人自身）制作了什么（"实体—人"层面还是"人格—自我"层面），这也是本节所要考察的重点。但是值得注意的是，如前所述，基于洛克的经验主义认识论原则与"双重性质"学说，个人的"实体—人"层面乃是由上帝创造出来的，但是人类由于其认识能力的有限性实际上是无法真正认识这一创造过程的。不过另一方面，在这一问题上学者们的分歧并不大。问题的关键还是在于个人的"人格—自我"层面究竟是由谁制作的，正是在这一问题上，学者们产生了分歧。这种分歧的关键就在于：个人是否及如何可能制作了自身的人格与自我？本节将首先对洛克的人格和自我的自我建构过程进行细致的分析，以表明这种自我制作是可能的，从而论证在洛克那里存在着一种对于人格和自我的自我所有权。接下来本节还将围绕"谁制作了什么"这一核心问题来考察这种对于"人格—自我"的自我所有权与对于"实体—人"的上帝所有权之间的关系。

一、"人格—自我"的自我建构：自我所有权的生成

1. 从自我建构到自我所有权

按照洛克的单一论的制作者权利学说，个人如果能够对自身享有自我所有权，那就意味着个人制作了自身。根据洛克对个人这一权利客体的更加细致的划分，我们可以说，在洛克那里个人确实制作了自身的某一部分，这一部分亦即个人的人格或自我。洛克明确指出，"一个人在他拥有认识之前就拥有了一个人的个体性，但是在他拥有认识之前并不是一个人格"，"人格是一个统一体的名称，它并不是先被给予然后被认识，而是只有通过被意识建构起来（constituted）才会存在"①。换言之，正是意识的制作或"建构"活动才使得人格得以"存在"。因此自我所有权如果能够成立的

---

① 转引自 Gopal Sreenivasan. *The Limits of Lockean Rights in Property*. Oxford: Oxford University Press, 1995: 66.

话，那么问题的关键就在于个人如何制作了自身的人格或自我。

如前所述，根据洛克的广义"制作"概念，人类个体之所以有可能制作或建构出自我或人格，是由于人类拥有其他动物所没有的"本质性的理智维度"，也就是"'更高级的'或更复杂的精神能力"①。正如扎科特指出的，"尽管洛克克制住自己没有从心理官能作用于包含在感觉和反思的简单观念中的原材料的角度来提出对自我生成的分析，但他确实形成了一些有说服力的建议，这些建议指向了他对自我生成的理解的中心"②。这就使得我们有可能从《人类理解论》对人类的"精神能力"或"心理官能"的分析中，找到洛克对自我或人格之"生成"或"建构"的理解。

2. 意识能力与自我建构

人的心灵所具有的第一种精神能力或意识能力就是知觉，"任何人在知觉时都不可能不'知觉到'他在知觉。当我们看、听、嗅、尝、感觉、思维或意欲任何东西时，我们都知道我们在这么做"（2.27.9）。如前所述，这里洛克实际上是在两个不同层次上使用"知觉"（perception）概念。首先是作为对象意识的知觉。这个意义上的知觉与思维相对：思维是指"心灵运用观念的活动，在思维时心灵是主动的；在思维时，心灵是带着某种程度的自愿的注意来考察任何事物的"（2.9.1），而"在赤裸裸的知觉中，心灵大部分只是被动的；而且对于它所知觉到的东西，它不能不知觉"（2.9.1）。这种赤裸裸的、被动的知觉能力是人与动物都具备的，也就是"看、听、嗅、尝、感觉"的能力。不过正如洛克指出的，尽管这个意义上的知觉能力乃是人与动物所共有的，但是它对于知识以及人格的形成来说却是必不可少的，因为"知觉乃是趋向知识的第一步和第一级，而且是知识的一切材料的入口"（2.9.15）。

---

① ［美］迈克尔·扎科特：《自然权利与新共和主义》，王崇兴译，长春：吉林出版集团有限责任公司2008年版，第373页。

② ［美］迈克尔·扎科特：《自然权利与新共和主义》，王崇兴译，长春：吉林出版集团有限责任公司2008年版，第376页。

因此虽然"在一个理智造物中，记忆力是必要的"，但是其必要性的"程度次于知觉"（2.10.8）。

其次是作为自我意识的知觉。这个意义上的知觉也就是在那种作为对象意识的知觉活动进行时与之相伴随的"知觉到"、"知道"。洛克有时也将这种能力称作直觉，也就是"一种直接地感受到、意识到、觉察到，或者借用胡塞尔的术语来说，一种自身被给予的状态……洛克本人此后在1696年的一个笔记中曾将'直觉'（intuition）'意识'（consciousness）和'自我意识'（self-consciousness）这几个概念等同起来"①。之所以能够将这个意义上的知觉、直觉与自我意识等同起来，根本的原因就在于，正是这个意义上的知觉能力或直觉能力使得自我意识得以存在。这种知觉或直觉活动伴随着当下的每一个行为，使"我"（I）意识到是"我"（me）的存在和"我的"（my）行为。

当然，仅有知觉或直觉能力并不足以建立起一个完整的人格或自我，它还需要其他能力的配合，这种能力首先就是洛克所说的"保持力"（retention），也就是"保留心灵通过感觉和反思而接受的那些简单观念"（2.10.1）的能力，这种能力的一大特征就是它与"时间"有着密切的关系。具体来说，这种保持力可以分为两种类型。第一种保持力是"凝视力"（contemplation），也就是"把被带入心灵的观念现实地在眼前保留一时"（2.10.1）的能力。正是由于凝视力的存在，直觉才能在当下的被动知觉行为中意识到"我"的存在。如果心灵没有这种能力，那么所有的知觉都将彻底沦为时间之流中的碎片。第二种保持力是"记忆力"（memory），也就是"把那些在心灵中留下痕迹后已经消失或者已经（正如它曾经）被扔在视线之外的观念在我们的心灵中重新唤回"（2.10.2）的能力。记忆力的关键就在于能够超出当下的知觉，"唤回它曾经拥有过的知觉"（2.10.2）。"在一个理智造物中，记忆力是必要的……如果不是由于我们的记忆力的帮助，那么我们在思想、推理和认识中，就不能超出当下的对象而往前推进了。"

---

① 倪梁康：《自识与反思》，北京：商务印书馆2002年版，第103页。

（2.10.8）更重要的是，心灵在通过记忆力唤回曾经的知觉时，还"伴随着一种附加在它上面的额外的知觉，即'它在以前曾经拥有它们'的知觉"（2.10.2），这样一种"额外的知觉"其实就是直觉能力或自我意识。也就是说，记忆力在将过去的知觉唤回到当下时，直觉能力也在发挥作用，从而使它能够意识到那个过去的知觉同样是"我的"知觉。

这样一来，通过凝视力与直觉能力的结合，我们就能够在每一个当下的行为中意识到"我"的存在。而通过记忆力与直觉能力的结合，我们就能够超出当下，将存在于不同时间的行为都统一起来，并且意识到这些不同时间的行为都是同一个"我"的行为，从而在时间的绵延中意识到那个持续存在的"我"，由此建构起一个同一的人格或自我。因此洛克说，"不论过去多久的岁月，只要能被意识扩及，意识就能把时间中相隔遥远的行为和存在统一进同一的人格，正如它能把刚刚过去的瞬间的存在和行为统一进同一的人格"（2.27.16），"这个意识在回忆过去的行为或思想时，它追忆到多远程度，人格同一性亦就达到多远程度"（2.27.9）。也正是由于这个原因，许多研究者才指出，"我们也可以把'记忆'看成是洛克人格同一性的标准甚至是唯一标准"①。

接下来的问题在于，正如洛克指出的，某些动物也有记忆力，而且是一种"与人一样的相当程度"（2.10.10）的记忆力，但是这些动物并没有形成自我或人格。这就表明，要么仅靠记忆力（以及与之相伴的直觉能力）并不能建构起自我或人格，要么人的记忆力相比动物而言还有着某些独特的地方。这两者其实是一致的，因为它们都表明，人格的建构还需要一种或一些比记忆力更加主动的精神能力。正如迈克尔·扎科特指出的，这些能力也就是分辨、比较、组合、命名和抽象的能力，而且他对这些能力在自我的建构过程中所发挥的作用作出了非常细致的分析。总的来说，这些能力都是人类所独有的、非常主动的能力，其共同特征在于，它们

① 张桂权：《论"人格同一性"——洛克、莱布尼兹、休谟的解释与争论》，《四川大学学报（哲学社会科学版）》2011年第3期，第99页。

能够超出那些存在于不同时间和空间的纷繁复杂的行为和观念，从中提取出某些更加一般的观念。以抽象能力为例，所谓抽象（abstraction）就是"将那些接受自特殊对象的特殊观念制作成一般观念；其方式是将它们视为存在于心灵中的，与其他一切存在者以及实在存在者的环境（例如时间、地点或任何其他相伴随的观念）相分离的表象"（2.11.9）。抽象能力以人类的分辨、比较、组合能力为前提，通过抽象能力的作用，心灵就可以剥离掉特殊观念中所包含的特殊的时间和空间观念，从中抽象出一种不含有特殊时间、空间规定的一般观念，并且通过人类的命名能力为之赋予一个概括的名称。这样一来，人类心灵在通过记忆力来保留、唤回过去的知觉时，所保留或唤回的就不一定是有着特殊的时间、空间规定的特殊观念，而可以是那些有着概括名称的一般观念，正是这一点使得人类的记忆远远超出了动物的记忆。① 这一点对于人格或自我的生成或建构来说是非常重要的，因为人格或自我的同一性本来就在于超出特殊的时间和空间的限制，在不同的时间和地点中"认它自己为它自己"。

3. 自由能力与自我建构

不过至此为止，我们都忽略了人格或自我的建构过程中的另一项重要能力的作用，即自由能力。自由（liberty）与必然性（necessity）相对，所谓自由就是"任何行为者所拥有的按照心灵的决定或思想、凭借对实施或停止的偏好来实施或停止任何特殊行为的能力；当行为的实施或停止并不在行为者按照其意欲所能决定的能力范围之内时，他就没有自由；那个行为者就处于必然性之下"（2.21.8）。根据这个定义我们可以看到，自由以思想和意欲（volition）或意志（will）为前提，"无意欲、无意志则无自由"（2.21.8）。例如一个网球虽然能够运动，但是它没有意志，因此它不是一个自由的行为者。但是"有了意志、有了意欲，也可能

---

① ［美］迈克尔·扎科特：《自然权利与新共和主义》，王崇兴译，长春：吉林出版集团有限责任公司 2008 年版，第 373~376 页。

没有自由"（2.21.8），因为意欲只涉及自愿（voluntary），而一种自愿行为也可能不是自由行为。例如一个站在桥上的人由于桥塌了而落入水中，在落水的过程中，也许他愿意落入水中，因此这是一种意欲行为，但是在这个过程中他不能选择不落入水中，因此这不是一种自由行为。换句话说，"除了必须是自愿性行动外，自由行动还必然来自于选择"①。

詹姆斯·塔利指出，既然"人格是一个法律术语（forensic term），适用于行为及其法律意义；并且因此只属于具备法律能力、能够感受幸福和苦难的理智行为者"（2.27.26），而且"不是自由行为者就不具备法律能力"（1.3.14），因此"成为一个人格的必要条件是必须是一个自由的人"②。这一点无疑是正确的，洛克自己也指出，"自由……属于有能力根据心灵的选择或指导来做或者不做一件事的人格"（2.21.10）。我们也可以从人格或自我的生成或建构的角度来考察自由能力对于人格的必要性。这样我们就会发现，无论是当我们运用记忆力将那些处于不同时间和空间的观念唤回到眼前时，还是当我们运用分辨、比较、组合、命名和抽象等能力从那些处于不同时间和空间中的特殊知觉中抽象出一般观念时，我们都不可避免地要运用到自由能力。因为只有通过自由能力来主动地实施或停止某种心灵的思想或意识行为，我们的心灵才有可能不仅仅是被动地记忆起某些观念，而可以"将自己发动起来去搜索某些隐藏的观念，就好像把灵魂之眼转向这种观念"（2.10.7）。同样也是通过自由能力的作用，我们才有可能选择某些特殊的观念，对它们进行分辨、比较、组合、命名或抽象，并且忽略掉其中的特殊的时间、空间方面的规定，而从中抽象出一般观念。如果缺少了自由能力的作用，即使我们依然能够记忆，但这些记忆也将不过是被动的。

---

① ［英］詹姆斯·塔利：《论财产权：约翰·洛克和他的对手》，王涛译，北京：商务印书馆2014年版，第144页。
② ［英］詹姆斯·塔利：《论财产权：约翰·洛克和他的对手》，王涛译，北京：商务印书馆2014年版，第144页。

因此我们看到，通过自由能力，行为者可以实施或暂停处于时间之流中的某些行为，并且选择某些特殊的观念来加以记忆、分辨、比较、组合和抽象。而通过命名和抽象等主动能力的作用，行为者就可以形成一些超出特殊时间和空间规定的一般观念，并且能够通过记忆力将其保留或唤回。而无论是在对当下的"凝视"还是在对过去的"记忆"中，作为自我意识的知觉或直觉能力都可以知觉到、直觉到、意识到"我"的存在，都可以在不同的时间和空间中"认它自己为它自己"（2.27.9）。正是通过这一系列能力的复杂作用，个体才能够成功地制作或建构出其人格与自我。而根据洛克的制作者权利学说，个体对于自己建构起来的人格与自我，当然拥有所有权。而这种所有权，也就是我们这里所说的个体对于自身的"自我所有权"。

二、"实体—人"的上帝创造 vs. "人格—自我"的自我建构

如前所述，无论是对个人的上帝所有权还是自我所有权，都可以在洛克的文本中找到证据。同时我们也发现，这两种个人所有权的所有物是不同的：上帝所有权的所有物是作为"实体—人"的个体，这样的个体是由身体（物质实体）和灵魂（精神实体）共同组成的动物，它具备相对于其他动物来说特殊的，但是相对于所有人类来说普遍的内在构成、本性和能力；而自我所有权的所有物则是作为"人格—自我"的个体，这样的个体乃是一种由意识建构起来的存在者，它的身体、心灵、能力、行为、观念等都是它的组成部分。同时我们也曾指出，人格作为个体自己的制作物，虽然它包含了那些预先存在的质料（"实体—人"），但它的同一性及其本质都不是由这些预先存在的质料所决定的，而在于支配了人格制作过程的原型观念即个体自身的意识。换句话说，作为"实体—人"的个人与作为"人格—自我"的个人的内涵、本质与同一性都是不同的，它们乃是不同层次上的存在。从这个角度来看，只要我们对所有物作出了明确的划分，那么对于个人的上帝所有权与自我所有权似乎就能够和谐地同时共存。这也正是 S. 亚当·西

格雷夫的"嵌套式"所有权的观点，"如果一个对象能够在理解中被区分为两个，同时在其具体存在中仍然是同一的，被理解所区分的每一个对象就都可以有一个不同的所有者。在当前的例子中，如果一个特殊的人类能够被区分成两个，那么上帝和那个人类自己对同一个人类的同时存在的单一的所有权就是可能的"①。

　　不过从另一个角度看，尽管就内涵、本质、同一性与存在层次而言，对于个人的这种"一分为二"的理解似乎可以成立，但是正如西格雷夫自己也承认的，个人虽然"能够在理解中被区分为两个"，但是这样的"两个个人""在其具体存在中仍然是同一的"。或者换句话说，尽管洛克认为我们有可能设想出人格与不同的实体（例如不同的身体）相结合而仍然保持其同一性，但是他也不得不承认，一般情况下，作为"实体—人"的个人与作为"人格—自我"的个人的外延有着很大的重合之处。因为正如前文反复指出的，洛克的人格和自我的同一性尽管不是由实体或人的同一性确立起来的，但是人格和自我却将个人的实体与人的层面也包括进去了，"实体—人"与意识的"混合"并不是简单的并置，而是塑造了一个新的对象，即自我或人格。凯瑟琳·瓦尔克也指出，根据洛克的唯名论，感性知觉或经验观察"教导我们，个体是独立完整的统一体"，这种经验观察"只有通过证明这些知觉是错误的才能予以否认"，如果我们无法证明这一点，我们就只能承认自我和身体是混合在一起的。②

　　"实体—人"与"人格—自我"在外延上的同一性还不是问题的关键所在，因为我们依然有可能从内涵上对其加以区分。问题的最大症结在于，根据制作者权利学说，"实体—人"既然是上帝的制作物，那么它们就是上帝的所有物，但是人类的制作恰恰依赖于

---

① S. Adam Seagrave. Self-Ownership vs. Divine Ownership：A Lockean Solution to a Liberal Democratic Dilemma. *American Journal of Political Science*，2011，55（3）：716.

② Catherine Valcke. Locke On Property：A Deontological Interpretation. *Harvard Journal of Law and Public Policy*，1989，12（3）：975.

被给予的"质料"（material），而这些质料的来源却是上帝所制作的实体或上帝的所有物。不仅对外部对象的制作需要依赖被给予的物质实体，而且即使是心灵对原型观念（复杂的情状观念与关系观念）的制作也需要依赖被给予的简单观念这一质料，而简单观念同样来源于物质实体或精神实体对心灵的刺激。尽管这些质料与我们的原型观念的结合所制作出的乃是一个有着其自身的"内在构成"或"实在本质"的新对象，因此根据制作者权利学说，它应该为人类所拥有，但是它却没有解决人类在制作之前就面临着的制作的质料的所有权归属问题。而我们在前文已经指出，洛克的严格意义上的所有权乃是一种排他性的所有权，这种排他性的所有权"将他人从这项权利的所指中排除了出去，而且将他人从权利所有者对权利客体拥有的任何具体的道德或法律力量中排除了出去"①。既然实体为上帝所拥有，而且"财富从来不会不再属于上帝而变成我们的"（fol. 102），那么人类似乎就不可能真正拥有排他性的所有权，所谓的人类对其制作物的"所有权"因此就只能是"一种使用或保存本质上乃上帝之所有物的东西的权利，类似于一种占用者的所有权"②，这正是詹姆斯·塔利和布莱恩·特尔尼的观点。

为了解决这一难题，我们需要进一步考察洛克的实体观。按照洛克的分析，人类获得有关"存在"的知识有三种途径：直觉（intuition）、演证（demonstration）、感觉（sensation）。人类通过直觉所获得的是关于自己存在的知识，它具有"最高的确定性"（4.9.3），但是这个自己并不是实体，而是洛克所说的人格或自我（self）。我们可以通过演证获得关于上帝存在的知识，但是这种知识在确定性上却低于直觉的知识，而且演证所需要的材料同样来源于经验。我们通过感觉所获得的是关于世界的知识，但是这种知识

① ［英］詹姆斯·塔利：《论财产权：约翰·洛克和他的对手》，王涛译，北京：商务印书馆2014年版，第85页。
② ［英］詹姆斯·塔利：《论财产权：约翰·洛克和他的对手》，王涛译，北京：商务印书馆2014年版，第154页。译文有改动。另参考 S. Adam Seagrave. Self-Ownership vs. Divine Ownership: A Lockean Solution to a Liberal Democratic Dilemma. *American Journal of Political Science*, 2011, 55 (3): 716.

却无关于实体，而是经验。换句话说，根据洛克的经验主义认识论，我们根本不可能获得关于实体的存在及其实在本质的知识。但是洛克同时又从存在论上断定，实体及其实在本质是必然存在的。

洛克在实体及其实在本质这一问题上的存在论与认识论之间的矛盾，其实是由其本身的理论倾向决定的：一方面，他想要贯彻经验主义的认识论原则，否定我们可以凭借经验之外的途径获得关于实体的存在及其实在本质的知识，因此极力抨击"天赋观念论"等先验的甚至超验的知识来源学说；另一方面，他又要回避彻底经验主义，也就是将我们的所有知识都彻底还原到经验上去的可能后果，因为这样一来，实体的存在及其实在本质都被否定了，变成了经验性知觉的集合体。后一点正是休谟所做的，而且他的出发点正是洛克的经验主义认识论。换句话说，休谟的怀疑论乃是洛克的经验主义彻底化的必然结果。但在洛克看来，这是不可接受的：从认识论上来看，这就使得我们的认识对象的各种性质无所"支撑"；而从实践上来看，这种彻底经验主义必将否定（或悬置）上帝，而在洛克看来，上帝的存在是道德的最终依据。因此尽管我们从经验主义认识论出发，无法认识实体及其实在本质，但是它们的存在对于我们的认识与实践来说却是一个"必要的假设"。

这样一来，为了澄清洛克在个人所有权归属上的立场，我们就必须深入考察其整个思想体系。这也向我们表明，无论是个人所有权理论所涉及的归属难题（亦即上帝所有权与自我所有权的关系问题）的解决，还是与之相关的制作者权利学说所涉及个人不同层面的制作主体问题的解决，最终都取决于我们如何处理洛克的政治主张与其整个思想体系的关系问题，而这则是下一节所要考察的重点。

第二节 基于虚拟完备性辩护的真实中立性辩护

如前所述，在洛克的整个思想体系中实际上包含着不同的甚至是相互冲突的思想资源。一方面，作为一位虔诚的基督徒，洛克持有一种虔诚的基督教神学思想；另一方面，作为一位认识论专家，洛克又持有一种经验主义的认识论思想。此外，洛克还持有一种复杂的双重人性论思想（见本书第二章第一节）。尽管洛克清醒地认识到了这些思想资源之间所存在的紧张关系并力图对它们加以调和，但是我们很难说他完全成功地做到了这一点，而且洛克自己也多少意识到了这种调和的困难。因此，即使我们假设洛克成功地使这些思想资源中的每一种自身内部都保持了前后一致（实际上这一点本身也是有争议的），但是它们彼此之间的张力却并未因此得到完全的克服。既然如此，那么接下来的问题就在于，洛克的政治主张究竟是基于哪种或哪些思想资源而得到辩护的呢？甚至可以进一步追问，洛克的政治主张是否真的需要依赖某种特定的思想资源而得到辩护呢？

这样我们就转向对洛克个人所有权理论的辩护模式的考察上来。实际上，辩护模式问题不仅涉及个人所有权归属问题上的上帝所有权与自我所有权关系之争，它同时还涉及前文所论及的自然法与自然权利的关系之争，以及统一的可能性根据中的神学根据与人学根据的关系之争，等等。之所以如此，是因为这些争论最终都源于洛克究竟依据怎样的思想资源来为自身的政治主张辩护的问题。另外，权利与德性的关系问题之解决又依赖于个人所有权归属难题的解决，并且因此也依赖于对洛克的辩护模式问题的解决。由此可见，为了更好地解决这些问题，我们有必要对洛克的辩护模式本身进行一番考察。

一、中立性辩护 vs. 完备性辩护

从一种当代政治哲学的视角来看，上述辩护模式问题实即辩护中立性（neutrality of justification）问题，我们可以用一种罗尔斯式的话语方式来重新表述这一问题。用罗尔斯的话来说，在洛克的思想体系中实际上包含着多种宗教、形而上学、认识论、人性论等方面的"完备性学说"，而且在洛克看来，这些完备性学说本身都是多多少少"合乎情理的"（reasonable），但是事实上它们彼此之间又并非总是可通约的。这样一来，仅仅在洛克自身思想内部（更不用说在洛克思想之外），就存在着一种合乎理性的完备性学说的

多元主义事实。① 那么问题就变成了：（1）当洛克为其规范性的政治主张作出辩护的时候，他是否依赖于某种特殊的完备性学说；（2）如果依赖的话，又依赖于哪种或哪些特殊的完备性学说。很明显，第二个问题以对第一个问题的肯定性回答为前提。而就第一个问题而言，其实质即洛克的辩护究竟是一种中立性辩护还是一种非中立的完备性辩护的问题。这样一来，我们就需要首先对辩护中立性概念加以分析。

1. "中立性" 概念

"辩护中立性" 问题是当代政治哲学中的热点话题之一，之所以会出现这种情况，与后期罗尔斯的 "政治性自由主义" 转向有着密切的关系。自《正义论》于 1971 年出版以来，它就遭到了诸多的批评，其中的批评之一就是它过分地依赖一些自由主义的基本预设，换言之，罗尔斯在《正义论》中所提出的自由主义乃是一种完备性的自由主义，因此无法很好地回应当代社会的多元主义挑战。为了回应这一批评，后期罗尔斯从辩护模式出发强调其所提出的自由主义乃是一种政治性的自由主义，对它的辩护并不依赖于某种特殊的宗教、形而上学等完备性学说，换言之，它在公民所持有的各种 "善观念" 之间保持中立。② 此后，布鲁斯·阿克曼（Bruce Ackerman）和查尔斯·拉莫尔（Charles Larmore）等人进一步将这种不依赖于特殊 "善观念" 或完备性学说的辩护模式提炼为一种 "中立性辩护" 学说，并对之进行了深入的阐发，由此引发了当代政治哲学中的辩护模式之争。③

要想更好地理解辩护中立性问题，我们首先必须对 "中立性" 概念进行考察。中立性是一个比较复杂的概念，杰里米·沃尔德伦

---

① John Rawls. *Political Liberalism*：*Expanded Edition*. New York：Columbia University Press，2005：35-40.

② John Rawls. *Political Liberalism*：*Expanded Edition*. New York：Columbia University Press，2005：35-40.

③ 参考应奇编：《自由主义中立性及其批评者》，南京：江苏人民出版社 2008 年版。

基于对这一概念的语义分析，指出一般意义上的中立性概念"预先假设了一种两方或更多方的论争（两个或两个以上的个人、政党、团队、民族、宗教、理想、价值等），并集中关注其活动和身份都涉及其中的第三方或附加方"。这个第三方要成为中立的，必须满足两个条件：第一，这个第三方不能"以与另外两方相同的方式参与到由这两方行动和相互影响而形成的论争当中"（否则就不是中立的了）；第二，"第三方的存在或行动"必须"会对论争的过程或结果"产生影响（否则就只是一种"局外人"式的中立了）。① 我们可以根据这些分析，将中立性概念的内部结构图示如下：

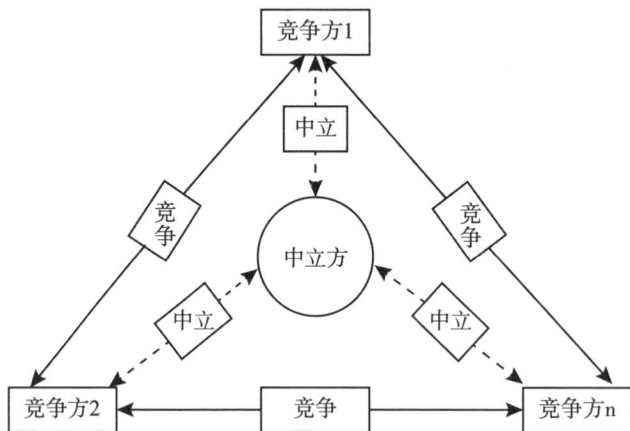

"中立性"结构图示

　　根据这些预设和条件，一种完整的中立性学说必须完成如下三个任务：第一，"必须指出为什么需要中立性"；第二，"必须准确说明谁应该被要求保持中立"；第三，"必须准确说明要求……在

---

　　① ［美］杰里米·沃尔德伦：《立法与道德中立性》，唐玉译，见应奇编：《自由主义中立性及其批评者》，南京：江苏人民出版社 2008 年版，第116 页。

哪些人或者哪些内容之间保持中立"。① 这三个任务简单来说实际
上就是中立的理由、主体与对象问题。

2. 中立性辩护 vs. 完备性辩护

在政治领域中，中立所涉及的对象主要是不同的公民所持有的
各种相互竞争且无法通约的善观念或完备性学说。但是中立的主体
却存在着明显的差异，在此，我们可以根据中立主体究竟是特定政
治主张的执行者（主要是国家）还是对特定政治主张的辩护这一
标准，将政治领域中的中立性或政治中立性（political neutrality）
划分为两种类型，即国家中立性与辩护中立性。②

国家中立性为国家中立论者所主张，其核心在于国家应当在各
种合乎理性的多元善观念之间保持中立，而不应当运用政治权力去
促进某种特定的善观念。与之相反，国家完善论则主张国家可以且
应当促进某种特殊的善观念。当然，在国家中立性内部，我们还可
以根据中立的对象究竟是目标（aims）还是结果（consequences）
进一步将之区分为目标中立性与结果中立性等。③ 根据这一标准，
罗尔斯等政治自由主义者持有一种国家中立论的立场，相反，约瑟
夫·拉兹（Joseph Raz）等自由主义者以及大部分社群主义者都持
有一种国家完善论的立场。④

就辩护中立性而言，它主要指的是对于各种政治主张（如
"政治原则或国家政策"等）的辩护"不应当建立在某种善生活观

---

① ［美］杰里米·沃尔德伦：《立法与道德中立性》，唐玉译，见应奇
编：《自由主义中立性及其批评者》，南京：江苏人民出版社 2008 年版，第
124 页。

② Roberto Merrill, Daniel Weinstock. ed. *Political Neutrality*：*A Re-evaluation*. London：Palgrave Macmillan, 2014：2-9.

③ Roberto Merrill, Daniel Weinstock. ed. *Political Neutrality*：*A Re-evaluation*. London：Palgrave Macmillan, 2014：2-9.

④ 参考 Jonathan Quong. *Liberalism Without Perfection*. Oxford：Oxford University Press, 2011.

念的优越性的基础之上"①。换言之，我们不能通过诉诸某种完备性的善观念、形而上学理论、宗教信仰或道德学说等来为特定的政治主张作出辩护。与这种中立性辩护相对的即一种完备性辩护，它主张我们在为政治主张辩护时可以求助于某种已经被证明为真理的完备性学说。

从辩护层面来看，罗尔斯等政治自由主义者同时也是中立性辩护的支持者，他们支持辩护中立性原则的理由主要有两个方面。首先，从事实层面来看，当代社会中存在着一种多元主义事实，即同一个政治社会内部的不同公民个人或各种宗教、伦理等的共同体往往持有各种不同的甚至无法通约的完备性学说。② 这样一来，无论我们诉诸哪种特殊的完备性学说来为某种特定的政治主张作出辩护，它都很难获得所有或大多数公民事实上的接受（acceptance）③。换言之，从事实上的辩护效果来看，我们对政治主张的辩护总是希望能够获得政治社会中的大多数公民的接受与支持，但是一种完备性辩护却很难取得这种效果，只有中立性辩护才可以做到这一点。

其次，更重要的是，从规范层面来看中立性辩护也比完备性辩护更加正当。一方面，就完备性学说自身而言，在罗尔斯等人看来，不同的完备性学说尽管往往是不可通约的，甚至有可能无法同时为真，但是它们却有可能都是"合乎情理的"，而且合乎情理的完备性学说的多元共存恰恰是现代社会无法避免的一个重要特征。另一方面，就不同完备性学说的持有者亦即政治社会中的公民而言，现代社会对公民的自主性（主要是私人自主性）作出了价值承诺，而根据这种自主性承诺，公民有权选择并持有自身的独特的合乎情理的完备性学说，并追求不同的合乎情理的"善生活"

---

① Roberto Merrill, Daniel Weinstock. ed. *Political Neutrality*：*A Re-evaluation*. London：Palgrave Macmillan，2014：2.

② John Rawls. *Political Liberalism*：*Expanded Edition*. New York：Columbia University Press，2005：35-40.

③ ［德］哈贝马斯：《通过理性的公共运用所作的调和：评罗尔斯的政治自由主义》，谭安奎译，见谭安奎编：《公共理性》，杭州：浙江大学出版社 2011 年版，第 364 页。

（good life）。这样一来，那种诉诸特殊完备性学说来为某种政治主张辩护的完备性辩护模式就失去了道德上的正当性与可接受性（acceptability），而只有中立性辩护才能在同时尊重合乎理性的多元主义事实与公民的私人自主性的前提下，为某种政治主张作出合理的辩护。①

由此可见，对中立性辩护的支持依赖于两个重要的且有着内在联系的理由：（1）对现代社会的完备性学说的多元主义事实及其正当性或合情理性（reasonableness）的承认；（2）对公民在持有并追求不同的善观念方面的私人自主性的尊重。当然，这些理由，尤其是其中的第一个理由遭到了完备性辩护支持者的反对。在他们看来，尽管存在着多元主义事实，但是这些多元的完备性学说不可能同时为真，如果我们能够证明其中一种学说比另一种学说更加真实（true），那么我们就可以诉诸这种真实的完备性学说来为政治主张作出辩护了。

3. 弱的 vs. 强的：中立性辩护的类型

需要注意的是，尽管中立性辩护模式认为对政治主张的辩护不应当诉诸任何一种特殊的、无法在公民们之间获得"公共辩护"（public justification）② 的善观念或完备性学说来为政治主张作出辩护，但是这并不意味着中立性辩护就完全不诉诸任何善观念或道德价值。因为中立性本身并非"一种超越价值的方式"③，不是一种"在涉及所有道德价值时立法都应该保持中立的学说……也不是一

---

① 参考 John Rawls. *Political Liberalism*：*Expanded Edition*. New York：Columbia University Press，2005：35-40；［德］哈贝马斯：《通过理性的公共运用所作的调和：评罗尔斯的政治自由主义》，谭安奎译，见谭安奎编：《公共理性》，杭州：浙江大学出版社 2011 年版，第 354~372 页等。

② John Rawls. *Political Liberalism*：*Expanded Edition*. New York：Columbia University Press，2005：387-388.

③ ［美］布鲁斯·阿克曼：《中立性种种》，陈丽微、朱海英译，见应奇编：《自由主义中立性及其批评者》，南京：江苏人民出版社 2008 年版，第 94 页。

种认为立法应该是'价值中立'的学说"，相反，"中立性本身就是一种价值，它是一种规范立场"①。因此，中立性"不能在伦理思想之间的每个争端中都保持中立"②，它并非"在善恶之间保持中立，而是在正当的善观念之间保持不偏不倚"③。

中立性不仅本身就是一种价值，而且正如阿克曼指出的，"中立性或任何其他单一的概念都不可能承担起一种合理的政治理论的全部要求"④。就中立性而言，这就意味着，我们在为某种政治主张作出中立性辩护的时候，始终还是要诉诸某种或某些其他的价值或规范。换言之，为政治主张作出一种中立性辩护意味着两个方面的东西：（1）从反面来看，它意味着不能够依赖于某种特殊的，因而无法获得公共辩护的完备性学说来为政治主张作出辩护；（2）从正面来看，它意味着在为政治主张作出辩护的时候，又要依赖于某种能够获得公共辩护的价值或规范。

而问题就在于，应当依赖何种能够获得公共辩护的价值或规范来作出这种中立性辩护。换言之，哪种或哪些价值或规范能够获得多大范围、多大程度上的公共辩护。根据所依赖的价值或规范得到公共辩护的范围与程度的差异，我们可以将辩护中立性区分为严格的、强的与弱的三种类型。那种严格的辩护中立性意味着对政治主张的辩护不能诉诸"任何特殊善观念的内在优越性"。但是正如学者们指出的，这样一种严格的辩护中立性"要求一种'道德真空'

---

① ［美］杰里米·沃尔德伦：《立法与道德中立性》，唐玉译，见应奇编：《自由主义中立性及其批评者》，南京：江苏人民出版社 2008 年版，第127 页。

② ［美］杰里米·沃尔德伦：《立法与道德中立性》，唐玉译，见应奇编：《自由主义中立性及其批评者》，南京：江苏人民出版社 2008 年版，第137 页。

③ 陈龙：《拉兹对自由主义中立性的误解》，《理论探讨》2012 年第 6期，第 57 页。转引自吴攀：《国家能否以善为目标？——政治哲学的自由主义中立论转向》，《政治思想史》2016 年第 2 期，第 128 页。

④ ［美］布鲁斯·阿克曼：《中立性种种》，陈丽微、朱海英译，见应奇编：《自由主义中立性及其批评者》，南京：江苏人民出版社 2008 年版，第94 页。

的政治学说"①，但是这一点实际上已经违背了辩护中立性自身的定义，因此严格来说已经算不上是一种规范性辩护了。除此之外，我们还可以区分出强的和弱的辩护中立性。前者意味着这种中立性辩护依赖且只能依赖一种能够在所有合乎情理的公民之间得到公共辩护（或不存在分歧）的价值或规范。后者的要求则更弱一些，它意味着这种中立性辩护可以依赖某种在大多数公民之间得到了公共辩护的价值或规范。②

二、多元主义事实与完备性辩护的困境

1. 辩护模式在洛克解读中的重要性

上述区分对于洛克来说非常关键。举例来说，我们可以这样来大致描述洛克时代英国的宗教信仰的状况：（1）在这个社会中，大多数人是基督徒，极少数人是无神论者，这些基督徒都普遍地接受了"上帝存在"、"上帝创世"等基本的基督教教义；（2）在这些基督徒内部又存在着复杂的教派差异，他们对于"三位一体"等教义是否能够成立又存在着争议。

现在假设洛克是一位中立性辩护的支持者，那么如果他支持一种强的中立性辩护，他就必须考虑到（1）中间所提到的无神论者的问题，因此不能诉诸包括"上帝存在"在内的任何基督教教义来为自身的政治主张作出辩护，而必须寻找一种能够同时在基督徒和无神论者面前得到辩护的价值或规范来从事这种强的中立性辩护。

相反，如果他支持一种弱的中立性辩护，他或许可以不用考虑

---

① 吴攀：《国家能否以善为目标？——政治哲学的自由主义中立论转向》，《政治思想史》2016 年第 2 期，第 126、128 页。

② 在此我们借鉴了吴攀先生对辩护中立性（他称之为"证成中立"）的区分，但是具体用法有很大的差异。吴先生主要将之区分为严格的与弱的两类，其中严格的对应于我们这里所说的严格的，弱的实际上对应于我们这里所说的强的。参考吴攀：《国家能否以善为目标？——政治哲学的自由主义中立论转向》，《政治思想史》2016 年第 2 期。

（1）的无神论者问题，或者将无神论作为一种无法得到公共辩护的完备性学说加以否定，然后诉诸基督教教义在大多数公民（他们都是基督徒）面前为自身的政治主张作出辩护。但是在作出这种辩护的时候，他又必须考虑到（2）中间所提到的教派差异问题，因此只能诉诸那些在所有基督徒内部都得到了公共辩护的"上帝创世"等教义，而不能诉诸只为某个特殊教派（如天主教或加尔文教）所支持的基督教教义（如"三位一体"教义等）。①

但是如果我们假设洛克是一位完备性辩护的支持者，那么他就不用考虑上述多元主义事实，而直接将他不支持的各种完备性学说作为错误的加以否定，并根据他视为真理的某种特殊的完备性学说来为其政治主张加以辩护。这时问题的关键就转变成了：在洛克那里这种特殊的完备性学说究竟是什么。

由此可见，无论是要解决洛克那里自然权利与自然法的关系问题，还是自我所有权与上帝所有权的关系问题，抑或权利与德性的关系问题，最终都必须回到对洛克政治辩护模式的考察上来。从辩护模式的角度来看，我们也可以发现当前学界关于这些问题的诸多争议在很大程度上源于这样一个前提性问题：洛克在为其规范性的政治主张作辩护的时候，采用的究竟是一种中立性辩护模式还是完备性辩护模式？如果是前者，那么他支持的是强的中立性辩护还是弱的中立性辩护？如果是后者，那么他所诉诸的完备性学说又究竟是哪一种？只有在对这些前提性问题作出准确回答的基础上，我们才有可能进一步去考察洛克的具体辩护路径。

---

① 例如，S. 西格雷夫就认为洛克在诉诸基督教神学为上帝所有权辩护的时候，所使用的就是一种"薄"（thin）的"陶工上帝"（Potter-God）理念，各种教派的差异性在这里被悬置起来了，保留下来的只是在各教派之间具有最大通约性的"上帝存在并创世"这一理念，从而使得这种弱的中立性辩护得以可能。参考 S. Adam Seagrave. Self-Ownership vs. Divine Ownership：A Lockean Solution to a Liberal Democratic Dilemma. *American Journal of Political Science*, 2011, 55（3）。

2. 完备性辩护的解读

正如本书第一章和第五章指出的，无论是对洛克自然权利与自然法的关系问题的研究，还是对其自我所有权与上帝所有权关系问题的研究，在当前洛克学界影响最大的都是各种一元论者，其中的两大主要流派即剑桥学派与施特劳斯学派的大多数代表人物，如波考克、施特劳斯等都是这种一元论解读的代表人物。

这种一元论解读的主要特征有三个层次。首先，它已经明确地意识到了在洛克思想体系中存在着不同的甚至有可能相互冲突的思想资源，例如其宗教神学与经验主义认识论和人性论，等等。其次，在这些思想资源的关系问题上，它或者主张洛克其实只坚持了其中一种思想资源，而其他的思想资源在其体系中并不占据真正重要的地位（典型者如施特劳斯，他对洛克的基督教信仰的虔诚性表示怀疑，并且认为洛克对这些信仰的诉诸不过是一种"策略"而已），或者主张这些思想资源之间其实是可以兼容甚至是统一的，并且力图以一种思想资源为主，而将其他的思想资源都还原或"嵌入"（embed）到这种主导性的思想资源内部（如剑桥学派的一些解释者就将洛克的经验主义认识论嵌入到其基督教神学之中）①。换言之，这种一元论始终坚持在洛克那里有一种单一性的或综合性的思想资源（无论这种思想资源的具体内容是什么）占据着主导地位。再次，在洛克的政治主张与这些思想资源的关系问题上，既然洛克的思想体系是单一性的或综合性的，那么它就将这种单一或综合的思想资源作为洛克政治主张的辩护基础，并力图将后者从前者之中引申出来，从而建构起一个一元论的、整全性的洛克形象。

从这些主要特征中我们可以看到，就辩护模式来说，这些一元论解读实际上始终坚持认为洛克对其政治主张的辩护是依赖于某种单一性的或综合性的完备性学说的，这种完备性学说可能是其在

---

① 关于"嵌入"的比喻借鉴自罗尔斯。参考 John Rawls. *Political Liberalism*：*Expanded Edition*. New York：Columbia University Press，2005：387.

《人类理解论》等著作中阐发的经验主义认识论，也可能是其在早期的《自然法论文集》及后期的《基督教的合理性》等著作中阐发的某种基督教神学思想（如新教加尔文宗的神学思想）。前者主要为施特劳斯学派所坚持，这样洛克就被塑造为一个"认识论专家"，奠基在这种完备性认识论基础之上的洛克政治哲学也因此成为一种"绝然现代的自然权利论"。后者主要为剑桥学派所坚持，这样洛克就被塑造为一个追随阿奎那等人步伐的虔诚的基督徒，奠基在这种完备性神学思想基础之上的洛克政治哲学也因此成为一种极其"传统的自然正当论"或"自然法理论"。洛克的上帝所有权与自我所有权的关系也得到了类似的解释。①

3. 多元主义事实与完备性解读的困境

一元论者的这种完备性辩护解读的动机不难理解。无论是基于神学的还是认识论的完备性辩护解读，尽管它们彼此之间存在着巨大的分歧并且展开了激烈的争论，但它们的首要目标都是驳斥其共同的理论对手，即对洛克思想的"非融贯论"解读。正如本书第一章已经指出的，非融贯论者主张洛克思想体系中的不同思想资源要么本身就是不融贯的或逻辑上不自洽的，要么彼此之间是不融贯的。在一元论者看来，这种解读不仅无法解释一个不融贯的洛克怎么可能在现代政治理论与实践史上产生如此之大的影响，同时也违反了对历史上的思想家的"同情的理解"这一解读原则。为了反

---

① 参考 S. Adam Seagrave. Self-Ownership vs. Divine Ownership：A Lockean Solution to a Liberal Democratic Dilemma. *American Journal of Political Science*, 2011, 55（3）；霍伟岸：《洛克权利理论研究》，北京：法律出版社 2011 年版，第 19~78 页；[英] 彼得·拉斯莱特：《洛克〈政府论〉导论》，冯克利译，北京：生活·读书·新知三联书店 2007 年版，第 102~118 页；[美] 列奥·施特劳斯：《自然权利与历史》，彭刚译，北京：生活·读书·新知三联书店 2003 年版；[英] 詹姆斯·塔利：《论财产权：约翰·洛克和他的对手》，王涛译，北京：商务印书馆 2014 年版；[美] 杰里米·沃尔德伦：《上帝、洛克与平等——洛克政治思想的基督教基础》，郭威、赵雪纲等译，北京：华夏出版社 2015 年版等。

对非融贯论并捍卫对洛克思想的融贯性解读，一元论者不得不展开如下工作：（1）证明洛克思想体系中的不同思想资源自身内部的融贯性；（2）证明这些不同思想资源彼此之间的融贯性；（3）证明洛克的政治主张与这些思想资源之间的融贯性。

正如本书已经多次指出的，这些工作值得钦佩，但是同时也伴随着不少困难。就（3）而言，我们可以发现，无论是哪种一元论解读实际上都有着一种预设：洛克政治主张与其宗教的或哲学的（如认识论的）完备性学说之间的融贯性，可以等同于辩护的完备性。这一预设也可以表述如下：洛克的（a）政治主张与洛克的（b）完备性学说之间是融贯的，当且仅当对其（a）的辩护完全依赖于（b）。但是这一预设是有问题的，之所以这样说有两个方面的原因。

首先，这一预设本身就是有问题的。也就是说，融贯性不能与辩护的完备性相等同。后者意味着（a）对于（b）的依赖性，或者说，（b）是（a）的基础，这是一种典型的基础主义的思维方式。而融贯性既可以按照"（b）是（a）的基础"这样一种很强的方式来加以理解，同时也可以按照"（b）与（a）之间不存在着逻辑上的矛盾"这样一种较弱的方式来加以理解，后者的典型即罗尔斯的政治自由主义。按照这一理论，不同的公民可以持有不同的且无法通约的完备性学说，如（b1）、（b2）等，这些学说包含了各种政治的与非政治的价值的组织方式。与此同时，某种特定的政治主张（a′）可能涉及且仅涉及政治价值的组织方式问题，这样一来，它就有可能既能够与（b1）相兼容，也能够与（b2）相兼容，而且（b1）与（b2）还可以在（a′）这一点上实现"收敛"，从而达成一种"重叠共识"。① 举例来说，一种完备性的基督教神学（b1）与一种完备性的无神论学说（b2）在"上帝是否存在"

---

① 参考 John Rawls. *Political Liberalism*：*Expanded Edition*. New York：Columbia University Press，2005；［美］约翰·罗尔斯：《作为公平的正义：政治的而非形而上学的》，见［美］约翰·罗尔斯：《罗尔斯论文全集》，陈肖生等译，长春：吉林出版集团有限责任公司2013年版，第438~468页等。

这一宗教问题上存在着巨大的分歧，但是这两种学说都有可能认可（a'）"政府不应当非法剥夺公民的生命权"这样一种政治主张。在这些例子中，我们可以说对（a'）的辩护并不需要依赖于任何一种特殊的完备性学说，无论是（b1）还是（b2），但是同时我们也可以说（a'）与（b1）和（b2）都是兼容的或融贯的，即它们之间不存在着逻辑上的矛盾。换言之，融贯性实际上为一种辩护的中立性留有余地，或者说一种中立性辩护同样也可以保证（a）与（b）之间的融贯性。由此可见，一元论者将融贯性与辩护的完备性相等同的做法，即使有可能是正确的，但是也不能因此就排除辩护中立性的可能性。

其次，这种预设不仅自身有问题，而且它也存在着解释力方面的缺陷，这种缺陷主要体现在它无法很好地解释洛克对多元主义事实的态度。第一，就上述一元论的第（2）项工作而言，洛克的带有鲜明形而上学特色的宗教神学是否可能与其经验主义认识论之间实现一种调和，这本身就是值得怀疑的。但是如果我们因此像施特劳斯那样从一种"隐微主义"的解读方法出发去否定洛克宗教信仰的虔诚性，则又有可能陷入一种对于作者"意图"的过分随意的诠释之中。① 实际上，在洛克的思想体系中我们可以发现很多类似的矛盾，例如人的实然本性与理智本性之间的矛盾，自然权利与自然法之间的矛盾，等等。诚然，我们不能因此就否定对洛克的思想加以融贯解读的可能性，但是如果为了这种融贯性解读而强行将一些明显的矛盾以一种完备性辩护的方式加以整合，则又陷入了另一个误区。

第二，不仅洛克的思想内部存在着多元并存且相互矛盾的完备性学说，洛克所生活的时代更是如此。正如前文已经多次指出的，洛克那个时代的英国社会内部，既有无神论者与有神论者之间的冲突，也有作为有神论的基督教徒内部的不同教派之间的冲突，还有政治上的平等主义者与君主专制主义者之间的冲突，等等。而洛克

---

① 霍伟岸：《洛克权利理论研究》，北京：法律出版社2011年版，第35~42页。

之所以提出社会契约论、有限国家理论与宗教宽容学说等，正是因为他看到了这种多元主义现实，并且承认这种多元主义现实的事实上的无法回避性与价值上的正当性。为了化解随着这些不可通约的多元完备性学说之间的冲突而来的政治冲突，洛克才提出并论证了将政治与宗教区分开来的政教分离主张，以及政府不能用政治权力对不同教派的教徒加以迫害的宗教宽容学说。

第三，既然洛克主张国家应当在不同的完备性学说之间保持中立，那么我们至少必须承认如下可能性，即洛克也可能主张对政治主张的辩护同样应当不依赖于特殊的完备性学说，而在这些学说之间保持中立。更重要的是，正如约翰·塔特指出的，这种辩护的中立性本身也是洛克自身的"意图"所在，因为洛克实际上想向这些被不可通约的完备性学说（尤其是宗教信仰）所撕裂的公民们辩护其政治主张，这样一来，即使仅从辩护策略的角度来看，诉诸任何一种特殊完备性学说的做法无疑都将对其辩护效果产生负面的影响。①

三、基于虚拟完备性辩护的真实中立性辩护

1. 几种中立性辩护的解读

正是出于对上述完备性辩护解读模式之困境的认识，一些学者尤其是前述的二元论者们开始尝试对洛克的辩护模式作出一种中立性的解读。如前所述，策略式二元论的代表人物迈克尔·扎科特认为，洛克在其文本中确实同时诉诸了奠基在某种完备性学说之上的上帝所有权论证与自我所有权论证。而洛克之所以同时诉诸二者，其实有两方面的考虑。首先，"这两个论证具有一致的或至少重合的意蕴"，这种一致性体现在，从两种论证出发都可以为其自然权利学说奠定一种论证基础。其次，洛克在这两种论证中的哪一种能够更好地完成这一论证任务的问题上把握不足。就上帝所有权论证

---

① John Tate. Dividing Locke from God: The Limits of Theology in Locke's Political Philosophy. *Philosophy and Social Criticism*, 2013, 39 (2).

来说，洛克似乎对其"更为偏好，因为这个论证的确既更为突出，也发展得更为充分"，但是它依赖于对"上帝存在"的证明，而对这一证明究竟能否做到，洛克则有些"把握性不足"。就个人所有权而言，它显然与洛克在《人类理解论》等著作中提出的新颖的认识论和人性论思想有着更多的契合之处，但是"对他有能力夯实这个论证的基础这点来说，洛克则多少有些犹豫"①。

在扎科特看来，当我们将这两种考虑放在一起时，就很容易理解洛克为什么会同时诉诸两种完备性论证了。因为既然洛克对二者谁更有可能成功把握不足，那么他就可以将二者同时呈现在其文本中，这样读者就可以依据自身的完备性学说来自行判断何者更有说服力，并选择自身的立场。与此同时，既然二者有着相似的意蕴，都可以为其自然权利学说提供论证，那么无论读者选择了哪种完备性辩护，最终都将不得不接受其自然权利学说。这样一来，洛克对其个人所有权主张与自然权利学说的辩护虽然看似依赖于两种完备性辩护或论证策略，但是从另一个角度来看，洛克又并没有对两种完备性学说及奠基在其上的完备性辩护谁更有效作出判断。在这个意义上来说，洛克的辩护实际上也可以理解为一种中立性辩护。

在我们看来，扎科特的这种解读具有其合理性，其最突出的优势在于，它较好地解释了洛克文本中反复出现的多种完备性辩护在其整个辩护模式中的地位问题。但是它也存在着一些困难，最突出的地方在于，这种中立性辩护解读实际上还是依赖于完备性辩护。按照这种解读，洛克在两种完备性辩护之间的中立与其说是出于对多元主义现实的规范上的正当性的承认和对公民私人自主性的尊重，还不如说是一种为了强化其事实上的辩护效果而选择的一种辩护策略，这就使得洛克的政治哲学有可能重新沦为一种"政治宣传品"。此外，说上帝所有权论证与自我所有权论证有着多多少少重合的意蕴，这一点当然没有问题，但是二者本身的差异性，以及

---

① ［美］迈克尔·扎克特：《洛克政治哲学研究》，石碧球等译，北京：人民出版社 2013 年版，第 5~6 页。

这种差异性所可能导致的政治实践上的巨大分歧，却多少被这样一种策略式的中立性辩护给忽视了。

除了扎科特的这种策略式二元论的中立性辩护解读之外，约翰·塔特、S. 西格雷夫等人还提出了另外一种更强的中立性辩护解读。针对约翰·邓恩、杰里米·沃尔德伦等人将洛克的政治主张完全建立在一种完备性的基督教神学基础之上的做法，塔特提出，尽管洛克有着虔诚的基督教信仰，但是由于他清醒地认识到了当时英国社会的多元主义现实并力图"向那些经常被信仰分裂开来的众多不同的政治读者们证明"其"政治哲学的规范性结论"，因此洛克实际上走的是一条中立性辩护路径。用塔特的话来说，即我们可以"将洛克与上帝分开"，可以将洛克的政治结论"从其神学基础中'悬置'起来"①。

在将洛克的政治结论与其完备性的基督教神学思想分隔开来这一点上，嵌套式二元论的代表人物西格雷夫与塔特持有类似的看法。在西格雷夫看来，洛克对自我所有权的辩护并不依赖于其特殊的神学思想，这种自我所有权完全可以从一种世俗化的人格的自我建构中引申出来。这样一来，无论是基督徒还是无神论者就都可以在对于个人的自我所有权这一点上达成一种共识。与此同时，洛克又并没有彻底放弃其神学思想；相反，他对其神学思想加以抽象，仅仅保留了"上帝创世"等最基本的教义，这样一来，不同的基督徒就可以在对于个人的上帝所有权这一点上达成共识。因此，按照这种嵌套式二元论的解读，洛克对自我所有权的辩护就是一种强的中立性辩护，而其对上帝所有权的辩护则是一种相对较弱的中立性辩护。因为后者只是在基督教内部不同教派的特殊教义之间保持中立，而在"上帝是否存在"这一问题上则不是中立的。西格雷夫认为，这样一种嵌套式框架"为自由民主制中的无神论的和有信仰的公民们在自我所有权观念上打开了一个共同的基础而非一种

---

① 　John Tate. Dividing Locke from God: The Limits of Theology in Locke's Political Philosophy. *Philosophy and Social Criticism*, 2013, 39（2）.

单纯的重叠，尽管关于上帝所有权预设还存在着持续的不一致"①。

在我们看来，西格雷夫对洛克的中立性辩护解读无疑具有很强的说服力。不过，既然洛克可以从中立性辩护模式出发为其个人所有权主张提供一种有效的辩护，那么为什么他在其文本中还反复诉诸基督教神学等完备性学说来为之作出辩护，此外，这两种个人所有权理论究竟以一种怎样的具体方式"嵌套"在一起，它会产生怎样的政治后果，这一点在西格雷夫的解读中虽然有所提及，但是却不够具体，因此还需要进一步的研究。

2. 中立性辩护解读的理由

前文对完备性辩护解读模式的质疑，只是指出了洛克思想的融贯性并不必然依赖于辩护的完备性，因此洛克也有可能支持一种中立性辩护。但是这毕竟只是一种可能性，接下来的问题在于证明洛克对其政治主张的辩护确实是一种中立性辩护。这种证明包括三个方面，即中立性辩护事实上的必要性、规范上的正当性以及现实上的可能性。

之所以说中立性对于洛克为其政治主张所作的辩护来说是必要的，存在着两个方面的原因。首先，这是洛克保证其思想融贯性的要求。如前所述，洛克生活在传统与现代的交汇处，他既受到了传统的基督教神学思想、自然法理论等的深刻影响，又受到了笛卡儿与霍布斯等人的"新思想"的强烈影响，并且其自身就是现代认识论与自由主义的开创者之一。尽管洛克也意识到了这些不同的思想资源之间的冲突，并且力图将它们调和起来从而建立起一种融贯性的思想体系，但是他也明确地意识到了其中的困难所在。这样一来，无论洛克将自身的政治主张建立在哪种完备性思想资源的基础之上，他都很难使之与其包含着内在张力的整个思想体系之间保持一种融贯性。就此而言，为其政治主张作出一种中立性辩护，对于

---

① S. Adam Seagrave. Self-Ownership vs. Divine Ownership: A Lockean Solution to a Liberal Democratic Dilemma. *American Journal of Political Science*, 2011, 55 (3).

洛克来说就是一种必要的甚至是唯一的选择了。其次，这也是洛克在当时的多元主义现实背景下强化其理论的辩护效果的必然要求。正如塔特指出的，洛克明确地意识到自己所面对的是一个有着明确的多元主义特征的社会，这种特征最鲜明地体现为宗教信仰的多元性以及多元信仰之间的不可通约性和不可调和的冲突。这样一来，任何诉之于特殊的（即使是唯一真实的）宗教真理而为政治结论提供公共辩护的行为，就无法为自身提供事实上有效的辩护了。从这个角度来看，现代社会的多元主义特征及其对有效的公共辩护的条件限制本身就决定了以完备性学说作为公共辩护之依据缺乏事实上的可行性。

之所以说中立性辩护对于洛克来说具有一种规范上的正当性，也存在着如下几个方面的理由。首先，正如前文已经指出的，一种恰当的中立性辩护依然足以使洛克的思想整体保持一种内在的融贯性，就此而言，中立性辩护本身就具有一种逻辑上的正当性。

其次，洛克不仅认识到了当时英国社会的多元主义事实，而且他还承认这种多元主义事实本身的合情理性。这一点在洛克对其政教分离与宗教宽容学说的论证中表现得最为突出。一方面，洛克对人类凭借自身的理性认识宗教真理的能力表现出了一定程度的怀疑，或者更准确地说，洛克认为，虽然存在着宗教真理（通往天国的路有且只有一条），而且人类理性本身是有可能认识这种真理的，但是却难以在其他公民面前为这种真理做出可以普遍接受的公共辩护。① 另一方面，洛克也对于公民的私人自主性作出了明确的价值承诺，这就意味着公民有选择自身宗教信仰的自由，任何人都不得以包括拯救在内的任何理由而强制性地要求公民信奉某种特殊的完备性学说。这两个方面合在一起，就必然使得一种基于特殊完备性学说的完备性辩护不仅缺乏事实上的可行性，更缺少一种规范上的正当性。就此而言，面对着这样一种合乎情理的多元主义事实，一种保持了中立性的公共辩护就是唯一的具有规范上的正当性

---

① ［英］洛克：《论宗教宽容》，吴云贵译，北京：商务印书馆1996年版，第36页。

的选项了。

再次，更重要的是，洛克已经明确地意识到了政治领域本身相对于宗教领域甚至是认识论领域的自主性，而在这种政治自主性面前，只有一种中立性辩护才有可能具备规范上的正当性。将这种在当代社会中才广泛流行起来的对于政治自主性的认识归之于洛克，似乎犯了一种"过度诠释"的错误，但事实上并非如此。

第一，洛克已经明确地认识到了政治领域的主题的特殊性。就主题而言，政治领域所要考虑的不是一个社会的一切方面（如宗教方面）的问题，而仅仅局限于政治方面的问题。因此他反复指出，"国家（commonwealth）或公民社会和政府乃是……人们的谋划和创建。……而在一切由人们所创建的社会中，这些社会的目的就是创建者们所约定的；我确信这些目的不可能是他们的精神的或永恒的利益"①。正是出于对政治领域主题特殊性的考虑，洛克才坚决主张政治与宗教的分离，并且坚定地否决了"长官"对"臣民"的宗教信仰的干预权。这样一来，当人们利用各种完备性学说中的非政治性原则来为政治主张作出一种完备性辩护的时候，就是对于自主政治领域的一种"僭越"。

第二，洛克也明确地认识到了政治领域的性质的特殊性。政治领域具有高度实践性的特征，它的首要任务不是去追求宗教的或哲学的真理，而是要运用公共权力去协调人们之间的各种冲突。这一点也决定了对政治主张的辩护本身就是一种高度实践性的活动，而非单纯理论理性的认识活动。用哈贝马斯的话来说，政治主张的有效性首先体现为一种规范性的正当性，而非陈述性的真实性，而那些宗教学说、认识论学说与人性学说首先关心的却恰恰是自身学说的真实性或"真理"。② 例如，在洛克看来，一种宗教学说首先要

① 转引自 John Tate. Dividing Locke from God: The Limits of Theology in Locke's Political Philosophy. *Philosophy and Social Criticism*, 2013, 39（2）：134.

② Jürgen Habermas. *Moral Consciousness and Communicative Action*. Cambridge: The MIT Press, 1990: 43-115；［德］哈贝马斯：《"理性"与"真理"或世界观的道德》，见［德］哈贝马斯：《包容他者》，曹卫东译，上海：上海人民出版社 2002 年版，第 89～121 页。

回答的就是究竟哪一条路才是通往天堂的正确道路。这样一来，将对政治主张的辩护建立在"真实"的完备性学说基础上的做法，实际上就犯了将规范性的正当性等同于陈述性的真实性，从而混淆两种有效性主张的错误。因此我们只能从政治领域自身的实践性出发为政治主张提供一种中立性辩护，而不能诉之于非政治的理由（无论这些理由是宗教的、认识论的还是人性论的）。

第三，洛克还明确地意识到了政治领域的原则的特殊性。基于政治领域的主题与性质的特殊性，一种政治主张所提出的原则只能是一种纯粹的关乎政治问题与政治价值的原则，而不是某种普遍的宗教、形而上学、认识论或人性论原则向着政治领域的外在延伸或特殊化，相反，政治原则本身就是特殊的。① 因此对政治原则的辩护也应当是特殊的，也就是中立于那些"普遍"原则的。

对政治领域自主性的这种认识与重视，使得洛克将政治领域从宗教、哲学领域中独立出来，并且成为一个世俗利益交换与协调的场合。对政治原则的辩护也因此不能依赖于这些完备性学说，而只能是一种自主的中立性辩护。我们可以从基督教神学在洛克政治辩护中的地位上清楚地看到这一点。洛克确实是一个虔诚的基督徒，但是这种虔诚并不体现在将信仰贯彻到政治领域中来，将公共辩护奠基在信仰之上。恰恰相反，这种虔诚体现为政教分离，体现为"上帝的归上帝，恺撒的归恺撒"。在完备性辩护的解读模式中，政教分离主要指的是一种国家中立性，即对公共政治权力所提出的中立于特殊宗教信仰的中立性要求。但是实际上在洛克这里它还体现为一种辩护中立性，即对公共辩护本身所提出的中立于完备性学说的中立性要求。对于洛克来说，只有从政治权力与公共辩护两个方面同时做到中立，做到"上帝的归上帝，恺撒的归恺撒"，才能既保证上帝又保证恺撒。

————————

① 可以对照罗尔斯的"政治自由主义"对于"政治"的特殊性的理解。参考［美］约翰·罗尔斯：《作为公平的正义：政治性的而非形而上学的》，见［美］约翰·罗尔斯：《罗尔斯论文全集》，陈肖生等译，长春：吉林出版集团有限责任公司2013年版，第438~468页。

最后，就中立性辩护的可能性而言，它包含了两个方面的内容。一方面，正如前文已经指出的，仅仅依靠"中立性"价值本身显然无法完成为一种政治主张作出辩护的任务，它还必须依据一些在公民之间得到了公共辩护的价值，这是其可能性的根据之一。关于这一点后文还将论述，这里的关键在于，洛克还从公民的能力方面考察了中立性辩护的可能性根据。在洛克看来，公民们自身已经具备了公共理性，这种公共理性本身就足以为政治主张提供公共辩护，而无需再求助于对特殊完备性学说的信仰或对其真理性的认识。这样一种公共理性既不仅仅是霍布斯所理解的单纯工具理性（因为它缺少一种内在的规范性或正当性），也不仅仅是那种能够认识真理的认知理性（因为这种理性在大多数人那里发展得并不充分，而且在认识宗教真理等方面它也存在着不足），同时也是一种能够平等地关切和尊重他人的、包含着价值维度的实践理性。

之所以这样说，是因为我们知道洛克虽然不承认存在着任何天赋的认识与实践原则，但却承认存在着天赋的认识与实践能力。这种实践能力的一个重要方面就是"具备法律能力"（capable of law）（1.3.14）的道德能力，它意味着自由的行动能力及为自己的自由行动负责的能力。① 尽管这种天赋的实践能力在儿童那里是"不成熟的"（2.56），在白痴那里是欠缺的，但这只是天赋能力的经验性运用方面的缺陷，而不是"天赋"（先天）能力本身的缺失或不存在状态。正是由于每个人都拥有这种天赋的道德能力，因此每个人才是生而自由的；与此同时，由于每个人都平等地拥有这种天赋的道德能力，因此每个人才是生而平等的。由于道德能力的天赋性与实践原则和理念在来源上的经验性（不存在天赋的实践原则和理念）并不冲突，甚至可以说正是前者的存在才使得后者得以可能，因此对于洛克来说，人的天赋自由平等与其完备性的经验主义认识论非但并不矛盾，反而可以兼容。正是因为所有的公民都具备这种意义上的实践理性能力，他们才有可能共同从事一种实践

---

① 参考［英］詹姆斯·塔利：《论财产权：约翰·洛克和他的对手》，王涛译，北京：商务印书馆2014年版，第141~157页。

性质的公共辩护，从而在彼此之间就政治主张达成一致。

3. 虚拟 vs. 真实：完备性辩护与中立性辩护的兼容

如果上述解读可以成立的话，那么我们就有理由说洛克对政治领域的个人所有权理论的辩护实际上是不依赖于某种特定的完备性学说的。接下来的问题在于：（1）洛克事实上反复强调个人所有权理论实际上是可以从诸种合乎情理的完备性学说（如基督教神学）中推导出来的，为什么他要强调这一点呢？（2）洛克不仅强调这一点，而且在《政府论》等著作中，他还大量使用了各种完备性学说来自己的政治主张辩护，这又是为什么呢？总结起来，这两个问题实际上是同一个问题的两个不同侧面，即如果洛克是一个中立性辩护的支持者，那么如何理解他为其政治主张所作的完备性辩护；换言之，洛克真实的中立性辩护模式如何与其文本中确实存在的完备性辩护模式相兼容？

关于第一个问题，罗尔斯其实已经给出了非常明确的回答。对一种政治主张的中立性辩护虽然不依赖于任何特殊的完备性学说，但确实可以从合乎情理的完备性学说中推导出来，而且我们还要鼓励公民们从其所持有的完备性学说中将得到了"适可而止的（pro tanto）辩护"的政治主张推导出来，这实际上也就是罗尔斯的"充分辩护"所要完成的任务。一方面，只有在这种充分辩护的基础上，真实公民们在政治主张上的重叠共识才是可能的。另一方面，更重要的是，这种充分辩护的必要性恰恰源于对公民自主性的尊重，因为当公民能够将政治主张"嵌入"到自身的完备性学说之中，或者能够从后者中将前者推导出来的时候，我们才能够说这种政治主张并非强加给公民的，而是由公民自身在充分辩护的基础上自愿地加以接受的。换句话说，应当反对的只是公民将自己的完备性学说作为政治主张的"唯一可能"的基础，并出于维护政治主张的目的而将自己的完备性学说"强加"给其他公民，因为这就意味着对多元主义事实的合情理性及公民的私人自主性的否定。但是这并不意味着反对公民将自己的完备性学说作为政治主张的"一种可能"的辩护基础，甚至还要鼓励公民这样去做。因为这样可以强化公民对于政治主张的认同与确信，进而为良序社会的稳定性提供一个有力的支撑。①

从这里我们也可以找到第二个问题的答案。洛克强调中立性辩护作为一种公共辩护，为了使尽可能多的公民能够接受其政治主张，就必须尽可能地诉之于公民们能够接受的前提，只要这种前提并不公然否定政治主张所依赖的根本的、核心性的价值理念即可。即使这种前提是某种完备性学说也没有关系，因为这只是一种非强制性的"辩护"，它的目的是面向那些接受这种完备性学说的公民来为自己的政治主张提供辩护，而不是强迫那些不接受这种学说的公民去接受这种学说。对于后者，我们完全可以提供另外一种可资利用的学说来作为公共辩护的前提。对于洛克来说，无论是经验主义认识论，还是各种宗教学说（如公民宗教、启示宗教、自然宗教等），都是这样一种前提，因此完全可以作为公共辩护的资源来利用。但是这种利用当然不意味着政治主张就无法脱离这些前提而成立，毋宁说，政治主张有自己独立的中立性辩护基础。

当然，这种解读必须面对的一种批评是，洛克既然诉诸他那个时代的经验性的，甚至可以说是偶然性的"公共文化"（如基督教）来为其政治主张提供辩护，这是否意味着洛克的《政府论》只是一种政治宣传品，并非一种融贯性的政治哲学呢？要回答这个问题，就必须对政治宣传品与政治哲学加以区分。② 一种政治宣传品的目标在于宣传其所提出的政治主张，尽管政治宣传品也需要为其所宣传的政治主张提供一种可以为公民所接受的辩护，但是对它来说，这种辩护完全可以只是一种宣传策略。换言之，为了达到最

---

① 关于这一问题可以参考罗尔斯就"适可而止的辩护"、"充分辩护"、"公共辩护"和"重叠共识"等所做的解释。参考 John Rawls. *Political Liberalism*：*Expanded Edition*. New York：Columbia University Press，2005：385-395.

② 关于"公共文化"在政治辩护中的作用，可以参考［美］约翰·罗尔斯：《道德理论中的康德式建构主义》，见［美］约翰·罗尔斯：《罗尔斯论文全集》，陈肖生等译，长春：吉林出版集团有限责任公司 2013 年版，第 341~405 页。

大的宣传效果，政治宣传品完全可以策略性地诉诸公民们事实上普遍接受的"公共文化"、完备性学说、世界观甚至是其非理性的激情、偏好等，而这些学说或激情完全可以没有任何规范性内涵，这种例子在历史上比比皆是。更简单地说，政治宣传品的目标只在于公民对其所宣传的政治主张的事实上的接受（acceptance），而不关心这些政治主张的规范上的可接受性（acceptability）①。

但是洛克的政治哲学却并非如此，他为其政治主张所作的完备性辩护固然诉诸了"公共文化"，但这只是一种公共辩护的策略，而不是其理论的终极依据。换句话说，在公共文化之外，洛克的政治主张还自有其独立的、规范性的辩护依据，而这一工作并非由其完备性辩护，而是由其中立性辩护来完成的。由此可见，在洛克这里，完备性辩护虽然在其文本中几乎随处可见，但它恰恰带有一种虚拟性质。换言之，当洛克为其政治主张提供完备性辩护时，他实际上是用一种虚拟语气在开展这项工作，其模式是：假设你接受某种特定的完备性学说（如基督教神学思想），那么按照这种完备性学说，我们就可以推导出一种特定的个人所有权主张。这项工作的最终目标是为了强化其规范性的中立性辩护的事实上的辩护效果，因此我们可以说，洛克的辩护模式实际上是一种基于虚拟完备性辩护的真实中立性辩护。

正是在这里我们可以真正发现洛克的高明之处，也可以发现他的《政府论》可以在当时及后世获得巨大的理论与实践影响力的奥秘所在。首先，洛克的政治哲学有着不依赖于公共文化的独立的规范性辩护依据。其次，洛克又并不否定公共文化所能够提供的合理的辩护资源。再次，洛克指出前两者甚至可以兼容。最后，洛克在文本中实际上将这些不同的辩护资源糅合得近乎天衣无缝。正是这种"近乎天衣无缝"的糅合显示了其思想的高明之处，同时也为其带来了巨大的影响力：持有各种不同的完备性学说（认识论

---

① ［德］哈贝马斯：《通过理性的公共运用所作的调和：评罗尔斯的政治自由主义》，谭安奎译，见谭安奎编：《公共理性》，杭州：浙江大学出版社 2011 年版，第 364 页。

的、宗教的等）的读者都可以从其文本中找到在自身的完备性学说与公共的政治主张之间建立联系的途径，同时这种公共政治主张又依然保有其独立于各种不同的完备性学说的规范性基础或来源，而这种来源又可以与上述各种不同的完备性学说相兼容。就此而言，我们可以说，洛克是第一个真正在其政治哲学的建构过程中实现了罗尔斯的"公共辩护"理想的政治哲学家，这也赋予了其看似粗浅的文本以巨大的魅力与丰富的可能性，并激发出了无数学者们截然相反的解读与不懈的探索热情。

第三节　基于自我所有权的理论统一路径

一、洛克所面对的诸种完备性学说

在确定了洛克为其政治主张所作的辩护是一种中立性辩护之后，接下来的问题在于，洛克是如何具体地进行这种中立性辩护的。根据前文的中立性结构图示，要解决这一问题，首先就必须说明在洛克那里究竟存在着哪些竞争性的完备性学说（亦即中立对象问题）。这个问题涉及如何看待洛克的思想体系的问题。如前所述，在洛克的思想体系中实际上包含着许多来源不同、立场对立的思想资源，而且尽管洛克作出了调和的努力，但是它们彼此之间是否存在着即使是较弱的无逻辑矛盾意义上的融贯性，都是一个问题。为了简化起见，我们可以从三个方面对这些思想资源加以区分。

其一，从涉及的问题领域来看，洛克的思想中既涉及存在论与认识论领域的问题，也涉及人性论与价值论领域的问题，还涉及宗教领域的问题。至于洛克在这些不同领域的问题上的观点彼此之间是否存在着融贯性，也是一个问题。

其二，为了论述的方便，我们假设洛克的存在论、认识论、人性论等是有可能融贯的。接下来我们还可以从立场的倾向性上来对这些思想资源予以区分。当然，这种倾向性的划分标准也是非常复杂的，这里我们只根据一种比较粗糙的标准，即传统还是现代的标准来对之加以区分。这样我们就会看到，在洛克的思想中存在着一种比较传统的倾向，其最突出的特征即强烈的基督教色彩。例如，在存在论上他主张上帝是存在的，在认识论上他也承认启示是知识的一种可能来源，在人性论上他主张人是上帝的"肖像"因而具有一种理智本性，等等。同时还存在着一种比较现代的倾向，其核心特征即建立在现代认识论转向与主体主义转向基础之上的经验主义认识论思想。例如，他从这种认识论出发而对实在本质与名义本质作出了区分，并且对无法为经验所检验的东西之存在表示了怀疑，并且根据经验观察得出了一种快乐主义的人性论，等等。这里我们姑且将前者称为（1）基督教神学，并将后者称为（2）经验主义认识论。需要注意的是，这两种名称不仅用来指称两种不同的立场倾向性，也用来指称建立在这两种不同倾向之上的包括了存在论、认识论、人性论等在内的完备性学说。

　　除此之外，尽管洛克本人是一个虔诚的基督徒，并且他拒绝用经验主义认识论去否定上帝的存在，但是洛克本人也意识到了他的时代所存在的无神论思想，我们姑且将以这种思想为基础的完备性学说称为（3）无神论思想。当然，这种分类并没有也不可能穷尽洛克本人及其时代所存在的各种完备性学说，但是它对于我们当前的讨论来说已经足够了。

　　其三，在上述完备性学说，尤其是第（1）种完备性学说内部，还可以根据是否具有可通约性这一标准对之进行进一步的区分。例如，在洛克生活的时代，基督教内部本身就已经存在着天主教与新教等的区分，而在新教内部也存在着路德宗与加尔宗等的区分。这些教派固然共享了"上帝存在"、"上帝创世"等基本教义，但是在是否支持"三位一体"等问题上却存在着不可通约的巨大差异，而且这些差异还导致了各教派之间的流血冲突。正是出于对这种局面的担忧，包括洛克在内的很多思想家都曾经试图建立一种可通约的"公民宗教"，这种宗教的一个重要特征即仅保留一些得到各教派共同认可的"最低限度的"教义，而将那些出现分歧的问题悬置起来。① 这样一来，我们就会发现，在（1）内部其实也存在着两种不同的完备性学说，即（1a）包含着不可通约教义的基督教神学，以及（1b）不包含不可通约教义的基督教神学。这样一来，洛克就面对着（1a）、（1b）、（2）、（3）等至少四种竞争性的完备性学说。

二、完备性学说之间的"划界"

接下来的问题在于，在这些竞争性的完备性学说之间是否存在着某种共享的公共辩护资源。这一问题之所以重要，是因为如前所述，中立性辩护并非是中立于一切价值，相反，它为政治主张所作的辩护必须依赖于某些得到了公共辩护的（或者无分歧的）辩护资源。所以问题就在于，究竟哪种资源才是这种意义上的辩护资源，洛克如何处理这种资源与其他资源的关系（亦即中立性辩护的价值依据问题）。

洛克在这一问题上的立场具有一种表面上的矛盾性。一方面，他坚持认识起源于经验的经验主义认识论原则，否定人类获得有关上帝等实体及其实在本质的认识的可能性。另一方面又坚持对上帝等超验实体及其实在本质的存在的"必要的假设"，为此他甚至不惜牺牲自己的经验主义认识论原则，指出"仅只有启示的证据，便是最高的确定性"②，换句话说，我们可以通过启示获得有关上帝这一纯粹精神实体存在的知识。但是二者本身是极难调和的，为了避免二者的直接冲突，洛克的做法是为二者划定一个界限：在认识论上，区分经验性领域与超验领域；而在实践问题上，区分世俗（civil）领域与神圣（ecclesiastical）领域；两者各有自己的领域，彼此之间界限分明，不得互相侵犯。这一做法与康德的"我不得

---

① 关于公民宗教的问题也是当前洛克研究界讨论的热点之一。对此可参考［美］迈克尔·扎克特：《洛克与公民宗教问题：洛克论基督教》，见［美］迈克尔·扎克特：《洛克政治哲学研究》，石碧球等译，北京：人民出版社2013年版，第158～180页等。

② 徐瑞康：《欧洲近代经验论和唯理论学发展史（修订本）》，武汉：武汉大学出版社2007年版，第277页。

不悬置知识，以便给信仰腾出位置"① 极其相似，实际上康德为知识与信仰划界的思想，也未必没有受到洛克的影响。

我们可以在洛克的《论宗教宽容》等文本有关政府与教会或"世俗权力与神圣权力"的关系问题的论述中找到其实践划界的充分证据。② 同样的，我们也可以在洛克的文本中，尤其是在《人类理解论》论理性与信仰的关系问题上找到认识论划界的充分证据。洛克明确指出，在"信仰和理性之间"，或者说在经验性知识与超验知识之间必须"划一条界限"（4.18.11）。一方面，存在着某些超验知识亦即"超乎理性的命题，我们不能通过理性从那些原则中推导出它们的真实性或可能性"（4.17.23）。我们虽然不能通过理性认识这些超验知识，但是"任何神圣的启示都应该统治我们的意见、偏见和利益，而且有权利要求我们以完全的同意来接受它"（4.18.10）。这就排除了经验性知识对超验知识的侵犯，为前者划定了界限，也为后者留下了地盘。但是另一方面，经验性知识也有自身的"领地"。"信仰的支配只能达到上述的范围，在此范围内信仰不能歪曲或妨碍理性……我们的理性对于信仰的这种臣服，并没有取消知识的界标：这并没有动摇理性的基础，我们仍可以使用我们的官能来追求我们被赋予这些官能时的目的"（4.18.10）。从认识论上来看，有关实体（上帝、精神、物质）及其本性（nature）、内在构成或实在本质的知识都是超验知识，它们虽然是必要的假设，但却不能取代我们对事物的经验性认识。而有关实体的名义本质及各种复杂的情状观念、关系观念等的认识则是经验性知识，它们虽然能够扩大我们知识的领域，但同样也不能以之僭越超验知识的领域。

三、从中立性辩护到自我所有权

洛克在关于实体的实在本质的超验知识与关于其名义本质的经

---

① ［德］康德：《纯粹理性批判》，邓晓芒译、杨祖陶校，北京：人民出版社2004年，"第二版序"第22页。

② John Locke. *A Letter Concerning Toleration and Other Writings*. Indianapolis：Liberty Fund，2010：152-158.

验性知识之间、在世俗领域与神圣领域之间所划出的这种界限，使得经验性的认识领域与世俗的实践领域获得了一种相对于超验的信仰领域与神圣的实践领域的独立性，而这种独立性对于洛克的中立性辩护来说有着至关重要的作用。

这种作用首先体现在它为一种强的中立性辩护提供了可能。第一，在这个独立的实践领域内，个人的制作并不需要依赖于对实体之实在本质的超验认识，他完全可以按照一种经验性的、世俗的方式构建起自己的人格与自我，这样一来，个人对于自身的自我所有权就获得了一种辩护依据。第二，更重要的是，这种独立的世俗实践领域所遵循的自我所有权原则与上述的四种辩护资源都是可以兼容的。

就（1）基督教神学（无论是可通约的还是不可通约的）而言，它本身就包含着一种"神圣—世俗"的二元模式，尽管它始终坚持神圣领域相对于世俗领域的优先性，并且因此坚持个人从根本上来说是由上帝创造的，但是它并没有因此彻底否定世俗领域的存在，也没有否定上帝赋予给人的自由意志。[1] 这样一来，它就也可以在坚持神圣领域优先性与上帝所有权至上性的前提下，承认个人在世俗领域的有限的自我"建构"以及随之而来的不完全的自我所有权。尽管相对于上帝来说，个人不可能享有自我所有权，但是相对于其他的人类个体而言，这种自我所有权还是可以存在的，而政治领域本来要处理的就不是上帝与人类的关系，而是人类个体彼此之间的关系。这样一来，即使公民持有一种完备性的基督教神学信仰，他也能够在自主的政治领域中承认每个公民相对于其他人的自我所有权。就（2）和（3）而言，其与自我所有权的兼容性就更好理解了。

这样一来，洛克就既可以从中立于各种完备性学说的世俗实践领域的自我"建构"出发为对于个人的自我所有权作出一种强的中立性辩护，也可以使这种自我所有权"嵌入"这些完备性学

---

① 参考丛日云：《在上帝与恺撒之间——基督教二元政治观与近代自由主义》，北京：生活·读书·新知三联书店2003年版。

说内部，从而使它们在自我所有权这一政治价值上实现一种收敛式的重叠共识。这种强的中立性辩护的一个优势就在于，它为政治社会中的无神论者与有神论者的政治共识提供了一种共同的基础。

这种作用还体现在它为一种弱的中立性辩护提供了可能。如前所述，尽管在洛克的时代也存在着各种无神论思想，但是社会中的大多数人还是接受了基督教信仰。尽管在（1a）即各种包含着不可通约教义的基督教神学之间存在着巨大的分歧，但是在（1b）所包含的"上帝存在"、"上帝创世"等教义上，它们彼此之间还是有共识的基础的。这样一来，不同的基督徒之间就有可能从这些共同的教义出发接受一种对于个人的上帝所有权，同时也接受一种以其他人类个体为权利相对人的自我所有权。这样一来，在这个政治社会的大多数人之间，还是有可能就自我所有权达成一种共识。

由此可见，这种中立性辩护实际上为公民的自我所有权奠定了基础。与此同时，它也使得对于作为人类制作之质料的"实体—人"的上帝所有权与对于作为人类制作之结果的"人格—自我"的自我所有权的和谐共存有了可能。① 这种共存的方式就是：在经验性的认识领域与世俗的实践领域之内，个体的制作并不需要依赖对实体之实在本质的超验认识，他完全可以按照一种经验性的、世俗的方式构建起自己的人格与自我，从而成为完全的自我所有者；但是在超验的信仰领域与神圣的实践领域之内，个体作为由身体尤其是灵魂构成的"实体—人"，却是上帝的创造物，因此是上帝的所有物，他不可能成为完全的自我所有者。此外，既然政治领域是一个独立于宗教信仰领域的世俗实践领域，那么在政治领域中，个

---

① S. 西格雷夫曾经阐述过与之类似的和谐共存模式，不过他的阐述方式较为简略，而且他没有仔细分辨中立性辩护与洛克的完备性经验主义认识论之间的关系。对此可以参考 S. Adam Seagrave. Self-Ownership vs. Divine Ownership: A Lockean Solution to a Liberal Democratic Dilemma. *American Journal of Political Science*, 2011, 55 (3).

人就是完全的自我所有者。但是在宗教以及与宗教密切相连的道德领域中，个人则不可能成为完全的自我所有者。①

四、基于自我所有权的理论统一路径

按照上述分析，既然在政治领域内洛克支持公民个人相对于其他公民的完全的自我所有权，那么个人首先享有的就是对于自身生命、自由和劳动的权利。除此之外，按照洛克的制作者权利学说，当个人将自身的劳动与无主或"共有"的外部资源相"混合"从而制作出全新的产品时，他就享有了对于这些产品的狭义所有权，亦即财产权。这样一来，按照洛克的政治上的自我所有权主张，我们可以顺理成章地推导出个人的生命权、自由权和财产权三大自然权利。这样一来，个人在政治领域内所负有的政治上的德性义务就是从这种自然权利之中派生出来的，二者在这种意义上是可以实现统一的。

但是这样一来，洛克就有可能再次沦为一位"绝然现代"的唯权利论者，德性无非是作为权利的保障物而从权利中派生出来的，而这正是洛克所力图避免的。其实情况并非如此。如前所述，洛克所承认的完全自我所有权有两个方面的重要限制：第一，它限于且仅限于政治领域；第二，它限于且仅限于公民之间。换言之，仅当个人以政治社会中的公民身份来在彼此之间展开政治性的实践（亦即权利与义务等的分配）时，他们才是完全的自我所有者，而且这种自我所有权的权利相对人只是政治意义上的公民而非更加完备性的社会或道德意义上的个人。

也就是说，仅在政治领域内我们才能够说个人制作了自身，因为政治领域作为一个自主的实践领域主要也只涉及与个人的"人

---

① 罗伯特·拉姆曾阐述过类似的观点，本书第八章对此也有所论及。不过拉姆在其文章中对于洛克的个人所有权理论、制作者权利学说和辩护模式等问题并未作详细的考察。参考 Robert Lamb. Locke on Ownership, Imperfect Duties and 'the Art of Governing'. *The British Journal of Politics & International Relations*, 2010, 12（1）.

格—自我"层面有关的世俗利益的安排问题。但是当超出这一领域时，我们就不能再说个人完全独立地制作了完整的自身，至少就"实体—人"层面来说，这种说法就是有问题的。在这些领域内，基督教神学可以主张是上帝创造了个人，与此同时，无神论也可以主张，从根本上来说个人的"建构"实际上是由整个人类历史共同来完成的，"人的本质……在其现实性上，它是一切社会关系的总和"①。这样一来，在非政治领域内，个人就不是完全的自我所有者，他对于制作了他的上帝或整个人类社会就负有超出了"政治德性"义务的更多义务（如对于上帝所负有的在力所能及的情况下保存全人类的义务等）。② 换言之，除了政治领域的自我所有权之外，我们还可以从洛克的个人所有权理论框架之内引申出一种非政治性的上帝所有权或一种"多级人身所有权"③。接下来的问题就在于，如何在政治领域内协调这两种个人所有权以及随之而来的权利与德性的复杂关系，这一点显然已经超出了单纯理论的限度，而必须转入现实的政治实践层面上来予以考察，这正是下一章的任务。

---

① ［德］马克思：《关于费尔巴哈的提纲》，见中共中央马恩列斯著作编译局马列部、教育部社会科学研究与思想政治工作司编：《马克思主义经典著作选读》，北京：人民出版社 1999 年版，第 3 页。

② Robert Lamb. Locke on Ownership, Imperfect Duties and 'the Art of Governing'. *The British Journal of Politics & International Relations*，2010，12（1）.

③ 李风华：《"一毛"与天下：论自我所有权的局限及多级人身所有权的存在》，《哲学动态》2016 年第 11 期。

第八章 权利与德性之统一的现实路径

　　既然对于洛克来说，为了幸福这一目的的实现，权利与德性二者有必要统一起来，而且无论是从神学的角度来看，还是从行为主体及其动机和能力的角度来看，这种统一都是可能的，那么接下来的问题就在于，权利与德性二者在现实中究竟是如何统一起来的，或者说这种统一的现实路径何在。

　　这一问题实际上涉及个人与政府两个层面。关于权利与德性在个人层面之统一的现实路径的问题，或者说个人如何在其行为中将权利与德性二者统一起来的问题，其实前文在考察权利与德性之统一的必要性与可能性时就已经涉及了。无论是从本性、动机还是从能力等层面来看，个人都不仅有必要和可能将二者统一起来，而且洛克也为个人在其行为中统一二者提供了具体的现实路径或方式。从根本上来说，这种方式要求个人在自身权利得到有效保障的前提下，努力追求自身的德性，也就是努力追求永恒幸福和促进社会幸福。但是这一点其实并非洛克权利与德性思想的特色之所在。因为我们知道，大多数政治哲学家其实并不否认个人应当追求德性，即使是自由至上主义者（例如诺齐克）也不例外。但是问题在于，自由至上主义者虽然不否认个人应当追求德性，但是他们认为这是一个私人领域的问题，并且因此否认政府有权干涉德性问题，更不用说强迫个人去追求德性了。正是在这一点上，洛克的政治哲学显示出与自由至上主义不同的特色。因此这里我们讨论的重心将放在第二个层面即政府层面。换句话说，这里的关键问题在于，一个洛克式政府在权利与德性之关系问题上应该持有一种怎样的立场。

　　如前所述，在这一问题上，以施特劳斯学派为代表的学者们认

220

为洛克主张权利优先于德性。在他们看来，洛克将权利问题划归公共领域，将德性问题划归私人领域；而在属于私人领域的德性问题上，政府应当保持中立。相反，以剑桥学派为代表的学者们则认为，洛克追随着阿奎那等人的步伐，强调德性优先于权利，"安排人类行为的国家"只是"一种补充性质的社会"，"财产权和政治社会"也因此只是实践人的德性义务的"必要手段"。①这里我们将试图表明，与这两种解读不同，一个洛克式政府实际上确实以保障个人权利为首要目的，但是在德性问题上它不可能保持完全的中立。换句话说，洛克式政府既不是唯权利论的，也不是唯德性论的，而是要在二者之间保持一种平衡。

第一节　保障个人权利：政府的首要目的

一、保障个人权利：政府的首要目的

众所周知，对于洛克来说，政府的首要目的乃是保障个人权利（2.124）。之所以如此，是因为在洛克看来政府乃是人为的创建或契约之结果，政府的创建者们在缔结契约时将自身的一部分自然权利让渡给了政府，政府的权力应以这种让渡为限，而且创建者们还为政府规定了目的，这种目的就是保障个人权利。关于这一点国内外学者们已经进行了大量的研究，毋庸我们赘言。这里我们重点关注的是如下两个问题：一是政府的创建者们为什么有权利为政府规定某种特殊的目的；二是为什么这种目的首先是保障个人权利而非确保个人去追求德性。

我们知道，在政府之来源的问题上，洛克在相当程度上追随着霍布斯的步伐，而与"犹太—基督教传统"发生了断裂。后者深受"亚里士多德和他描绘的古希腊'城邦'之图景的影响"，将政府（或城邦）视作"自然"或上帝之命令的产物，其首要目的是促进人的本性的完善或德性的实现，因此它所强调的是个人"对

①　[英]詹姆斯·塔利：《论财产权：约翰·洛克和他的对手》，王涛译，北京：商务印书馆2014年版，第233页。

于世界上的其他人的义务而非他自己的权利"①。而在洛克看来，如果说政府"来自上帝，那你必须向他们出示这样的授权"，但事实上《圣经》中并没有这样的"授权"，因此政府其实是一种"人为"的产物，"国家或公民社会和政府乃是……人们的谋划和创建"。而且在洛克看来，"在一切由人们所创建的社会中，这些社会的目的就是由创建者们所约定的"②。

政府的创建者们之所以有权利为政府规定或"约定"某种特殊的目的，则源于洛克的"制作者权利学说"。如前所述，在洛克看来，上帝的创造蕴含所有权，也就是说，上帝因其创造世界与人类的"事实"，而"应当"对世界与人类拥有所有权。这就是詹姆斯·塔利所谓的"制作物模式"③ 或戈帕尔·史瑞尼瓦森所谓的"制作者权利学说"④。事实上对于洛克来说，不仅上帝的创造蕴含上帝对其创造物的所有权，而且人类的制作（包括"谋划和创建"）也同样蕴含人类对其制作物（包括其"谋划和创建"之物）的所有权。既然政府是由人们制作或"谋划和创建"出来的，那么根据洛克的制作者权利学说，政府实际上就是它的谋划者和创建者的所有物。

二、唯德性论的弊端

洛克明确指出，"人们联合成为国家和置身于政府之下的重大和主要的目的"（2.124），"不可能是他们的精神的或永恒的利益"⑤，而"是保护他们的财产权"（2.124）。正如前文已经指出

---

① Catherine Valcke. Locke On Property：A Deontological Interpretation. *Harvard Journal of Law and Public Policy*，1989，12（3）：941.

② John Locke. A Second Letter Concerning Toleration. In John Locke. *The Works of John Locke*. Vol. Ⅵ. London：Printed for Thomas Tegg，1823：121.

③ ［英］詹姆斯·塔利：《论财产权：约翰·洛克和他的对手》，王涛译，北京：商务印书馆2014年版，第11页。

④ Gopal Sreenivasan. *The Limits of Lockean Rights in Property*. Oxford：Oxford University Press，1995：62.

⑤ John Locke. A Second Letter Concerning Toleration. In John Locke. *The Works of John Locke*. Vol. Ⅵ. London：Printed for Thomas Tegg，1823：121.

的，对于洛克来说，所谓"精神的或永恒的利益"始终与个人的德性紧密地联系在一起。这也就是说，政府的首要目的并不在于确保人们去追求德性，而是去保障人们的权利。之所以如此，一方面是因为"对于政治社会来说，保护自然权利是一个比强制执行自然法更加急迫的任务"①。另一方面，也是更重要的原因则在于洛克深刻地认识到了一个将德性凌驾于权利之上的"唯德性论"政府的弊端之所在。

关于洛克对于唯德性论的弊端之认识，研究者们已经做过大量的讨论。其中比较有代表性的是施特劳斯的观点。在施特劳斯看来，以霍布斯和洛克等人为代表的"现代权利论者"与古典自然正当论传统的一个重要区别就在于，前者不再像后者那样关心"理想政体"的问题，不再从如何完善人的德性这一"高标准"出发来讨论一个理想政体应该如何建立的问题。相反，他们讨论政府问题的出发点是人的欲望这一事实，他们关心的是在这一事实的基础上如何建立一个稳定政府的问题。在施特劳斯看来，"目标之被降低，是为了增加实现它的可能性"②。施特劳斯的解释固然有其合理之处，但是却不全面。因为我们知道，洛克之所以反复强调权利的重要性，之所以坚持认为政府的首要目的是保障个人权利，不仅是因为一个唯德性论的政府的目标难以实现，更是因为唯德性论本身就存在着诸种弊端。

对于洛克来说，唯德性论的弊端不仅体现在它忽视了个人的尘世幸福以及个人追求尘世幸福的权利的正当性，而且还在于它所提倡和鼓励的乃是一种"服从"的态度。正如罗纳德·德沃金（Ronald Dworkin）指出的，唯德性论或"以义务为基础的理论"

---

① S. Adam Seagrave. Self-Ownership vs. Divine Ownership: A Lockean Solution to a Liberal Democratic Dilemma. *American Journal of Political Science*, 2011, 55（3）: 722.

② ［美］列奥·施特劳斯:《自然权利与历史》，彭刚译，北京：生活·读书·新知三联书店 2003 年版，第 182 页。施特劳斯关于上述问题的讨论亦参见该著。

所首先关心的不是个人行为的自主性，而是"个人行为的服从性"①。在其早期的《自然法论文集》中洛克也指出，自然法所赋予个人的"法律责任"首先就是"职责性的服从"（dutiful obedience）（fol. 84）。诚然，这个意义上的服从首先是对自然法或上帝意志的服从，而非对于政府或权威的服从，但是当我们将"服从"本身视作一种重要的甚至根本性的法律责任或道德态度时，它几乎不可避免地将会引申出个人对于政府或权威的服从，并走向一种忽视甚至否定个人权利的专制主义。换句话说，在"服从"这一根本性的道德态度与专制主义之间，几乎存在着一种必然性的联系，而且洛克对于这一点有着非常清醒、深刻的认识。之所以这样说，是因为早期的洛克本人就曾经是一位专制主义的支持者。从近年来发现的洛克早期手稿中我们可以看到，早期的洛克不仅主张个人应当服从专制权力，而且还试图从对自然法的服从中为个人对于专制权力的服从寻找根据。②

但是当成熟期的洛克从早期的专制主义转向一种更加重视个人权利的自由主义立场时，他放弃了将"服从"视作一种根本性的甚至绝对的道德态度的做法。这时的洛克虽然没有主张"完全的自主或反抗，但比服从更接近于自主或反抗这些观念"③。正如有些学者已经指出的，之所以发生这种转变，是因为洛克一直在寻找破坏社会稳定的原因和保持社会稳定的方法。早期的洛克认为破坏社会稳定的主要原因在于"暴民"的狂热，而保持社会稳定的方法则在于用专制权力来约束个人，因此这时的洛克极端强调个人服从的重要性。但是成熟期洛克的立场则恰恰相反，在这时的洛克看来，专制权力不仅会妨碍个人权利的实现，而且它恰恰就是破坏社

---

① ［美］罗纳德·德沃金：《认真对待权利》，信春鹰、吴玉章译，北京：中国大百科全书出版社1998年版，第228~229页。

② 参考 John Locke. *Political Essays.* Cambridge：Cambridge University Press，1997：3-133；霍伟岸：《洛克权利理论研究》，北京：法律出版社2011年版，第90~115页等。

③ ［美］迈克尔·扎科特：《自然权利与新共和主义》，王崇兴译，长春：吉林出版集团有限责任公司2008年版，第63页。

会稳定的根本原因之所在，因此"为了扼制君主的权力，他赋予人民以反抗权"①。尽管洛克对人民的革命权或反抗权施加了诸多限制，但是这种限制的主要目的是为了维持社会秩序的稳定，是为了预防由于人们滥用革命权或反抗权所导致的社会动荡，而不是对革命权或反抗权本身的剥夺。之所以如此，正是因为他认识到了唯德性论的弊端，认识到了片面强调德性与服从而忽视甚至否定"自主或反抗"的做法，将几乎无可避免地走向专制主义。

第二节　强制与激励：政府在人的
德性追求方面的作用

一、唯权利论的弊端

我们知道，当代不少自由主义者根据公共领域与私人领域的划分，将权利问题划归公共领域，而将德性问题完全划归私人领域。在他们看来，政府的根本目的在于保障个人权利，而在属于私人领域的德性问题上，政府应当保持中立。在不少研究者看来，洛克在德性问题上与这些当代自由主义者持有相同的立场。在他们看来，既然洛克反复强调政府的首要目的在于保障个人权利而非确保个人德性的实现，既然洛克坚决反对将政府建立在唯德性论的基础之上，那么这就意味着一个洛克式政府乃是一个"守夜人式"的政府。换句话说，在这些研究者看来，除了确保个人不互相侵犯彼此的权利，并对侵犯行为进行惩罚之外，洛克式政府再也没有任何其他目的或任务，在德性问题上它应当保持完全的中立，任何试图干预德性问题的行为都超出了政府的权限并且因此是不合法的。

但是在我们看来，正如罗伯特·拉姆指出的，"这种路径对于那些处理激进多元主义条件下的政治合法性问题的哲学家们来说或许是正当的，但是将它转换给洛克的话，最好的情况下也会错失他

---

①　霍伟岸：《洛克权利理论研究》，北京：法律出版社 2011 年版，第107~108 页。

的政治理论的全景，最差的情况下则会粗暴地扭曲它"①。之所以这样说，根本的原因并不是由于在洛克的时代不存在"激进多元主义"的难题（因为正如前文已经指出的，洛克同样面临着信仰的多元化以及因信仰的多元化而导致的共同体的撕裂与冲突的问题），而是由于尽管洛克反复强调政府的首要目的在于保障个人权利，尽管他坚决反对一个唯德性论的政府，但是首要并不等于唯一，保障个人权利的首要性并不意味着洛克支持一个唯权利论的政府。

如前所述，早期的洛克作为一个专制主义者，非常强调唯权利论的危害。在他看来，规定人的德性的自然法本身就是个人权利的"最强有力的保障"（fol. 107）。因为在自然法的约束之下，个人才会自觉地尊重他人的权利、促进社会的利益；而如果每个人都能够自觉地追求德性、履行自然法义务，那么个人自身的权利也会因此而得到最好的保障。相反，如果缺少了德性、缺少了"人类公平的一般准则"（fol. 107）的约束，如果单纯强调个人所享有的权利（尤其是私有财产权），那么权利本身就根本得不到保障。因为在洛克看来，虽然每个人都拥有天赋的理性能力，但并不是每个人的理性都足够成熟。如果缺少了德性的约束，个人在行使自身权利的时候，并不会凭借理性而自觉地尊重他人的权利，这样一来，个人权利的冲突就会导致人与人之间的"欺骗、暴力、仇恨和谋杀"（fol. 115）。由此可见，片面强调权利而忽视德性的结果恰恰是个人权利本身的消解。正是出于对唯权利论的弊端的认识，早期的洛克才支持一种专制主义的政府，并强调个人对于政府的服从义务。他希望以此来保证社会秩序的稳定，并且认为只有这样才能促进社会幸福本身。

而成熟期的洛克虽然一反早期的专制主义立场，转而强调权利本身的重要性，但是这并不代表他就走向了唯权利论的立场。如果

---

① Robert Lamb. Locke on Ownership, Imperfect Duties and "the Art of Governing". *The British Journal of Politics & International Relations*, 2010, 12 (1): 127.

我们仔细考察《政府论》下篇的文本的话，我们就会发现，无论是在论及个人的生命权、自由权还是狭义财产权时，洛克始终强调这些权利都必须"在自然法范围内"（2.4）行使。他虽然强调政府及其立法的首要目的是保障个人权利，但他同时也指出，"人民的福利是最高的法律，的确是公正的和根本的准则"（2.158）。换句话说，洛克始终强调个人权利的行使要受到公共幸福、德性义务的制约和限制。之所以如此，从根本上来说是因为在洛克看来，片面强调个人的权利而忽视个人的德性、忽视个人对他人和社会所负有的义务，不仅不利于社会幸福并进而不利于个人幸福的实现，而且它还会使权利本身根本无法实现，使个人的权利变成一句空话。自然状态之所以会从最初的和平状态演变为战争状态，就是因为自然状态中的人们虽有理性，但是却因理性的不足而不能很好地认识和实践自然法，或者说不能在德性的制约下来行使自身的权利，因而最终导致了彼此之间的权利的冲突。

从这里我们也可以看出，洛克对于唯权利论的弊端是有着清醒的认识的。而使人们误以为洛克是一个唯权利论者的重要原因之一在于，洛克在《政府论》中，尤其是在《政府论》上篇中所直接面对和重点批判的理论对手乃是主张君主专制、否定人的天赋自由的菲尔麦，为了最有效地批判与打击专制主义，洛克着力强调了人人生而自由平等、强调了人的自然权利，而较少提到人的自然法义务。但是这并不代表他因此走向了唯权利论而彻底取消了德性的必要性。这一点从《政府论》下篇中可以清楚地看出来。在这里，洛克的目标转向了阐述一种建立在个人之同意的基础之上的政府何以可能的问题。在其中洛克反复强调自然法的重要性，强调个人的自然权利的行使必须被限制在自然法的范围内，强调个人在保存自身不成问题的情况下应当尽力去保存他人和社会（2.4）。确实，洛克虽然在《政府论》中频繁地提到自然法，却始终没有给出一种完整的自然法学说；而且其早期的《自然法论文集》在自然法学说方面也存在着一些困难，正是这些困难（以及立场的转变）导致了洛克始终没有出版该著作。但这一切只能说明洛克在论证自然法，尤其是在调和自然法与其经验主义认识论时遇到了困难，而不代表洛克认为自然法的存在以及个人对自然法的服从亦即个人的德性追求没有必要性，也不代表洛克是一个唯权利论者或施特劳斯所谓的"隐蔽的霍布斯主义者"①。像施特劳斯那样过于极端地强调洛克的"现代权利论者"的一面并以此为基础来否认他对德性的重视，非但与他的文本的直接表述相冲突，而且也不符合洛克思想的实情。

从这里我们也可以看出，洛克从早期压制个人权利的专制主义立场向成熟期张扬个人权利的自由主义立场的转变虽然剧烈，但是有一条原则在他那里始终是一以贯之的，那就是对人的自然法义务或德性追求的强调。之所以如此，还是因为无论是在早期还是成熟期，洛克始终在思考一个有着稳定秩序的良序共同体何以可能的问题，而在这样一个良序共同体的稳定离不开个人对于自然法的遵从或对于德性的追求这一点上，洛克从来未曾动摇过。

二、强制与激励：政府在人的德性追求方面的作用

既然德性对于一个良序共同体的稳定来说如此重要，那么接下来的问题就在于，在促进个人遵守自然法、履行德性义务的问题上，一个洛克式政府能够做些什么以及如何去做。

1. 完全义务与不完全义务的区分

洛克曾经非常明确地指出，自然法"甚至可以支配立法权本身"（2.134），"自然法所规定的义务并不在社会中消失，而是在许多场合下表达得更加清楚，并由人类法附以明白的刑罚来迫使人们加以遵守"（2.135）。既然自然法本身就是一种道德法，既然自然法所规定的内容就是个人所负有的德性义务，那么那种为自然法所"支配"，并且将自然法"表达得更加清楚"的人类法的内容也就不可能仅仅涉及保障个人权利。它必然要超出这一范围，而对个人所应履行的某些自然法义务（即德性义务）做出规定。同样的，

---

① 参考霍伟岸：《洛克权利理论研究》，北京：法律出版社 2011 年版，第 25 页。

既然政府的任务之一就在于通过"明白的刑罚"来迫使政治社会中的个人遵守人类法，而人类法本身就为自然法所支配，它的内容本身就包含了个人所负有的某些德性义务，那么这就意味着，政府有权力强迫个人履行某些（即使不是全部的）德性义务。换句话说，洛克式政府的目的和权力不仅仅在于保障个人权利，它还有强迫个人追求某些特定的德性的目的和权力。

但是我们知道，对于洛克来说，个人所负有的德性义务包括很多类型与方面，例如崇拜上帝、完善自身、友爱邻人等。与此同时，洛克也明确指出，对于某些特定类型的德性义务，政府并没有权力强迫个人去履行。例如在慈善救济的问题上洛克就曾反复指出，它虽然是个人所负有的德性义务，但是个人有权利选择是否履行这一义务，而政府则无权强迫个人去救济他人。因此接下来的问题就在于：（1）在个人所负有的众多德性义务中，究竟哪些是政府有权强迫个人履行的；（2）对于那些政府无权强迫个人履行的德性义务，政府是否就应该无所作为、听之任之；（3）政府为了促进个人履行其德性义务而采取的行为，是否构成了对个人权利的侵犯。第三个问题我们将在下一节加以讨论，这里主要关注前两个方面的问题。

关于第一个问题，我们知道，在洛克看来自然法的目的"就是为了保护社会以及（在与公众福利相符的限度内）其中的每一成员"（2.134），既然自然法可以支配立法权，那么同样的，立法机关的"权力，在最大范围内，以社会的公众福利为限"（2.135）。而且前文已经指出，个人的德性追求直接地以个人的永恒幸福为目的，但实质上却以"社会的公众福利"为目的，因此问题实际上就变成了，究竟哪些特定的"社会的公众福利"才是政府有权强迫个人去追求的。

关于这个问题洛克在《政府论》和《自然法论文集》中都有所涉及，但是却没有明确地提出一种比较系统的区分方法。罗伯特·拉姆试图借助"完全义务"（perfect duty）与"不完全义务"（imperfect duty）这对概念来对洛克所说的义务做出区分，他的做法可供我们借鉴。拉姆指出，与当代自由主义政治哲学家们"倾向于合并政治领域与道德领域"的做法不同，洛克在这二者之间做出了一种"尖锐的区分"①。拉姆根据这种区分指出，在洛克那里，所谓的完全义务就是我们在政治上必须履行的义务，而所谓的不完全义务则是"我们应该承担的，但并不需要履行的，也不能由政府来强制履行的道德义务"②。拉姆对于洛克的义务概念所作的完全与不完全的区分，对于我们很有启发意义。但是问题在于，他将这种区分归结为政治领域与道德领域之区分的做法，实际上并没有真正为我们提供一种划分完全义务与不完全义务的标准，而是将问题转移到如何区分政治义务与道德义务上去了。而在我们看来，从根本上来说，洛克的自然法作为一种道德法，它所规定的义务首先全都是道德义务，只不过其中的完全义务可以通过"人类法"来转化为拉姆所说的政治义务或法律义务而已。

实际上我们可以从洛克的思想中发掘出其区分个人所负有的完全的德性义务与不完全的德性义务的标准。从根本上来说，这个标准就在于，如果所有个人都拒不履行某种义务的话，是否会直接导致政治社会的瓦解或崩溃。根据这个标准，如果所有个人都拒不履行某种特定的义务，那么政治社会本身就将无法存在，则这种义务就是个人所负有的完全的德性义务。例如后文将要谈到的在国家遭遇外部侵略时保卫国家的义务就是一种完全义务。因为如果所有人都拒绝履行这一义务的话，国家就将因为侵略而不复存在。同样的，禁止谋杀他人也是一种完全义务，因为如果我们都拒不履行这一义务的话，所有的个人都将无法存在，更不用说由个人所组成的政治社会了。与之相对，所谓的不完全义务则在于，如果所有的个人都拒绝履行这种义务，那么政治社会本身还可以延续其存在；但是如果个人能够履行这种义务的话，那么"社会的公众福利"将

---

① Robert Lamb. Locke on Ownership, Imperfect Duties and 'the Art of Governing'. *The British Journal of Politics & International Relations*, 2010, 12 (1): 129.

② Robert Lamb. Locke on Ownership, Imperfect Duties and 'the Art of Governing'. *The British Journal of Politics & International Relations*, 2010, 12 (1): 137.

得到促进，或者其总量将得到增加。例如慈善救济的义务就是一种不完全义务，个人不救济他人，政治社会仍将存在，但是如果个人救济他人的话，社会的公众福利将因此得到促进。

2. 强制个人履行完全的德性义务

从这里我们可以看出，对于洛克来说，个人所负有的完全的德性义务是一个政治社会存在的必要条件。正是由于这个原因，洛克才坚持认为政府有权强迫个人履行自身的完全的德性义务。因为否则的话，政治社会本身就将不复存在。这一点可以很好地解决对洛克的唯权利论理解中所遇到的一些难题。这里我们可以举几个比较典型的例子来对这一点加以说明。

首先，洛克在《政府论》中曾经指出，在"政治社会的命运"遇到"最严厉的考验"时①，例如在国家遭遇外部敌人侵略时，那些作为士兵的个人要"绝对地服从每一上级官长的命令"（2.139）。针对这一点，罗伯特·A. 戈尔德温（Robert A. Goldwin）指出，洛克并没有"解释士兵为何有为了他的国家而献出自己的生命的义务"②。既然如此，那么国家、政府或官长强迫个人去"为了他的国家而献出自己的生命"，似乎就构成了对个人权利的侵犯，因而是不合法的。但是从自然法的角度来看，洛克其实对此作出了很好的解释。因为如前所述，对洛克来说在国家面临侵略的情况下为了保卫国家而献身，其实是个人的完全的德性义务之一，对于这种义务，政府当然有权强迫个人去履行。而戈尔德温之所以得出上述结论，则是因为作为施特劳斯学派的一员，他坚持认为洛克的政治哲学是建立在"自我保存原则"的基础之上的，政府的权力也应以保障个人权利为限，而个人的自我保存的权利显

---

① ［美］罗伯特·A. 戈尔德温：《约翰·洛克》，见［美］列奥·施特劳斯、约瑟夫·克罗波西主编：《政治哲学史》，李天然等译，石家庄：河北人民出版社1998年版，第587页。

② ［美］罗伯特·A. 戈尔德温：《约翰·洛克》，见［美］列奥·施特劳斯、约瑟夫·克罗波西主编：《政治哲学史》，李天然等译，石家庄：河北人民出版社1998年版，第588页。

然不能"为爱国主义、一心为公的精神,特别地,为了保卫国家而放弃自己的财富,甚至生命的责任感提供基础"①。这一点只能从完全的德性义务的角度加以解释。

其次,洛克坚持认为,无神论者"是根本谈不上被宽容的"。在许多研究者看来,洛克的这种态度违反了他的宗教宽容原则,构成了对个人的信仰自由权的侵犯,并为之感到遗憾。但是如果我们考察一下洛克主张不宽容无神论者的理由,那么他的立场就很好理解了。如前所述,洛克反复强调德性的真正基础及其约束力在于上帝的意志与法律(即自然法),而无神论者由于不信仰上帝,因此"诺言、契约和誓言这些人类社会的约制对无神论者是不可能具有约束力的"②。但是信守"诺言、契约和誓言"乃是人类社会之存在的根本性的必要条件,因为政治社会本来就是建立在契约的基础之上的。如果这种契约对于个人没有约束力,如果个人随时都可以违反这一契约,那么政治社会就会瓦解,人类又会回到战争状态或无政府状态。正是由于这个原因,对于洛克来说,信守"诺言、契约和誓言"乃是个人的完全的德性义务,而无神论者既然不能履行自身的完全的德性义务,那么当然就不能被宽容了。诚然,洛克对无神论者的看法存在着时代偏见与历史局限性,而且他的德性的约束力只能依赖于上帝的意志而存在的观点也远不能为所有人所接受,但是在这一系列问题的背后所真正蕴含的,其实是洛克对于政府可以强迫个人履行自身的完全的德性义务这一观点的强调。

再次,洛克曾明确指出,父母有抚养孩子,并且将自己的财产交由孩子继承的义务,而且对于父母的这种义务,政府有权强迫他们去履行。如果我们从唯权利论的角度出发来看待父母的这种义务,它将变得难以理解。因为按照唯权利论的观点,既然个人权利

---

① [美]罗伯特·A. 戈尔德温:《约翰·洛克》,见[美]列奥·施特劳斯、约瑟夫·克罗波西主编:《政治哲学史》,李天然等译,石家庄:河北人民出版社1998年版,第587页。

② [英]洛克:《论宗教宽容》,吴云贵译,北京:商务印书馆1996年版,第41页。

建立在自我保存的原则之上，而政府的权力也只限于保障个人权利，那么孩子其实无权要求父母去保存自己，政府当然也无权强迫父母去抚养孩子。正是由于这个原因，托马斯·韦斯特才对迈克尔·扎科特试图从洛克的"自我所有权"或自然权利中推导出个人所负有的义务的做法提出了质疑，因为从自我所有权中根本就推导不出父母所负有的抚养孩子的义务。① 对此唯一的解释也只能是，父母的这种义务并非直接地源于孩子的自我保存的权利，相反，它本身就是父母所负有的完全的德性义务。因为如果父母拒不履行抚养孩子的义务的话，其他人当然更没有义务去抚养孩子，这样一来，人类种族的延续就将难以为继，政治社会当然就更无法存在。正是由于这个原因，政府才有权强迫父母去履行这种义务。

从上述的例子中我们也可以看出，洛克从来不认为政府的目的仅限于保障个人权利。相反，在洛克看来，自然法已经为个人规定了某些完全的德性义务。而由自然法所支配的人类法必须将这些德性义务包括进去，并且通过"附以明白的刑罚来迫使人们加以遵守"（2.135）。这也是政府的任务之一，而对于那些拒绝履行这些义务的个人，政府当然也有权加以惩罚。

3. 激励个人履行不完全的德性义务

接下来的问题在于，对于个人的不完全的德性义务，一个洛克式政府能够或应当做些什么。我们知道，洛克坚决反对政府使用强制手段来强迫个人履行自身的不完全义务，例如在慈善救济问题上就是如此。之所以如此则是因为，与完全义务不同，个人拒绝履行自身的不完全义务，并不会直接危害到政治社会的存在，它只是会影响"社会的公众福利"的总量而已。而在这一点上，个人有自主选择的自由，政府如果强迫个人履行其不完全义务，本身就构成了对个人权利的侵犯。

但是政府不能使用强制手段来强迫个人履行自身的不完全义

---

① Thomas West. Nature and Happiness in Locke. *Claremont Review of Books*，2003，4（2）：54-57.

务，并不意味着政府在这一点上就应该无所作为、听之任之。换句话说，对于洛克来说，政府可以通过采用非强制性的方式来激励、引导、刺激个人去履行这些不完全义务。关于这个问题，罗伯特·拉姆提供了一种很好的解读。在他看来，关于政府如何促进个人履行其不完全的德性义务的问题，其实涉及洛克政治学中常常被我们忽视的一个部分，即区别于《政府论》中的"科学"的政治哲学的论述统治"艺术"的部分。在那些论述统治"艺术"的文本中，洛克明确指出，政府不能通过强制，而只能通过激励的方式来为个人履行其不完全的德性义务提供动机或"诱因"。例如在洛克看来，勤劳就是一种不完全义务，而为了激励个人去履行这一义务，政府应当限制那些不勤劳之人的"放荡"，方法包括禁止"过多的白兰地商店和不必要的酒店"、对勤劳之人予以奖励，等等。①

在我们看来，罗伯特·拉姆在这个问题上的观点是很符合洛克思想的实际的，因此不用再作过多的展开。但是这里有几个问题需要我们作进一步的说明。首先，洛克之所以强调政府应当且有权采用激励措施来鼓励个人去履行其不完全的德性义务，是因为对于洛克来说，保护、促进"社会的公众福利"本身就是政府的任务所在。而政府的这种行为显然有利于促进"社会的公众福利"。其次，对于洛克来说，之所以要采用"激励"的方式来鼓励个人这样做，是因为正如我们在前文已经指出的，个人追求德性的动机乃是理性与欲望的结合或统一。如果缺少了某种能激起个人欲望的激励，仅仅依靠道德说教，是达不到这一目的的。

此外值得我们注意的是，洛克在《政府论》中并没有论及"统治艺术"的问题。之所以如此，则是因为后者所涉及的是一种类似于亚里士多德所说的"明智"的实践智慧的问题，它所考验的是一个政府的施政智慧，因而无法加以"科学化"。更根本的原因则在于，对于洛克来说，这种统治艺术涉及对人的"实在本质"

---

① Robert Lamb. Locke on Ownership, Imperfect Duties and "the Art of Governing". *The British Journal of Politics & International Relations*, 2010, 12 (1): 126-141.

的认识，我们只有在对人的实在本质有所认识的基础上，才能将这种"艺术"加以科学化。但是对于洛克来说，人的实在本质显然是我们无法认识的（3.11.16），因此这种科学化显然是不可能的。正是由于这个原因，这种统治艺术只能建立在经验的基础之上。

第三节　权利与德性之统一的现实路径

从上述的分析中我们可以看出，对于一个洛克式政府来说，其首要目的诚然是保障个人权利，但与此同时，它也有权强迫个人去履行其完全的德性义务。对于那些侵犯个人权利，以及拒不履行自身的完全义务的个人，政府有权进行惩罚。此外，政府还可以通过激励（而非强制）的方式去刺激个人履行其不完全的德性义务。正是通过这些方式，一个洛克式政府才能够将权利与德性二者统一起来。接下来的问题则在于，在保障个人权利、强制个人履行自身的完全的德性义务以及激励个人履行自身的不完全的德性义务这三者之间存在着一种怎样的关系。或者说，在政府所负有的这三种任务之间是否存在着轻重主次之分。

洛克在这个问题上的态度是很明确的。从根本上来看，对于洛克而言保障个人权利始终是政府的首要目的，因而始终居于相对优先的地位。之所以如此，一方面是因为从政府的来源上看，它是组成政治社会的若干个人的人为的"制作物"并因此是他们的"所有物"，它必须服从这些个人赋予它的目的，而这一目的首先就是保障个人权利。另一方面，正如前文指出的，就政治社会来说，保障个人权利始终是一个比强制个人遵守自然法更加紧迫的任务。这一点很好理解。因为在个人的诸种权利中，最基本的权利乃是个人的生命权，如果个人连其生命权都无法得到有效的保障，那么就根本谈不上去履行其德性义务了。此外，个人生命的保存还需要一些基本的生活必需品也就是狭义"财产"的支持，因此保障个人的狭义财产权也应该成为政府的首要目的之一。由此可见，尽管政府的这些任务本身能够且应当统一起来，但是它们之间还是有轻重主次之分的，其中保障个人权利始终是政府的首要目的。

　　但是需要注意的是，保障个人权利这一任务的优先性只是相对而言的。实际上对于一个洛克式政府来说，强制个人履行自身的完全的德性义务也是其根本任务之一，而且它并没有构成对个人权利的侵犯。之所以这样说，首先是因为对于洛克来说，个人所拥有的权利本来就不是那种只要不侵犯他人权利就可以自行其是的自由。相反，洛克明确指出，个人权利本来就需要受到自然法的约束与限制。换句话说，个人只有在履行了自身所负有的完全的德性义务的前提下，才拥有自行其是的自由。因此洛克明确指出，他所说的自由始终是处于法律限制之下的自由，而不是"人人爱怎样就可怎样的那种自由"（2.57）。而且这种"法律"首先就是自然法，其次则是受自然法支配的人类法。这种人类法的目的不仅是要保障个人权利，同时也要强迫个人去履行自身的完全的德性义务，它们本来就同时共存于自然法与受自然法支配的人类法之中，而政府的任务就在于去执行这种将个人的权利与完全的德性义务相统一的法律。

　　其次，我们知道，洛克的自然权利与霍布斯不同，一个人的自然权利始终意味着他人所负有的"克制"或不干涉义务。而这些义务与个人所负有的完全的德性义务本身就有着重合之处。例如一个人的生命权就意味着其他人有不得伤害或剥夺其生命的义务，而后者本来就是个人所负有的完全的德性义务之一。

　　再次，更重要的是，个人之所以要脱离自然状态而创建、加入政治社会，根本原因就是在自然状态中个人权利无法得到很好的保障，而政治社会的首要目的也正在于保障个人权利。换句话说，政治社会的存在本身对于个人权利的保障来说就是必不可少的。而个人的完全的德性义务之履行既然是政治社会存在的必要条件，那么政府强迫个人履行其完全义务，非但不构成对个人权利的侵犯，反而恰恰是保障个人权利的必要条件。正是由于这个原因，洛克才反复指出，法律本身非但不是对个人自由和权利的限制，而且其目的恰恰是要"保护和扩大自由"（2.57）。

　　由此可见，洛克式政府的任务不仅仅在于保障个人权利，还在于强迫个人履行其完全的德性义务。两者非但不相互矛盾，而且从根本上来说还是统一在一起的。相反，如果政府不能强迫个人去履行其完全的德性义务，最终反倒会导致政治社会的瓦解，从而使得个人权利本身难以得到有效的保障。当然，需要注意的是，尽管对于洛克式政府来说，保障个人权利与强制个人履行其完全的德性义务二者不可偏废，但是从目的的优先性上来看，保障个人权利还是居于相对优先的地位。因为一方面，洛克始终认为保障个人权利是政府的首要目的，另一方面，从根本上来看，强制个人履行其完全的德性义务其实也是保障个人权利的必要条件。

而与保障个人权利和强制个人履行其完全的德性义务相比，激励个人履行其不完全的德性义务对于一个洛克式政府来说，则居于相对次要的地位。之所以如此是因为，一方面，与完全义务相比，个人不履行其不完全义务对于"社会的公众福利"的危害要小得多。另一方面，既然政府的首要目的是保障个人权利，而且个人本来就有权利不履行其不完全的德性义务，那么政府在激励个人履行其不完全义务时，必须以不侵犯个人权利为限度。也是由于这个原因，政府只能采用激励而非强制的方式去促进个人履行这种义务。当然，这种次要性也是相对而言的，次要也不意味着不必要。而且正是在如何激励个人去履行其不完全的德性义务这一点上，一个政府的"统治艺术"才能得到最大程度的体现。

从这里我们也可以看到，无论是将洛克视作一个自由至上主义者，还是视作一个追随阿奎那等人步伐的古典自然法理论家，其实都偏离了洛克思想的实情。作为一个处于从传统向现代过渡时期的思想家，洛克的思想显然没有那么单纯。更重要的是，作为一个对唯权利论与唯德性论的弊端都有着深刻认识的政治哲学家，洛克所致力的目标恰恰是要避免二者的弊端，并力图将二者统一起来。

结语 洛克权利与德性统一
思想的当代意义

洛克生活在一个从传统向现代过渡的时代。无论从现实上还是从思想上来看，这都是一个传统与现代既相互碰撞冲突同时又彼此接触融合的时代。当时欧洲各地的宗教改革运动和资产阶级革命此起彼伏，人们的权利意识日益觉醒，压制个人权利的君主专制主义也遭到了越来越多的反抗。正是在这一背景下，以洛克为代表的启蒙思想家们自觉地承担起了为反抗专制主义、张扬个人权利的行为之正当性提供理论上的辩护和论证的历史使命。与此同时，由于古典自然正当论和自然法传统的深刻影响，也由于对宗教狂热等所导致的社会冲突的忧虑，不少启蒙思想家也非常看重德性对于维持一个良序共同体的稳定的重要性。出于对权利的正当性与德性的重要性的这种考虑，他们力图将二者统一起来，并为之进行了大量的理论探索。在一定程度上，正是由于这种统一权利与德性的意图及其尝试，使得不少启蒙思想家的道德与政治思想具备了十分突出的复杂性甚至是模糊性。而这种复杂性与模糊性也使得研究者们在用各种当代的理论框架与范畴去分析启蒙思想家的思想时感到异常困难，并使得他们对之作出了不同的解读、得出了不同的结论。

研究者们的这些不同理解显然并非出自纯粹的历史"钩沉"的兴趣。相反我们可以说，这些迥然不同甚至截然对立的解读本身实际上就源于研究者们自身在权利与德性之关系问题上所持有的不同立场。众所周知，施特劳斯学派那种标新立异的隐微主义研究方法，本身就服务于其批判现代性和启蒙运动的立场。尤其是就施特劳斯本人来说，他实际上是出于更好地批判现代自然权利论这一目的而展开对霍布斯、洛克、卢梭等人的政治哲学的研究的。而剑桥学派的代表人物之一詹姆斯·塔利也指出，他的洛克研究的一个重要目的就是要使"我们能够开始看到，在我们所处的困局中，究竟什么是偶然的，什么是必然的"①。从根本上来看，研究者们对洛克等人的政治哲学的不同解读，实际上最终都服务于论证自身在权利与德性之关系上的立场的合理性这一目的。

但是问题在于，这些解读本身实际上都无法对以洛克为代表的启蒙思想家的政治哲学作出一种完整的解释。因为从根本上来说，与当代的不少政治哲学家们先行将权利与德性二者割裂开来，并以此为基础来讨论二者孰先孰后的做法不同，对于以洛克为代表的不少启蒙思想家来说，权利与德性不仅可以而且应当统一起来。只有从这种统一性出发，我们才有可能对他们的思想做出一种更加全面合理的理解。

更重要的是，以洛克为代表的启蒙思想家们为统一权利与德性所作出的努力以及他们所提出的具体方案，对于解决我们当前所面临的困境也有着积极的借鉴意义。我们知道，随着历史的发展，权利与德性之间的张力或冲突在当代非但没有减弱，反而比洛克的时代更加剧烈了。首先，尽管以洛克为代表的不少启蒙思想家们对于唯权利论的弊端已经有了非常清醒和自觉的超前认识，并且试图以对人的德性义务的强调来对这种弊端加以牵制，但是总的来看，在当时的历史条件下，对于人类幸福的实现和良序共同体的稳定构成直接威胁的，并不是片面强调个人权利、忽视人的德性义务的唯权利论，而是形形色色的压抑甚至否定个人权利的专制主义。因此启蒙思想家们的首要任务乃是从理论上对各种形式的专制主义加以批判，并为人的天赋自由或自然权利提供辩护和论证。而且尽管以卢梭为代表的不少思想家对于"现代性"本身的发展已经表现出一定程度的忧虑，但是总的来看，这一时期的大部分思想家们对于人类历史的发展大体上还是持一种乐观的态度，对于人类凭借自身的理性解决各种现实问题的能力也大体上持一种信任的态度。

---

① ［英］詹姆斯·塔利：《论财产权：约翰·洛克和他的对手》，王涛译，北京：商务印书馆2014年版，第3页。

　　但是自启蒙运动以来，随着人类历史的发展，君主专制主义无论在理论上还是在实践上都节节败退，而启蒙运动所倡导的自由平等理念则赢得了越来越多的支持，个人的天赋自由和自然权利也随之得到了前所未有的张扬。与此同时，现代性的弊端也同样以空前尖锐的形式暴露了出来。以洛克为代表的不少启蒙思想家们所反复强调的权利与德性的统一，并没有完全在现实中落实下来。在现实的政治实践中，人们更加看重、强调得更多的往往还是个人的权利，而个人的德性追求或者被划入到私人领域，或者干脆被完全忽视了。从现实上来看，对于人类近现代历史中所出现的不少社会动荡、失序乃至战争冲突，这样一种唯权利论的政治实践不能说完全不负有任何责任。但是问题在于，人们在认识到唯权利论之弊端的同时，却又将这种弊端归咎于个人权利本身，并试图以压抑甚至否定个人权利来克服这种弊端。在这种情况下，人们不仅对张扬个人权利的启蒙思想失去了信心，而且对人类的理性能力也充满了悲观。而这正是 20 世纪上半叶的极权主义灾难的思想根源之一。

　　其次，我们知道，以洛克为代表的不少启蒙思想家们之所以坚决反对将政府建立在唯德性论的基础之上，一个重要的原因就在于，随着宗教改革和启蒙运动的发展，当时人们的宗教信仰和道德观念已经呈现出了多元化的局面。尽管洛克反复强调政府有权强制个人履行其完全的德性义务并激励个人履行其不完全的德性义务，但是与当代不少自由主义者一样，他也清醒地认识到了人们的"善"观念彼此之间的对立与冲突，因此他反复强调宗教宽容，强调政府无权干涉人们的信仰自由。因为对于洛克来说，道德上的善始终与信仰紧密地联系在一起，对信仰自由的强调同时也就意味着对于人们的"善"观念之间的冲突的一定程度的认可。但是总的来看，在洛克生活的时代，人们的宗教信仰与道德观念的多元化还远没有今天这么剧烈。在当时的欧洲，基督教还是占支配地位的宗教信仰。无论是天主教还是新教，无论是新教的路德宗还是加尔文宗，等等，它们之间的冲突始终还是基督教信仰内部不同教派之间的冲突。而且当时的人们在讨论道德问题时，也始终还是将之与基督教信仰联系在一起的。

　　而在洛克之后的几百年间，随着现代性的进一步推进和全球化的进一步发展，人们的观念发生了更加剧烈的变化，不同文明之间也有了更多的接触。在这种情况下，人们的"善"观念之间的冲突早已不再局限于基督教信仰内部的冲突，而演变成了不同地区、不同文明、不同宗教、不同传统之间的冲突。在这种更加剧烈的多元主义现实面前，如何处理这些不同的"善"观念彼此之间的冲突，就成为摆在当代政治理论与政治实践面前的一个重要难题。

　　正是由于这一系列原因，权利与德性之间的冲突在当代社会的政治实践中非但没有减轻，反而变得更加剧烈了。当代自由主义与社群主义的争论，在很大程度上也正是围绕着这一问题而展开的。但是我们也看到，无论是当代自由主义者还是社群主义者，他们所提出的解决权利与德性之冲突的方案，实际上都不仅没有成功地说服对方，而且还有陷入"自说自话"之困境的危险。之所以如此，从根本上来看，一方面是由于双方都固守自身的立场，即要么坚持权利优先于德性，要么坚持德性优先于权利，而很少尝试着去将二者统一起来。另一方面也是由于双方立论的根本出发点就有着很大的差异，因此缺少一个共同的对话平台或包容性的理论框架，使双方能够有一个辩论的共同基础。这也使得双方的辩论虽然异常激烈，但是我们在仔细考察时就会发现，无论是在概念的使用上，还是在论证的思路上，双方都呈现出迥然不同乃至截然相反的风格，甚至常常陷入自说自话的困境。

　　正是在这种情况下，以洛克为代表的启蒙思想家们为统一权利与德性所作出的努力，以及他们所提出的具体的解决方案，才再次凸显了其超越时代的价值与意义。一方面，与当代不少自由主义者和社群主义者不同，也与人们通常的理解不同，不少启蒙思想家们其实并没有先行将权利与德性割裂开来，然后再在此基础上讨论二者孰先孰后的问题。相反，在他们看来，权利与德性既有必要也有可能统一起来。政治哲学的任务并不是论证究竟是权利优先于德性，还是德性优先于权利，而是要为二者的统一寻找理论上的可能性根据与现实上的实现方式。而这也正是洛克以及其他不少启蒙思想家的政治哲学的理论动机之所在。

　　另一方面，以洛克为代表的启蒙思想家们一直试图寻找一种整合性的、包容性的理论框架，并在此基础上来讨论权利与德性的统一问题。洛克对于自然权利与自然法的神学来源的分析，对于个人的行为动机、行为能力等的分析，对于个人所有权理论的建构，实际上都与这一目的有关。当然，尽管本书主张洛克为其政治主张所作的辩护乃是一种不依赖于各种完备性学说的中立性辩护，但是至少目前来看，大多数研究者还是不能接受这样一种初看起来似乎显得有些极端的解读，而依然自觉或不自觉地从完备性辩护模式出发去看待洛克的文本。这样一来，至少从"效果史"的角度来看，洛克那种试图诉诸基督教的上帝来为权利与德性的统一寻找神学根据的做法，显然很难满足当代"激进多元主义"的要求。与此同时，随着后现代主义等思潮的发展，洛克那种试图诉诸人的"本性"等来为二者的统一寻找人学根据的做法，也被视作所谓的"本质主义"或"基础主义"而遭到了批评与解构。此外，为洛克等不少启蒙思想家所借重的自然权利与自然法学说，其"自然性"也同样早已受到了广泛的质疑。但是在这一切背后所蕴藏的那种试图为权利与德性的统一寻找一种整合性的、包容性的理论框架的意图，则依然值得我们重视。因为只有在这个基础之上，不同政治哲学流派之间的对话，进而是权利与德性本身的统一才得以可能。

参 考 文 献

一、洛克原著

1. 外文版

［1］John Locke. *An Essay Concerning Human Understanding*. Oxford：Clarendon Press，1971.

［2］John Locke. *Two Treatises of Government*. Cambridge：Cambridge University Press，1960.

［3］John Locke. *A Letter Concerning Toleration*. Indianapolis：Hackett Publishing，1983.

［4］John Locke. *Essays on the Law of Nature*. Oxford：Clarendon Press，1954.

［5］John Locke. *The Works of John Locke*. Vol. VI. London：Printed for Thomas Tegg，1823.

［6］John Locke. *Political Essays*. ed. Mark Glodie. Cambridge：Cambridge University Press，1997.

［7］John Locke. *A Letter Concerning Toleration and Other Writings*. Indianapolis：Liberty Fund，2010.

2. 中译本

［1］［英］洛克. 人类理解论［M］. 关文运，译. 北京：商务印书馆，2012.

［2］［英］洛克. 政府论（上篇）［M］. 瞿菊农，叶启芳，译. 北京：商务印书馆，1982.

［3］［英］洛克．政府论（下篇）［M］．叶启芳，瞿菊农，译．北京：商务印书馆，1964.

［4］［英］洛克，等．论自然法则［M］．苏光恩，杨顺，等，译．上海：华东师范大学出版社，2014.

［5］［英］洛克．自然法论文集［M］．刘时工，译．上海：上海三联书店，2012.

［6］［英］洛克．论宗教宽容［M］．吴云贵，译．北京：商务印书馆，1996.

［7］［英］洛克．洛克宗教著作选集［M］．王爱菊，周玄毅，译．香港：道风书社，2008.

［8］［英］洛克．基督教的合理性［M］．王爱菊，译．武汉：武汉大学出版社，2006.

［9］［英］洛克．论降低利息和提高货币价值的后果［M］．何新，译．北京：商务印书馆，1962.

［10］［英］洛克．教育漫话［M］．傅任敢，译．北京：人民教育出版社，1963.

［11］［英］洛克．理解能力指导散论［M］．吴棠，译．北京：人民教育出版社，2005.

二、相关著作

1. 外文类

［1］Pufendorf. *On the Duty of Man and Citizen*. 北京：中国政法大学出版社，2003.

［2］Wesley Hohfeld. *Fundamental Legal Conceptions*. New Haven：Yale University Press，1964.

［3］C. B. Macpherson. *The Political Theory of Possessive Individualism*：*Hobbes to Locke*. Oxford：Oxford University Press，1990.

［4］John Rawls. *Political Liberalism*：*Expanded Edition*. New York：Columbia University Press，2005.

［5］Jürgen Habermas. *Moral Consciousness and Communicative Action*.

Cambridge：The MIT Press，1990.

［6］ John Yolton, ed. *John Locke*：*Problems and Perspectives*：*A Collection of New Essays*. Cambridge：Cambridge University Press，1969.

［7］ John Dunn. *The Political Thought of John Locke*. Cambridge：Cambridge University Press，1969.

［8］ James Tully. *A Discourse on Property*：*John Locke and His Adversaries*. Cambridge：Cambridge University Press，1982.

［9］ Raymond Polin. *La Politique morale de John Locke*. Paris：Presses universitaires de France，1960.

［10］ Martin Seliger. *The Liberal Politics of John Locke*. New York：Frederick A. Praeger，1968.

［11］ Gopal Sreenivasan. *The Limits of Lockean Rights in Property*. Oxford：Oxford University Press，1995.

［12］ A. John Simmons. *The Lockean Theory of Rights*. Princeton：Princeton University Press，1992.

［13］ Jon Pike. *Political philosophy A-Z*. Edinburgh：Edinburgh University Press，2007.

［14］ Michael Foster. *The Political Philosophies of Plato and Hegel*. Oxford：Clarendon Press，1935.

［15］ Jonathan Quong. *Liberalism without Perfection*. Oxford：Oxford University Press，2011.

［16］ Roberto Merrill, Daniel Weinstock. ed. *Political Neutrality*：*A Re-evaluation*. London：Palgrave Macmillan，2014.

［17］ Filmer. *Patriarcha and Other Writings*. 北京：中国政法大学出版社，2003.

2. 中文类

［1］ 中共中央马恩列斯著作编译局马列部，教育部社会科学研究与思想政治工作司编. 马克思主义经典著作选读［M］. 北京：人民出版社，1999.

［2］［古希腊］亚里士多德．尼各马可伦理学［M］．廖申白，译注．北京：商务印书馆，2003.

［3］［古希腊］亚里士多德．政治学［M］．吴寿彭，译．北京：商务印书馆，1965.

［4］［古希腊］亚里士多德．物理学［M］．张竹明，译．北京：商务印书馆，1982.

［5］［意］阿奎那．阿奎那政治著作选［M］．马清槐，译．北京：商务印书馆，1963.

［6］［荷］格劳秀斯．战争与和平法［M］．何勤华，等，译．上海：上海人民出版社，2013.

［7］［德］普芬道夫．人和公民的自然法义务［M］．鞠成伟，译．北京：商务印书馆，2009.

［8］［英］霍布斯．利维坦［M］．黎思复，黎廷弼，译．北京：商务印书馆，2012.

［9］［英］休谟．人性论［M］．关文运，译．北京：商务印书馆，1980.

［10］［德］康德．纯粹理性批判［M］．邓晓芒，译．北京：人民出版社，2004.

［11］［德］康德．道德形而上学奠基［M］．杨云飞，译．北京：人民出版社，2013.

［12］［德］黑格尔．法哲学原理［M］．范扬，张企泰，译．北京：商务印书馆，1961.

［13］［英］边沁．道德与立法原理导论［M］．时殷弘，译．北京：商务印书馆，2000.

［14］［英］约翰·穆勒．功利主义［M］．徐大建，译．上海：上海人民出版社，2007.

［15］［英］G.E.摩尔．伦理学原理［M］．陈德中，译．北京：商务印书馆，2017.

［16］［英］伯林．自由论［M］．胡传胜，译．南京：译林出版社，2003.

［17］［美］约翰·罗尔斯．正义论［M］．何怀宏，何包钢，廖申

白，译．北京：中国社会科学出版社，1988.

［18］［美］约翰·罗尔斯．政治自由主义［M］．万俊人，译．南京：译林出版社，2000.

［19］［美］约翰·罗尔斯．罗尔斯论文全集［M］．陈肖生，等，译．长春：吉林出版集团有限责任公司，2013.

［20］［美］约翰·罗尔斯．政治哲学史讲义［M］．杨通进，等，译．北京：中国社会科学出版社，2011.

［21］［德］尤尔根·哈贝马斯．包容他者［M］．曹卫东，译．上海：上海人民出版社，2002.

［22］［美］希拉里·普特南．事实与价值二分法的崩溃［M］．应奇，译．北京：东方出版社，2006.

［23］［美］罗伯特·诺奇克．无政府、国家与乌托邦［M］．姚大志，译．北京：中国社会科学出版社，2008.

［24］［美］罗纳德·德沃金．认真对待权利［M］．信春鹰，吴玉章，译．北京：中国大百科全书出版社，1998.

［25］［英］G. A. 柯亨．自我所有、自由和平等［M］．李朝晖，译．北京：东方出版社，2008.

［26］［美］阿拉斯代尔·麦金太尔．德性之后［M］．龚群，译．北京：中国社会科学出版社，1995.

［27］［美］迈克尔·桑德尔．自由主义与正义的局限［M］．万俊人，等，译．南京：译林出版社，2001.

［28］［英］阿龙．约翰·洛克［M］．陈恢钦，译．沈阳：辽宁教育出版社，2003.

［29］［英］彼得·拉斯莱特．洛克《政府论》导论［M］．冯克利，译．北京：生活·读书·新知三联书店，2007.

［30］［美］列奥·施特劳斯．自然权利与历史［M］．彭刚，译．北京：生活·读书·新知三联书店，2003.

［31］［美］列奥·施特劳斯．霍布斯的政治哲学［M］．申彤，译．南京：译林出版社，2012.

［32］［美］列奥·施特劳斯，约瑟夫·克罗波西，主编．政治哲

学史［M］．李天然，等，译．石家庄：河北人民出版社，
1998.

［33］［美］迈克尔·扎克特．洛克政治哲学研究［M］．石碧球，
等，译．北京：人民出版社，2013.

［34］［美］迈克尔·扎科特．自然权利与新共和主义［M］．王崇
兴，译．长春：吉林出版集团有限责任公司，2008.

［35］［英］詹姆斯·塔利．论财产权：约翰·洛克和他的对手
［M］．王涛，译．北京：商务印书馆，2014.

［36］［英］詹姆斯·塔利．语境中的洛克［M］．梅雪芹，石楠，
张炜，等，译．上海：华东师范大学出版社，2005.

［37］［英］昆廷·斯金纳，近代政治思想的基础［M］．奚瑞森，
亚方，译．北京：商务印书馆，2002.

［38］［英］尼古拉斯·菲利普森，昆廷·斯金纳，主编．近代英
国政治话语［M］．潘兴明，周保巍，等，译．上海：华东师
范大学出版社，2005.

［39］［美］理查德·塔克．战争与和平的权利：从格劳秀斯到康
德的政治思想与国际秩序［M］．罗炯，等，译．南京：译林
出版社，2009.

［40］［美］波考克．德行、商业和历史：18 世纪政治思想与历史
论辑［M］．冯克利，译．北京：生活·读书·新知三联书
店，2012.

［41］［美］杰里米·沃尔德伦．上帝、洛克与平等——洛克政治
思想的基督教基础［M］．郭威，赵雪纲，等，译．北京：华
夏出版社，2015.

［42］［美］纳坦·塔科夫．为了自由：洛克的教育思想［M］．邓
文正，译．北京：生活·读书·新知三联书店，2001.

［43］［美］达林·麦马翁．幸福的历史［M］．施忠连，徐志跃，
译．上海：上海三联书店，2011.

［44］［美］伊安·夏皮罗．政治的道德基础［M］．姚建华，宋国
友，译．上海：上海三联书店，2006.

［45］［德］海因里希·罗门. 自然法的观念史和哲学［M］. 姚中秋，译. 上海：上海三联书店，2007.

［46］［英］约翰·格雷. 自由主义的两张面孔［M］. 顾爱彬，李瑞华，译. 南京：江苏人民出版社，2008.

［47］［英］史蒂芬·缪哈尔，亚当·斯威夫特. 自由主义者与社群主义者［M］. 孙晓春，译. 长春：吉林人民出版社，2010.

［48］储昭华. 大地的涌现：关于自由与自然之间关系的思考［M］. 北京：中国社会科学出版社，2003.

［49］储昭华. 明分之道——从荀子看儒家文化与民主政道融通的可能性［M］. 北京：商务印书馆，2007.

［50］倪梁康. 自识与反思［M］. 北京：商务印书馆，2002.

［51］丛日云. 在上帝与恺撒之间——基督教二元政治观与近代自由主义［M］. 北京：生活·读书·新知三联书店，2003.

［52］霍伟岸. 洛克权利理论研究［M］. 北京：法律出版社，2011.

［53］吴飞，主编. 洛克与自由社会［M］. 上海：上海三联书店，2012.

［54］吴增定. 利维坦的道德困境：早期现代政治哲学的问题与脉络［M］. 北京：生活·读书·新知三联书店，2012.

［55］王利. 国家与正义：利维坦释义［M］. 上海：上海人民出版社，2007.

［56］应奇，编. 自由主义中立性及其批评者［M］. 南京：江苏人民出版社，2008.

［57］谭安奎，编. 公共理性［M］. 杭州：浙江大学出版社，2011.

［58］谭安奎. 政治的回归：政治中立性及其限度［M］. 北京：中央编译出版社，2007.

［59］徐瑞康. 欧洲近代经验论和唯理论学发展史（修订本）［M］. 武汉：武汉大学出版社，2007.

［60］鲁迅. 鲁迅全集（第二卷）［M］. 北京：人民文学出版社，
2005.

三、相关论文

1. 外文类

［1］Leo Strauss. Natural Right and the Historical Approach. *The Review of Politics*, 1950, 12（4）.

［2］Robert Lamb. Locke on Ownership, Imperfect Duties and 'the Art of Governing'. *The British Journal of Politics & International Relations*, 2010, 12（1）.

［3］S. Adam Seagrave. Self-Ownership vs. Divine Ownership：A Lockean Solution to a Liberal Democratic Dilemma. *American Journal of Political Science*, 2011, 55（3）.

［4］Ian Shapiro. Resources, Capacities, and Ownership：The Workmanship Ideal and Distributive Justice. *Political theory*, 1991, 19（1）.

［5］Janet Coleman. Pre-Modern Property and Self-Ownership Before and After Locke：Or, When did Common Decency Become a Private Rather than a Public Virtue? *European Journal of Political Theory*, 2005, 4（2）.

［6］Catherine Valcke. Locke On Property：A Deontological Interpretation. *Harvard Journal of Law and Public Policy*, 1989, 12（3）.

［7］John Tate. Dividing Locke from God：The Limits of Theology in Locke's Political Philosophy. *Philosophy and Social Criticism*, 2013, 39（2）.

［8］Thomas West. Nature and Happiness in Locke. *Claremont Review of Books*, 2003, 4（2）.

［9］Michael Zuckert. Locke-Religion-Equality. *The Review of Politics*, 2005, 67（3）.

［10］ Michael Zuckert. Do Natural Rights Derive from Natural Law. *Harvard Journal of Law and Public Policy*, 1997, 20（3）.

［11］ James Murphy. The Workmanship Ideal：A Theologico-political Chimera? *Political Theory*, 1992, 20（2）.

［12］ James Farr. Locke, Natural Law, and New World Slavery. *Political Theory*, 2008, 36（4）.

［13］ Barbara Arneil. John Locke, Natural Law and Colonialism. *History of Political Thought*, 1992, 13（4）.

［14］ Alan Gewirth. The Epistemology of Human Rights. *Social Philosophy & Policy*, 1984 , 1（2）.

［15］ J. G. A. Pocock. Virtues, Rights, and Manners：A Model for Historians of Political Thought. *Political Theory*, 1981, 9（3）.

［16］ Brian Tierney. Dominion of Self and Natural Rights Before Locke and After. *Transformations in Medieval and Early-Modern Rights Discourse*. The Netherlands ：Springer, 2006.

［17］ MaxMilam. The Epistemological Basis of Locke's Idea of Property. *Western Political Quarterly*, 1967, 20（1）.

2. 中文类

［1］ 王利. 从政治哲学视角看自然权利的力量［J］. 中国人民大学学报, 2011（1）.

［2］ 沈闯, 王志明. 对洛克自然权利思想的探析［J］. 理论月刊, 2008（7）.

［3］ 肖红春, 龚群. 神意、理性与权利——一种关于洛克自然法理论的解读［J］. 现代哲学, 2011（3）.

［4］ 赵雪纲. 施特劳斯论洛克［J］. 海南大学学报（人文社会科学版）, 2014（2）.

［5］ 郁建兴. 黑格尔对自然权利的批判［J］. 复旦学报（社会科学版）, 1999（6）.

［6］ 梁晓杰. 洛克财产权利的宗教伦理维度［J］. 中国社会科学, 2006（3）.

［7］ 石碧球．神圣与世俗的共构——洛克自然法思想探究［J］．陕西师范大学学报（哲学社会科学版），2013（3）．

［8］ 李季璇．论洛克关于自然法来源的思想［J］．云南大学学报（社会科学版），2012（3）．

［9］ 陈肖生．洛克政治哲学中的自然法与政治义务的根基［J］．学术月刊，2015（2）．

［10］ 储昭华．是自由的种类之分还是自由与权利之别——伯林"两种自由"理论再认识［J］．学术界，2004（4）．

［11］ 储昭华，赵志坚．从身心关系看现代人权主体的本质特征——关于洛克与庄子自由观的一种对比分析［J］．武汉大学学报（人文科学版），2012（6）．

［12］ 吴飞．另外一个洛克［J］．读书，2007（6）．

［13］ 李韦．宗教宽容与社会整合的危机——论洛克的宗教宽容思想［J］．四川师范大学学报（社会科学版），2009（5）．

［14］ 寇东亮．自由优先于德性——罗尔斯伦理思想的一种解读［J］．伦理学研究，2005（3）．

［15］ 寇东亮．德性优先于权利——对社群主义伦理的一种解读［J］．河南社会科学，2005（1）．

［16］ 詹世友．"权利优先于善"的价值学理据［J］．天津社会科学，2004（5）．

［17］ 詹世友．西方近代正当与善的分离及其伦理学后果［J］．道德与文明，2007（6）．

［18］ 龚群．论道义论与功利论的一个根本区分：正当与善何者优先［J］．道德与文明，2008（1）．

［19］ 李伟．正义与公共善孰为优先——论桑德尔与罗尔斯政治观的分歧［J］．苏州大学学报（哲学社会科学版），2008（3）．

［20］ 姚大志．桑德尔：权利与善［J］．理论探讨，2012（6）．

［21］ 李兰芬，李西杰．"权利优先于善"的自由主义政治伦理观［J］．道德与文明，2003（6）．

［22］ 王艳秀．论"正当优先于善"的道德形而上学前提［J］．伦理学研究，2014（3）．

［23］龚群.自由主义的自我观与社群主义的共同体观念［J］.世界哲学，2007（5）.

［24］龚群.桑德尔对自由主义自我观的批评［J］.中山大学学报（社会科学版），2011（3）.

［25］李风华."一毛"与天下：论自我所有权的局限及多级人身所有权的存在［J］.哲学动态，2016（11）.

［26］李风华.自我所有权：观点和议题［J］.哲学动态，2017（12）.

［27］孙向晨.近代哲学"自我"观发展中的否定性环节——略论英国经验主义的"自我"观［J］.上海社会科学学院学术季刊，1992（4）.

［28］张桂权.论"人格同一性"——洛克、莱布尼兹、休谟的解释与争论［J］.四川大学学报（哲学社会科学版），2011（3）.

［29］陈龙.拉兹对自由主义中立性的误解［J］.理论探讨，2012（6）.

［30］吴攀.国家能否以善为目标？——政治哲学的自由主义中立论转向［J］.政治思想史，2016（2）.

［31］陈肖生.公共辩护的理由结构与有效性［J］.道德与文明，2015（4）.

［32］陆建松.上帝、国家与财产权——"自然状态"视域下的洛克政治哲学研究［J］.复旦大学博士学位论文，2011.

后　记

　　本书是在我的博士学位论文基础上修改而成的，在此似乎可以就本书的成书过程作一些简单的说明。

　　我于 2011 年考入武汉大学哲学学院伦理学专业，跟随恩师储昭华教授攻读博士学位。关于博士论文的选题，最初的想法是沿着硕士阶段所做的海德格尔自由思想继续做下去，此后因为日益深感自己无力把握海氏的复杂思想而作罢。在这之后，随着我对康德思想在西方哲学史上的影响力有了越来越深的体悟，我也曾一度计划将康德的人格思想作为博士论文的选题，此后又因为自己不谙德语而放弃。经过反复的徘徊彷徨以及与储老师的多次沟通交流之后，最终我确定了眼下的这个题目。

　　之所以选择洛克的权利与德性的关系问题作为选题，有着如下几个方面的考虑。首先，就权利与德性的关系问题本身而言，它既是我自己的兴趣所在，而且在我看来，它也是依然处于从传统向现代转型阶段的当代中国社会所面临的一个重大理论与实践问题。其次，之所以选择洛克而非更加晚近的思想家的相关思想作为切入点，是因为在我看来，虽然这一问题是当代政治哲学关注的一大焦点，并且当代许多西方政治哲学流派与代表人物都围绕着这一问题展开了深入的研究与激烈的争论，但是他们更多的是在已经完成了现代转型，甚至正处于现代向后现代转型的当代西方语境中来讨论这一问题的。与之相反，洛克则处于传统与现代的交汇期，相比许多当代学者来说，传统与现代的张力在洛克那里似乎体现得更为鲜明，这就使得洛克的问题意识及相关思想与我们的问题有了更多的相通之处。再次，就洛克本身而言，尽管我们承认他在认识论、政治哲学等方面是一位重要的思想家，但是相比康德、罗尔斯等

"热门人物"而言，在很长的一段时间里洛克受到的关注相对较少。不过近几十年来，这一情况已经有了极大的改观。无论是在施特劳斯学派那里，还是在政治思想史研究的剑桥学派那里，甚至在一些西方马克思主义者（如 C. B. 麦克弗森等）那里，洛克都越来越成为一个"热门人物"。这一点也激发了我的好奇心，即洛克思想中究竟存在着怎样的魅力，可以再度激发起当代学者们的强烈兴趣。

正是基于上述考虑，最终我选择了以洛克的权利与德性的关系问题作为博士论文的选题。在选题确定之后，我最初的计划是以洛克的个人所有权理论和制作者权利学说为线索和框架来对洛克的权利与德性思想，甚至是其整个政治哲学作一番"重释"的工作，并且沿着这条思路做了一些积累和思考。在这个过程中遇到了三个方面的难题：一是重心有所偏离，表现为过分关注个人所有权理论框架而相对忽视了权利与德性的关系问题，而后者才是我最终所要解决的问题所在；二是在洛克的上帝所有权与自我所有权的关系问题上，始终找不到一条很好的"融贯"路径；三是在个人对自身人格和自我的"制作"问题上，存在着一个存在论与认识论的区分难题。这些难题最终迫使我放弃了这一思路，转而直接从权利与德性之统一的必要性、可能性、现实路径等角度出发来进行思考，最终的博士论文也是沿着这一思路来展开写作的。

不过，自 2015 年博士毕业以来的近三年时间里，我对第一条思路所遇到的难题进行了重新的思考，并且产生了一些新的想法。尤其是在第二个难题上，我逐渐意识到或许可以通过对洛克辩护模式的中立性解读来实现二者的"融贯"。此外，我也对将两条思路整合在一起的可能性进行了反思，并且渐渐形成了这样一种认识，即第一条思路主要解决的是权利与德性之统一的规范上的正当性问题，就此而言，它不仅是对第二条思路的一个重要补充，同时也是第二条思路的一个必要组成部分。基于此，在对博士论文加以修改的过程中，我又对第一条思路进行了新的调整，并且尽量将之整合到第二条思路之中，眼下的这些文字就是这种整合的结果。

以上即本书的大致成书过程。当然，坦率地讲，无论是对于当初的博士论文还是眼下的这些文字，我自己都是不满意的。正如当初我在博士论文的后记中所说的那样，"眼前的这些文字，说起来也算是自己在珞珈山四年学习的一个暂时的句号。只是面对这样一个句号，自己却非但没有如释重负的轻松与坦然，反而深感惶恐与惭愧。之所以如此，不仅是因为这些文字与自己的预期相去甚远，自己深知其中的问题与不足，也是因为在回望这四年的学习时，深觉自己虚度了不少光阴，许多经典著作都被自己束之高阁，许多优秀的课程和讲座自己也没能认真地聆听和学习"。如今三年过去，自己也依然没有太大长进，这些修改后的文字也依然与自己的预期相去甚远。好在古人有云，"学海无涯"、"学无止境"，眼下的这本小书，就当是自己以往学习的一个暂时的句号和未来学习之路的开端好了，未尽如人意者，就姑且留待以后继续学习和完善吧——目前似乎也只能如此安慰自己了。

在这些年的求学和工作过程中，我有太多的人需要感谢，正是由于他们的鼓励和帮助，我才得以在这条道路上坚持下去，并且写出眼下的这些文字。虽然这些文字并不令人满意，但这是我自己能力有限、努力不够所导致的，而丝毫无损于他们的这些鼓励和帮助的价值。

首先要感谢我的导师储昭华教授。韩愈说过，"师者，所以传道、授业、解惑也"。我跟随储老师学习多年，储老师于我不仅仅是授业解惑的导师，更是"传道"的恩师。储老师所传之道，不仅有为学之道，也有为人之道。他在学术研究上的严谨，在待人接物上的宽容，这么多年来一直为我所景仰。在我的学位论文开题和写作过程中，储老师付出了大量的时间和精力，耗费了大量心血，为我提出了许多宝贵的意见和建议。尤其是在博士论文初稿的写作和打磨过程中，储老师多次加班加点甚至熬夜为我看论文，并提出大到整体思路、小到标点格式的修改意见，这一切都令我非常感动和感激。所谓"拳拳师者心，殷殷园丁意"，莫过于此！储老师对我的关心和照顾一言难尽，我也将终生铭记在心。

感谢武汉大学哲学学院伦理学教研室的张传有老师、田文军老师、方永老师、陈江进老师和李勇老师。诸位老师所开设的课程对

我的学业有极大的帮助，在博士学位论文的准备、开题和写作过程
中为我提出了许多中肯、深刻的意见和建议，而且他们的为人和为
学也对我有很大的启发和帮助。张老师和田老师为人谦和，对于我
们这些学生不吝指点与提携，正是在他们身上，我真切地感受到了
一种"谦谦长者"的风范。方老师的平易近人、陈老师的豪爽大
气、李老师的幽默风趣，也使得我这四年的学习特别地愉快惬意。
感谢我硕士阶段的高新民老师和殷筱老师，虽然硕士毕业已多年，
但他们始终都在关心我的学业和生活，令我非常感动。感谢诸位匿
名评阅人，感谢黄岭峻教授、戴茂堂教授、强以华教授等诸位答辩
委员，他们针对我的学位论文提出了许多宝贵的意见，为我后续的
修改工作提供了很大的帮助。

　　感谢我的父母，他们不仅给了我生命，而且他们的爱也一直温
暖着我，给予了我前进的力量。感谢我的家人、同学和朋友，他们
在生活、工作和学习等方面的关心和照顾给予了我极大的帮助。其
中尤其要感谢我的同学张卫国、程寿庆、姜韦、杨锋刚等，他们在
我的博士学位论文的开题写作和本书的修改过程中，与我多有交
流，并提出了许多中肯的意见和建议，在本书中也有所反映。感谢
我读博期间的室友黄凯，在珞珈山的四年学习和生活中，他给予了
我诸多照顾和帮助。感谢我工作单位的各位领导和同事，三年来，
他们在工作和生活上给予了我很多关心和帮助，使我能够顺利地开
展各项科研教学任务并完成本书的修改工作。感谢本书的编辑胡国
民、李琼，他们为本书的编辑出版付出了辛勤的劳动。这个名单还
可以列得很长，总之感谢一切在生活和学习等各个方面关心、帮助
过我的人。

　　最后，感谢我的妻子，正是她在精神上的鼓励和生活上的照
顾，使我在面对写作和修改过程中的困难时始终没有放弃。

赵志坚

2018 年 3 月